D1628879

EUL VERLAG

WIRTSCHAFTSINFORMATIK

Herausgegeben von Prof. Dr. Dietrich Seibt, Köln, Prof. Dr. Hans-Georg Kemper, Stuttgart, Prof. Dr. Georg Herzwurm, Stuttgart, Prof. Dr. Dirk Stelzer, Ilmenau, und Prof. Dr. Detlef Schoder, Köln

Band 56
Goetz Viering und Benjamin Müller
Economic Potential of Service-Oriented Architecture –
Analyzing the Value Creation of SOA
Lohmar – Köln 2007 ♦ 118 S. ♦ € 36,- (D) ♦ ISBN 978-3-89936-653-2

Band 57
Patrick Bartels
Echtzeit-Bewertung von Optionen mit Marktpreisen durch Web-Mining und Neurosimulation
Lohmar – Köln 2008 ♦ 492 S. ♦ € 63,- (D) ♦ ISBN 978-3-89936-689-1

Band 58
Jörg Schellhase
Recherche wissenschaftlicher Publikationen
Lohmar – Köln 2008 ♦ 378 S. ♦ € 55,- (D) ♦ ISBN 978-3-89936-691-4

Band 59
Martin Lüthi
Information System Security in Health Information Systems –
Exploratory Research in US and Swiss Acute-Care Hospitals
Lohmar – Köln 2008 ♦ 400 S. ♦ € 56,- (D) ♦ ISBN 978-3-89936-694-5

Band 60
Bettina Fricke
Flexible B2B-Integrationsarchitekturen – Gestaltung modularer Integrationssysteme zur Implementierung zwischenbetrieblicher Geschäftsprozesse
Lohmar – Köln 2008 ♦ 276 S. ♦ € 58,- (D) ♦ ISBN 978-3-89936-734-8

Band 61
Birte Autzen
Qualität der Nutzung von Informationstechnologie in Unternehmen – Konzeptualisierung und Aufdeckung von Einflussfaktoren
Lohmar – Köln 2008 ♦ 308 S. ♦ € 59,- (D) ♦ ISBN 978-3-89936-745-4

JOSEF EUL VERLAG

Qualität der Nutzung von Informationstechnologie in Unternehmen - Konzeptualisierung und Aufdeckung von Einflussfaktoren

Inauguraldissertation
zur Erlangung des akademischen Grades eines Doktors der
Wirtschaftswissenschaften der Universität Mannheim

vorgelegt

von

Birte Autzen

aus Bad Dürkheim

Dekan: Prof. Dr. Hans H. Bauer

Erstberichterstatter: Prof. Dr. Armin Heinzl

Zweitberichterstatter: Prof. Dr. Hans H. Bauer

Tag der mündlichen Prüfung: 21. Juli 2008

Reihe: Wirtschaftsinformatik · Band 61

Herausgegeben von Prof. Dr. Dietrich Seibt, Köln, Prof. Dr. Hans-Georg Kemper, Stuttgart, Prof. Dr. Georg Herzwurm, Stuttgart, Prof. Dr. Dirk Stelzer, Ilmenau, und Prof. Dr. Detlef Schoder, Köln

Birte Autzen

Qualität der Nutzung von Informationstechnologie in Unternehmen

Konzeptualisierung und Aufdeckung von Einflussfaktoren

Bibliographische Information der Deutschen Bibliothek

Die Deutsche Bibliothek verzeichnet diese Publikation in der Deutschen Nationalbibliothek; detaillierte bibliographische Daten sind im Internet über <http://dnb.ddb.de> abrufbar.

Dissertation, Universität Mannheim, 2008

ISBN 978-3-89936-745-4
1. Auflage Dezember 2008

© JOSEF EUL VERLAG GmbH, Lohmar – Köln, 2008
Alle Rechte vorbehalten

JOSEF EUL VERLAG GmbH
Brandsberg 6
53797 Lohmar
Tel.: 0 22 05 / 90 10 6-6
Fax: 0 22 05 / 90 10 6-88
E-Mail: info@eul-verlag.de
http://www.eul-verlag.de

Bei der Herstellung unserer Bücher möchten wir die Umwelt schonen. Dieses Buch ist daher auf säurefreiem, 100% chlorfrei gebleichtem, alterungsbeständigem Papier nach DIN 6738 gedruckt.

Vorwort

An dieser Stelle möchte ich mich bei den Menschen bedanken, ohne die die Erstellung dieser Arbeit nicht möglich gewesen wäre.

Der größte Dank gebührt meinem Doktorvater Prof. Dr. Armin Heinzl, der mich in meinen Jahren als Doktorandin am Lehrstuhl stets unterstützt hat. Vielen Dank für all die Zeit, Worte und Taten, die mir den erfolgreichen Abschluss dieser Arbeit ermöglicht haben.

Auch meine ehemaligen Kollegen - Jens Arndt, Thomas Butter, Sina Deibert, Jens Dibbern, Michael Geisser, Tobias Grosche, Tobias Hildenbrand, Thomas Kude, Frederik Loos, Torsten Paulussen, Boris Quaing, Franz Rothlauf, Jessica Winkler und Anja Zöller - haben sehr zum Erfolg dieser Arbeit beigetragen. Die Diskussionen und Gespräche haben mir häufig neue Denkanstöße gegeben, die zur Verbesserung der Arbeit führten. Vielen Dank an dieser Stelle hierfür - und auch für die tolle Atmosphäre am Lehrstuhl, die nicht selbstverständlich ist und deshalb nicht unerwähnt bleiben soll. Bei den Damen vom Sekretariat - Luise Bühler und Ingrid Distelrath - bedanke ich mich zudem für die vielfältige Unterstützung organisatorischer Art.

Des Weiteren möchte ich mich herzlich bei Prof. Dr. M. Lynne Markus bedanken, die mich im Jahr 2005 zu einem dreimonatigen Forschungsaufenthalt am Bentley College in Waltham, MA, USA eingeladen hat. Während dieses Aufenthalts habe ich wertvolle Anregungen für meine Arbeit erhalten.

Die Überprüfung der aufgestellten Hypothesen in der Praxis stellt einen essentiellen Bestandteil dieser Arbeit dar. Großen Dank schulde ich deshalb Günter

V

Butter, Harald Schneider und Günter Rink, die mir die Durchführung der Fallstudie bei der DVAG ermöglicht haben sowie allen Teilnehmern der Fallstudie, die mir viel Zeit zur Beantwortung meiner Fragen und zur Durchführung meiner Feldexperimente zur Verfügung gestellt haben.

Schließlich möchte ich mich von ganzem Herzen bei meiner Familie und meinen Freunden bedanken, die mich immer unterstützt haben und mir in schwierigen Zeiten mit Rat und Tat zur Seite standen. Ihnen widme ich dieses Buch.

Inhaltsverzeichnis

Inhaltsverzeichnis

Abbildungsverzeichnis

Tabellenverzeichnis

Abkürzungsverzeichnis

1. Einleitung

1.1. Motivation und Forschungsgegenstand der Arbeit

Ein Hauptziel der Forschung im Bereich der Wirtschaftsinformatik ist es, den Wert von Informationstechnologie (IT) für Unternehmen zu bestimmen und dadurch Unternehmen zu helfen, ihre IT-Ressourcen besser zu nutzen und ihre Produktivität zu erhöhen (Taylor und Todd, 1995b). IT stellt in der heutigen Zeit eine substantielle Investition für Unternehmen dar. Ihr Wert kann sich jedoch nur entfalten, wenn sie in einer Art und Weise genutzt wird, die zu den strategischen und operationalen Zielen des Unternehmens beiträgt. Der häufig beobachtete paradoxe Zusammenhang zwischen Investitionen in IT und geringen Produktivitätszuwächsen (Brynjolfsson, 1993) wurde v.a. einem Mangel an Akzeptanz der Nutzer zugeschrieben (Agarwal und Prasad, 1997; Devaraj und Kohli, 2003), da IT keinen Einfluss auf die Produktivität haben kann, wenn sie nicht oder unzureichend genutzt wird (Mathieson et al., 2001; Venkatesh et al., 2003).

"No one knows how many computer-based applications, designed at great cost of time and money, are abandoned or expensively overhauled because they were unenthusiasticallly received by their intended users"
(Markus, 1983, S. 430).

Die Bedeutung der Nutzerakzeptanz für den Erfolg von IT-Implementationen in Unternehmen ist mittlerweile weithin anerkannt. Viele Forschungsarbeiten haben Einflussfaktoren auf das Nutzerverhalten untersucht und verschiedene Verhaltensmodelle ausgearbeitet (Davis et al., 1992; Igbaria et al., 1996; Venkatesh und

Davis, 2000; Mathieson et al., 2001; Venkatesh et al., 2003; Karahanna et al., 2006). Gegenstand dieser Arbeiten ist es, Nutzerreaktionen auf IT zu verstehen, um dadurch Möglichkeiten zu ergründen, diese beeinflussen zu können (Agarwal und Karahanna, 2000).

Die meisten dieser Modelle konzeptualisieren das Ausmaß bzw. die *Quantität* der Nutzung als abhängige Variable, meistens operationalisiert als die Dauer oder Häufigkeit der Nutzung. Die Quantität der Nutzung wird in diesen Arbeiten häufig als Substitut für den wirtschaftlichen *Erfolg* einer IT-Implementation angesehen. Die Untersuchung des IT-Nutzungsverhaltens hat sich jedoch auch zu einer eigenständigen Forschungsrichtung entwickelt (Taylor und Todd, 1995b).

Um Nutzungsverhalten erfassen zu können, das die individuelle Produktivität des Nutzers erhöht, ist die Quantität der Nutzung als Maßgröße jedoch ungeeignet bzw. nicht ausreichend (Chin und Marcolin, 2001). Ein höheres Ausmaß an Nutzung muss nicht zwangsläufig mit einer Erhöhung der Produktivität einhergehen. So kann beispielsweise ein Fehlgebrauch vorliegen (Marakas und Hornik, 1996). Wird Nutzungsquantität mit Erfolg gleichgesetzt, erscheint unter Berücksichtigung von Effizienzaspekten v.a. die Nutzungs*dauer* als ungeeignete Maßgröße: Je länger die Nutzungsdauer bei gleichem Output, desto geringer ist c.p. die Effizienz der IT-Nutzung bzw. der Aufgabenerfüllung. Schwarz et al. (2004) konstatieren deshalb, dass neben der Quantität auch die *Art und Weise*, d.h. die *Qualität* der Nutzung berücksichtigt werden müsse, um Wirkungszusammenhänge zwischen IT-Implementationen und Erfolgsauswirkungen analysieren zu können.

1.2. Zielsetzung

Die vorliegende Forschungsarbeit baut auf den o.g. Überlegungen auf und hat zum Ziel, die Qualität der Nutzung von IT-Anwendungen durch Mitarbeiter in

2

Unternehmen zu untersuchen. Da dieser Aspekt in bisherigen Forschungsarbeiten vernachlässigt wurde, ist es zunächst erforderlich, *Maßgrößen* für diesen *zu entwickeln*, d.h. es müssen Kriterien aufgestellt werden, anhand derer die Qualität der Nutzung von IT-Anwendungen beurteilt werden kann.

Anschließend sollen *Faktoren herausgearbeitet werden, die einen maßgeblichen Einfluss auf die Nutzungsqualität haben.* Diese Faktoren sollen in Anlehnung an ein positivistisches Forschungsparadigma in einen kohärenten konzeptionellen Bezugsrahmen integriert werden, der anschließend einer empirischen Überprüfung unterzogen wird.

Im organisationalen Umfeld ist Mitarbeitern die Nutzung bestimmter IT-Anwendungen häufig vorgeschrieben. Es ist zu erwarten, dass sich die Einflussfaktoren auf die Nutzungsqualität in Abhängigkeit davon unterscheiden, ob es sich um *freiwillig oder gezwungenermaßen genutzte IT-Anwendungen* handelt. Aus diesem Grund soll der aufgestellte Bezugsrahmen für beide möglichen Szenarios getrennt untersucht werden.

Im Einzelnen sollen folgende *Forschungsfragen* beantwortet werden (Dube und Pare, 2003):

1. Welche Faktoren bedingen Unterschiede in der Qualität der Nutzung von IT-Anwendungen durch Unternehmensmitarbeiter?

2. Welchen Einfluss übt der Aspekt der Freiwilligkeit bzw. der Zwang zur Nutzung dieser IT-Anwendungen auf die Nutzungsqualität und deren Determinanten aus?

Mit der Beantwortung dieser Forschungsfragen soll ein wissenschaftlicher Erkenntnisbeitrag und ein praxisorientiertes Ziel verfolgt werden (Benbasat und Zmud, 1999): Der *wissenschaftliche Erkenntnisfortschritt* liegt in der Konzeptualisierung der Nutzungsqualität sowie in der Aufdeckung von Einflussfaktoren auf diese. Da diese Aspekte bisher noch nicht wissenschaftlich untersucht wurden, stellt dies einen wichtigen Schritt zum Verständnis des Erfolges des Einsatzes von IT in Unternehmen dar. Gerade im Bereich der verpflichtenden Nutzung scheinen die bisherigen Modelle, die lediglich die Quantität der Nutzung berücksichtigen, nicht ausreichend zu sein, um den Erfolg bzw. Misserfolg von IT-Implementationen hinreichend erklären zu können. Der *Praxis* können die Erkenntnisse dieser Arbeit Erklärungsmuster bieten, welche Faktoren die Qualität der IT-Nutzung der Mitarbeiter beeinflussen und dadurch Hinweise darauf geben, wie diese mit dem Ziel der Erhöhung der Produktivität beeinflusst werden können.

1.3. Vorgehensweise

Diese Arbeit wird in Anlehnung an die Überlegungen von Heinrich et al. (2007, S. 104) strukturiert. Nachdem in diesem Kapitel das Forschungsproblem beschrieben und die Zielsetzung der Arbeit erläutert wurden, werden in Kapitel 2 die *konzeptionellen Grundlagen* dieser Arbeit vorgestellt: Der Stand der Forschung in diesem Themengebiet wird dargelegt und die für die vorliegende Arbeit relevanten Erkenntnisse dieser Arbeiten zusammengefasst. Unter Berücksichtigung des bereits vorhandenen Wissens werden Hypothesen abgeleitet und in einem *Bezugsrahmen* zur Untersuchung der Qualität der IT-Nutzung zusammengefasst.

In Kapitel 3 wird das *Forschungsdesign dieser Arbeit* dargelegt. Hierfür werden zunächst alternative Gestaltungsformen aufgezeigt. Darauf aufbauend wird die Wahl der verwendeten Forschungsmethode, der Fallstudienmethodik, begründet. Anschließend wird die konkrete Vorgehensweise dieser Arbeit bei Erhebung und Analyse der Daten beschrieben.

In Kapitel 4 wird der *Untersuchungskontext* sowie die *Erhebung und Auswertung* der Daten beschrieben. Anschließend werden die *aufgestellten Hypothesen den gewonnenen Daten gegenüber gestellt* und einer ersten Überprüfung unterzogen.

Die Ergebnisse der Fallstudie werden in Kapitel 5 diskutiert. Darauf aufbauend wird eine *Anpassung* des in Kapitel 2 *entwickelten Bezugsrahmens* vorgenommen. Anschließend werden der wissenschaftliche Erkenntnisfortschritt und dessen Implikationen für die Praxis dargelegt. Das Kapitel schließt mit einem Ausblick auf potenzielle weiterführende Arbeiten in diesem Forschungsgebiet.

Die gewonnenen *Erkenntnisse* werden in Kapitel 6 *zusammengefasst.*

2. Grundlagen der Adoptionsforschung

In diesem Kapitel werden die konzeptionellen Grundlagen hinsichtlich der Akzeptanz von IT-Innovationen in Unternehmen dargelegt und darauf aufbauend ein Bezugsrahmen zur Untersuchung der IT-Nutzungsqualität in Unternehmen erarbeitet. In Abschnitt 2.1 werden zunächst grundlegende Begriffe in diesem Themengebiet definiert und erläutert. Dann erfolgt ein kurzer Einblick in den Themenbereich der Adoption von Innovationen durch Unternehmen (Abschnitt 2.2). Anschließend werden grundlegende Modelle und Forschungsarbeiten vorgestellt, die die Akzeptanz von (IT-)Innovationen durch Individuen untersucht haben (Abschnitt 2.3). In Abschnitt 2.4 werden die für diese Arbeit relevanten Erkenntnisse der dargelegten Forschungsarbeiten zusammengefasst. Aufbauend auf diesen Erkenntnissen wird in Abschnitt 2.5 ein konzeptioneller Bezugsrahmen zur Untersuchung der Qualität der IT-Nutzung durch Individuen in Unternehmen erarbeitet.

2.1. Begriffsgrundlagen

2.1.1. Informationssystem

Heinrich et al. (2007) definieren ein Informationssystem (IS) als ein System, das sich aus den drei Komponenten Mensch, Aufgabe und Technik zusammensetzt. *Menschen* können u.a. an der Konstruktion, Einführung oder Nutzung solcher Systeme beteiligt sein. *Aufgaben* stellen Einzelprobleme oder Problembereiche in Wirtschaft oder Verwaltung dar. *Techniken* können Einzeltechniken wie Eingabe-, Ausgabe-, Speicher-, Transport- oder Verarbeitungstechnik oder integrierte Techniksysteme wie beispielsweise Workflowmanagement-Systeme sein.

Ein IS zeichnet sich v.a. durch die Beziehungen der Komponenten untereinander aus. Gegenstand der Wirtschaftsinformatik sind u.a. die Analyse von

1. Mensch-Aufgabe-Beziehungen,

2. Mensch-Technik-Beziehungen und

3. Aufgabe-Technik-Beziehungen.

Der Fokus dieser Arbeit richtet sich auf die zweite Art von Beziehungen, die Beziehungen zwischen Menschen und Technik. Im Folgenden wird der Begriff IT als Synonym für Technik verwendet.

2.1.2. Innovation und Adoptionsprozess

Eine *Innovation* ist eine Idee, eine Vorgehensweise oder ein Objekt, das von einem Individuum oder einer Gruppe als neu empfunden wird. Es kann sich z.B. um ein neues Produkt, einen neuen Service, eine neue Produktionstechnologie oder ein neues Verwaltungssystem handeln. Der Begriff *Adoption* umfasst die Erstellung, Entwicklung und Implementation einer Innovation (Damanpour, 1991).

Rogers (1962) ist der Begründer des *Diffusion of Innovation* (DOI)-Ansatzes. *Diffusion* definiert Rogers (2003, S. 5) als den Prozess, in dem eine Innovation über verschiedene Kanäle mit der Zeit zwischen Mitgliedern eines sozialen Systems kommuniziert wird. Klassische Diffusionsforschung beschäftigt sich mit der Diffusion bzw. Adoption von Innovationen durch Individuen für den persönlichen Gebrauch. Untersucht werden zum einen die Phasen, die ein Adoptionsprozess durchläuft. Außerdem werden die Eigenschaften von Innovationen analysiert, die

Individuen wahrnehmen und die die Rate und das Muster der Adoption bzw. Diffusion bestimmen (Fichman, 1992).

Rogers (2003, S. 168ff.) charakterisiert den so genannten Innovations-Entscheidungsprozess in fünf Phasen: Ein Individuum erlangt *Kenntnis* von einer Innovation. Es entwickelt eine *Einstellung* gegenüber dieser Innovation und trifft darauf aufbauend eine *Adoptionsentscheidung*. Fällt diese negativ aus, ist der Prozess abgeschlossen. Fällt diese positiv aus, wird die Innovation *implementiert*, d.h. in Gebrauch genommen. Schließlich kann das Individuum oder die Gruppe danach streben, die getroffene Entscheidung einer *erneuten Prüfung bzw. Bestätigung* zu unterziehen.

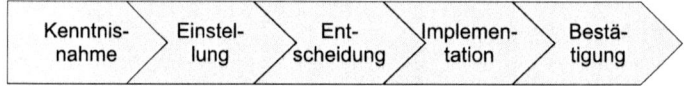

Abbildung 2.1.: Entscheidungsprozess zur Adoption von Innovationen (Rogers, 2003)

Der DOI-Ansatz beschäftigt sich damit, wie die Eigenschaften einer Innovation wahrgenommen werden und wie diese Einschätzungen die Adoption und Diffusion dieser Innovation beeinflussen (Moore und Benbasat, 1991; Tornatzky und Klein, 1982). Es werden auch Kontexte analysiert, in denen die Adoption durch Unternehmen oder durch deren Mitarbeiter erfolgt (Fichman, 1992). Auf diese Szenarios wird im Folgenden eingegangen.

2.2. Unternehmen als Betrachtungsebene

Eine Organisation ist ein soziales Gebilde, das dauerhaft ein Ziel verfolgt und eine formale Struktur aufweist, mit deren Hilfe die Aktivitäten der Mitarbeiter auf das verfolgte Ziel ausgerichtet werden sollen (Kieser und Walgenbach, 2007, S. 6). Organisationen adoptieren Innovationen mit dem Ziel, eine Verbesserung ihrer Effizienz oder Effektivität zu erzielen. Die Adoption kann als Reaktion auf interne oder externe Einflüsse geschehen oder mit dem Ziel, die Umwelt zu beeinflussen (Damanpour, 1991).

2.2.1. Phasen eines Adoptionsprozesses

Rogers (2003, S. 417) untergliedert den so genannten Innovationsprozess in Unternehmen in eine Initiierungsphase und eine Implementationsphase, die jeweils aus mehreren Unterphasen bestehen.

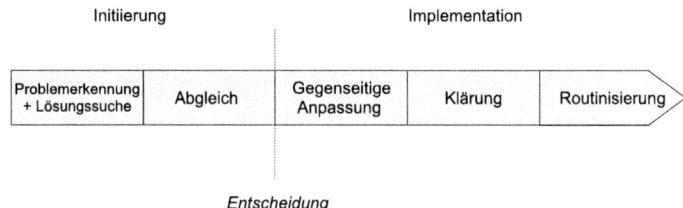

Abbildung 2.2.: Phasen der organisationalen Adoption von Innovationen (Rogers, 2003)

Die *Initiierungsphase* beinhaltet alle Aktivitäten, die zur Vorbereitung einer Adoptionsentscheidung notwendig sind. Zunächst muss ein *organisationales Problem erkannt* werden, das mithilfe der Innovation gelöst werden soll und nach möglichen Lösungen für dieses gesucht werden. Sind potenzielle Lösungen vorhanden, erfolgt ein *Abgleich*, ob die entsprechende Innovation das erkannte Problem lösen kann. Fällt die zu treffende Adoptionsentscheidung positiv aus, schließt sich die *Implementationsphase* an. Diese beinhaltet alle Aktivitäten, die dafür notwendig sind, die Innovation in Gebrauch zu nehmen. Sie beginnt mit einer *gegenseitigen Anpassung* von Innovation und Organisationsstruktur. Danach schließt sich die Phase der *Klärung* an, in der die betroffenen Organisationsmitglieder beginnen, die Innovation zu nutzen und dadurch sukzessiv deren Potenzial einschätzen können. Mit der *Routinisierung* ist der Innovationsprozess abgeschlossen. In dieser Phase entscheidet sich, ob die Innovation langfristig beibehalten wird. Rogers

(2003, S. 430) weist ausdrücklich darauf hin, dass die Beibehaltung einer Innovation keinen Selbstzweck darstellt: Erweist sie sich als nicht zweckmäßig in Bezug auf das zu lösende Problem, sollte sie ersetzt werden.

Kwon und Zmud (1987) untergliedern den organisationalen Adoptionsprozess in sechs Phasen: *Initiierung, Adoption, Adaption, Akzeptanz, Nutzung* sowie *Inkorporation*. Akzeptanz sehen sie als Voraussetzung für die Nutzung an, wenn diese freiwillig ist. Inkorporation erfolgt, wenn die Innovation in die organisationalen Routinen eingebunden wird. Kwon und Zmud kritisieren, dass Phasenmodelle eine Evaluierung nach abgeschlossener Adoption vernachlässigen.

Güttler (2003, S. 49) bezieht sich auf Thompson (1965) und teilt den Prozess der Adoption von Innovationen durch Unternehmen in drei Phasen (s. Abbildung 2.3) ein: Zunächst nimmt das Unternehmen eine *Evaluierung* der Innovation vor. Danach trifft das Unternehmen eine Entscheidung, ob die Innovation adoptiert werden soll. Fällt diese positiv aus, erfolgt die *Implementierung* der Innovation. Nach deren Abschluss beginnt die *Nutzungsphase*. Anhand dieses Phasenmodells wird die Strukturierung des weiteren Literaturüberblicks vorgenommen.

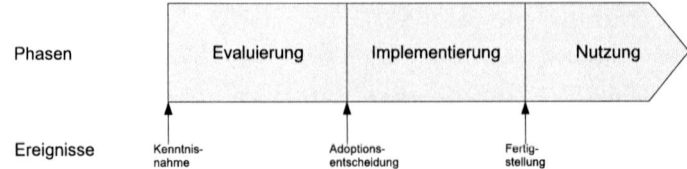

Abbildung 2.3.: Phasen der organisationalen Adoption von Innovationen (Güttler 2003)

2.2.2. Einflussfaktoren auf die Adoption von Innovationen

In diesem Abschnitt werden Faktoren dargestellt, die einen Einfluss darauf ausüben, dass es zu einer Kenntnisnahme und Evaluierung einer Innovation kommt, d.h. dass ein Unternehmen einen Adoptionsprozess startet. In Abbildung 2.4 sind diese Faktoren symbolisch als Determinanten A, B und C dargestellt.

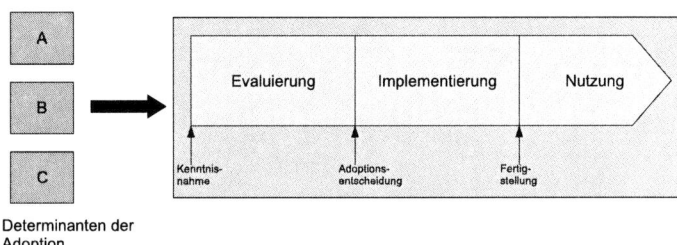

Determinanten der
Adoption
durch Unternehmen

Abbildung 2.4.: Determinanten der organisationalen Adoption von Innovationen

Güttler und Heinzl (2003) konstatieren, dass organisatorische Innovationen zu unterschiedlich und potenzielle Einflussfaktoren zu vielfältig sind, um eine einheitliche Theorie zu erstellen, die die Adoption von Innovationen durch Unternehmen erklärt. Kwon und Zmud (1987) teilen mögliche Einflussfaktoren in folgende Gruppen ein: Eigenschaften der Organisation, der zu adoptierenden Innovation, der Aufgabe, der verantwortlichen Führungsgruppe sowie der Umwelt der Organisation. Diese Einflussfaktoren werden im Folgenden kurz dargestellt. Die Eigenschaften der verantwortlichen Führungsgruppe werden dabei unter den Eigenschaften des Unternehmens erfasst.

2.2.2.1. Eigenschaften des Unternehmens

Folgende Eigenschaften des Unternehmens zeigen einen positiven Einfluss auf die dessen Innovationsbereitschaft (Tornatzky und Fleischer, 1990, S. 151-174): das Ausmaß der *Spezialisierung*, das Ausmaß der *funktionalen Differenzierung*, die Qualität der *Ausbildung* der Mitarbeiter, die *Änderungsbereitschaft des Managements*, das *vorhandene technische Wissen*, das *Verhältnis der Anzahl von Managern und Mitarbeitern*, *finanzielle und personelle Ressourcen*, *Wahrnehmung und Offenheit gegenüber der Umwelt*, das Ausmaß der *Kommunikation zwischen organisationalen Einheiten* und das Ausmaß der *Partizipation* der Mitarbeiter bei der Entscheidungsfindung.

Rogers (2003, S. 61; 411ff.) kritisiert, dass hinsichtlich des Einflusses dieser Faktoren in früheren Untersuchungen häufig keine Unterscheidung zwischen verschiedenen Adoptionsphasen vorgenommen wurde; so könne beispielsweise eine geringe Zentralisierung zwar die Initiierung eines Innovationsprozesses begünstigen, jedoch die Implementierungsphase erschweren.

2.2.2.2. Eigenschaften der Innovation

Folgende Eigenschaften einer Innovation beeinflussen deren Adoptionsrate (Rogers, 1962):

- Die *relative Vorteilhaftigkeit* ist das Ausmaß, zu dem eine Innovation als überlegen gegenüber einer anderen Lösung eingeschätzt wird.

- Die *Kompatibilität* erfasst das Ausmaß, zu dem die Innovation als konsistent mit bestehenden Werten, bisherigen Erfahrungen und Bedürfnissen eingeschätzt wird.

- Die *Komplexität* stellt das Ausmaß dar, zu dem die Innovation als schwierig zu nutzen eingeschätzt wird.

- Die *Testbarkeit* ist das Ausmaß, zu dem eine Innovation testweise genutzt werden kann, bevor sie adoptiert wird.

- Die *Beobachtbarkeit* erfasst das Ausmaß, zu dem die Ergebnisse der Innovation für andere sichtbar sind.

Ausschlaggebend für die Adoption sind jedoch nicht die objektiven Eigenschaften der Innovation, sondern deren Wahrnehmung durch die Entscheidungsträger.

2.2.2.3. Eigenschaften der Aufgabe

Folgende Eigenschaften der zu erfüllenden Aufgabe haben einen Einfluss auf die Adoption einer Innovation (Kwon und Zmud, 1987):

- *Unsicherheit bzw. Schwierigkeit* der Aufgabe;

- *Autonomie* der Individuen bei der Aufgabenerfüllung;

- Ausmaß der *Verantwortung* der Individuen bei der Aufgabenerfüllung;

- *Abwechslung*;

- *Internalisierung* der Aufgabe durch die Individuen;

- *Feedback* hinsichtlich der erbrachten Leistung.

2.2.2.4. Eigenschaften der Umwelt

Folgende Eigenschaften der Umwelt haben einen Einfluss auf die organisationale Adoptionsbereitschaft eines Unternehmens (Kwon und Zmud, 1987):

- *Heterogenität*;

- *Unsicherheit*;

- *Wettbewerb*;

- *Ressourcenverteilung*;

- *interorganisationale Abhängigkeiten*.

2.2.3. Erfolgsauswirkungen der Adoption von IT-Innovationen

Erfolgsauswirkungen einer Adoption können nach Abschluss des Adoptionsprozesses entstehen. Sie sind in Abbildung 2.5 symbolisch (Auswirkungen D, E und F) dargestellt.

Erfolgsauswirkungen sind in hohem Maße von der Art der adoptierten Innovation abhängig. Der Literaturüberblick bezieht sich in Abhängigkeit von der Zielsetzung der vorliegenden Arbeit nur auf Erfolgsauswirkungen von IT-Adoptionen. Im angelsächsischen Sprachraum wird dieses Forschungsgebiet als "IS Effectiveness", "IT Investment Payoff", "IT Impact" oder "Information Systems Success" bezeichnet (Auer, 2004, S. 62). Forschungsarbeiten in diesem Bereich beschäftigen sich damit, den Wert von IT für ein Unternehmen zu beurteilen und die Voraussetzungen für diese Wertentstehung zu verstehen (Potthof, 1998). Zielsetzung ist es, den Einsatz von IT in Unternehmen und dadurch deren gesamte Effizienz zu verbessern (Taylor und Todd, 1995b).

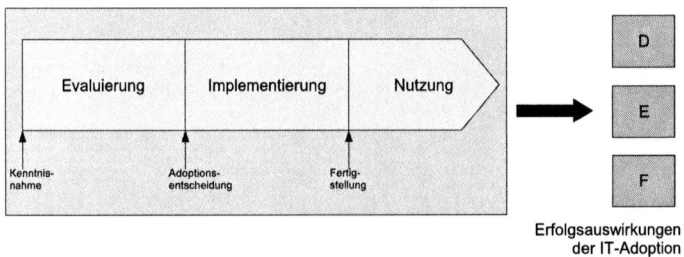

Abbildung 2.5.: Auswirkungen der organisationalen Adoption von Innovationen

2.2.3.1. Das Produktivitätsparadoxon

Frühe Arbeiten, die Erfolgsauswirkungen von IT auf Unternehmensebene untersucht haben, postulierten häufig einen *direkten* Zusammenhang zwischen *Investitionen* in IT und entstehenden Erfolgsauswirkungen, gemessen beispielsweise

14

über Änderungen des Unternehmensgewinns (Taylor und Todd, 1995b). Innerhalb des Phasenmodells von Güttler (2003) kann der in diesen Studien untersuchte Zusammenhang als ein direkter Einfluss der *Implementierung* einer IT auf Erfolgsgrößen interpretiert werden. Die Vernachlässigung der Nutzungsphase bei dieser Betrachtung ist in Abbildung 2.6 symbolisch als "Black Box" dargestellt.

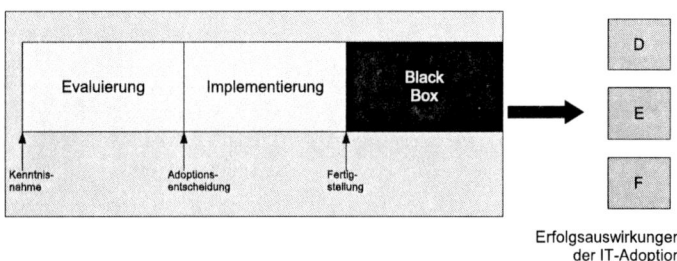

Abbildung 2.6.: Direkter Einfluss der IT-Implementierung auf Erfolgsgrößen

Die festgestellten Erfolgsauswirkungen von IT-Implementierungen in diesen Arbeiten waren unterschiedlich und teilweise sogar widersprüchlich. In einigen Studien wurde kein bzw. sogar ein negativer Einfluss der Investitionen in IT auf die Produktivität festgestellt (Auer, 2004, S. 134). Dieses Phänomen wurde als *Produktivitätsparadoxon* bezeichnet (Skinner, 1986; Brynjolfsson, 1993; Brynjolfsson und Hitt, 1996; Brynjolfsson und Hitt, 1998; Dedrick et al., 2003; Brynjolfsson und Hitt, 2003).

> "*We see the computer age everywhere except in the productivity statistics*"(Auer, 2004, S. 134ff.).

In einer Meta-Analyse analysiert Potthof (1998) 49 Studien, die einen Zusammenhang zwischen IT-Investitionen und wirtschaftlichem Erfolg von Unternehmen untersucht hatten. 33 dieser Studien hatten einen *positiven*, vier einen *negativen* und zwölf *keinen* Zusammenhang zwischen diesen beiden Faktoren festgestellt.

Folgende mögliche Gründe werden für diese widersprüchlichen Ergebnisse aufgezeigt:

- Ungenaue Konzeptualisierungen (Kelley, 1994);

- das Problem der vollständigen und zuverlässigen Erfassung der IKT-Investitionen und der resultierenden Erfolgsgrößen (Auer, 2004, S. 63);

- zu geringe Datenmenge bzw. ungenaue Daten (Brynjolfsson und Hitt, 1996);

- ein zu kleiner Betrachtungszeitraum (Kohli und Devaraj, 2003);

- die Vielfalt der Einflussfaktoren auf den Unternehmenserfolg, deren Erfassung und Messung nur schwer möglich ist (Melville et al., 2004).

Auer (2004, S. 63) und Lucas (1993) stellen aus diesem Grund die Angemessenheit der Untersuchung des Erfolges von IT auf Unternehmensebene generell in Frage. Durch Aggregation von Erfolgskennzahlen auf Unternehmensebene kann zudem nicht festgestellt werden kann, ob eventuell ein Unternehmensteil durch implementierte IT profitiert, während in einem anderen Unternehmensteil Produktivitätsverluste auftreten.

"Some systems may be effective, while others may bring negative returns. Therefore, by aggregating over all systems, the favorable impact of effective systems may be nullified by poorly designed systems" (Mukhopadhyay et al., 1995).

Aus diesem Grund sollten nur solche Erfolgsfaktoren erhoben und analysiert werden, die in einer engen Verbindung zur betrachteten IT stehen.

"Most IT applications are process-specific innovations, and their benefits are confined to the process in which the technology is deployed" (Kelley, 1994).

Werden beispielsweise die Auswirkungen eines Verkaufssystems untersucht, sollte die Leistung des Verkaufsteams und nicht der Unternehmensgewinn als Erfolgsgröße erhoben werden. Studien, die Erfolgsauswirkungen von IT auf detaillierten Untersuchungsebenen analysieren, können am ehesten aussagekräftige Ergebnisse erzielen (Lucas, 1993, S. 365-373).

Weitergehende Kritik thematisiert die Vernachlässigung der *Ursachen* positiver bzw. negativer Auswirkungen des Einsatzes von IT (Brynjolfsson und Hitt, 1998). Ziel von Arbeiten, die den Erfolg von IT für Unternehmen analysieren, sollte es sein, die "Black Box" der Wirkungszusammenhänge zwischen der Implementierung von IT in Unternehmen und Erfolgsauswirkungen zu öffnen. Die Forschungsfrage sollte nicht (nur) lauten *"Gibt es positive Auswirkungen?"*, sondern auch *"Wann und warum gibt es positive Auswirkungen?"* (Dehning und Richardson, 2002).

2.2.3.2. Modelle zur Erklärung von Erfolgsauswirkungen

Zur *Erklärung* unterschiedlicher Erfolgsauswirkungen von IT-Implementationen existieren verschiedene Ansätze. Neben den Eigenschaften der IT (z.B. Brehm et al. (2001)) wird als wichtigster Einflussfaktor die *tatsächliche Nutzung* der implementierten IT in dem Unternehmen angeführt.

> *"Although IT has promised organizational gains in efficiency and effectiveness for several decades, the predicted substantial increases in productivity have been slow to arrive. [...] A widely postulated explanation is the aphorism that systems that are not used provide little value. Thus, having the technology available is simply not enough; it must be accepted and used appropriately by its target user group in order to realize anticipated productivity gains"* (Agarwal und Prasad, 1997).

Die Implementierung einer IT allein ist nicht ausreichend, um einen Wert bzw. eine Produktivitätssteigerung für ein Unternehmen hervorzurufen. Vielmehr muss diese auch *genutzt* werden, um einen Wert bzw. positive Erfolgsauswirkungen für das Unternehmen bewirken zu können (Leonard-Barton und Deschamps, 1988). Um Erfolgsauswirkungen erklären und prognostizieren zu können, muss deshalb die Nutzung der IT durch die Mitarbeiter berücksichtigt werden (Lucas, 1993, S. 364-365). Die Öffnung der in Abbildung 2.6 dargestellten "Black Box" ist in Abbildung 2.7 durch Integration der *Nutzungsphase* in den Wirkungszusammenhang zwischen Implementierung einer IT und deren Auswirkungen dargestellt.

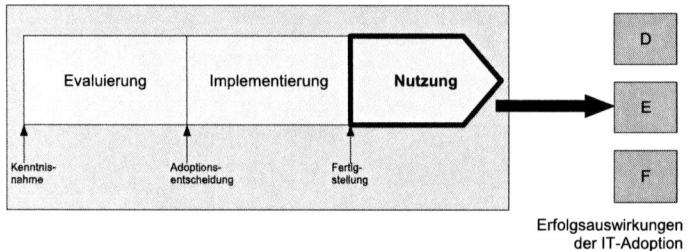

Abbildung 2.7.: Einfluss der IT-Nutzung auf Erfolgsgrößen

Frühe Arbeiten haben häufig eine Untersuchung der Nutzung der IT als Surrogat für die Untersuchung von Erfolgsauswirkungen vorgenommen (Agarwal und Prasad, 1997). Mittlerweile hat sich die Untersuchung der Nutzung selbst zu einer eigenen Forschungsrichtung entwickelt (Taylor und Todd, 1995b).

2.3. Individuen als Betrachtungsebene

Wie im letzten Abschnitt erläutert, spielt die Nutzung einer IT für das Entstehen von Erfolgsauswirkungen in Unternehmen eine bedeutende Rolle. Die *Akzeptanz* einer IT-Innovation in Unternehmen setzt sich aus vielen individuellen sekundären Adoptionsentscheidungen der entsprechenden Mitarbeiter zusammen

(Leonard-Barton und Deschamps, 1988). Untersucht wird aus diesem Grund, unter welchen Voraussetzungen *Individuen* implementierte IT-Innovationen akzeptieren bzw. nutzen. Einflussfaktoren auf die Nutzung sind in Abbildung 2.8 symbolisch (Faktoren 1, 2 und 3) im Rahmen der Adoptionsphasen von Güttler (2003) dargestellt.

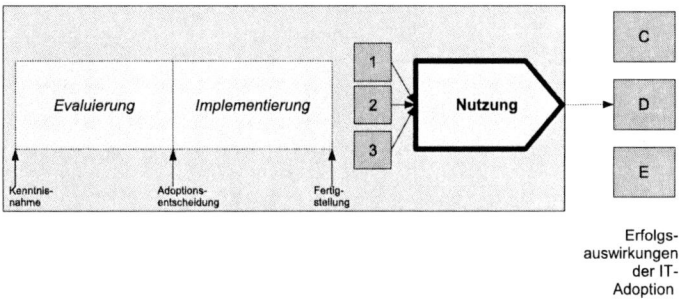

Abbildung 2.8.: Determinanten der IT-Nutzung

Die Untersuchung dieser Faktoren soll helfen, die Akzeptanz von IT-Anwendungen durch Mitarbeiter verstehen und antizipieren zu können, um damit eine effektive Nutzung der IT-Ressourcen zu erreichen (Davis, 1989; Mathieson, 1991; Taylor und Todd, 1995b). Die erarbeiteten Modelle der Forschungsarbeiten in diesem Bereich basieren somit explizit oder implizit auf der Annahme, dass eine höhere Nutzung mit positiven Erfolgsauswirkungen verbunden ist (Goodhue und Thompson, 1995): Nutzung wird als notwendige Bedingung der Sicherstellung des wirtschaftlichen Erfolges von Investitionen in IT angesehen (Leonard-Barton und Deschamps, 1988; Davis, 1989; Mathieson, 1991; Taylor und Todd, 1995b; Devaraj und Kohli, 2003), da nicht genutzte Systeme nicht effektiv sein können, ganz gleich welche technologischen Eigenschaften sie haben (Mathieson, 1991).

Die Wurzeln der aufgestellten Modelle zur Erklärung der IT-Nutzung liegen in der Psychologie und der Soziologie (Venkatesh et al., 2003). Die grundlegenden Basistheorien, die das Zustandekommen menschlichen Verhaltens erklären, werden in Kapitel 2.3.1 dargelegt. Darauf aufbauend werden in Kapitel 2.3.2 Forschungsarbeiten vorgestellt, die die Erklärung der individuellen IT-Nutzung zum Ziel haben und diese Modelle als Basis verwenden.

2.3.1. Allgemeine Theorien zur Erklärung menschlichen Verhaltens

In diesem Abschnitt werden ausgewählte Theorien der *Verhaltensforschung* erläutert. Verhaltensforschung hat zum Ziel, die Gründe menschlichen Verhaltens zu erklären (Deci, 1975, S. 3). Die erläuterten Theorien bilden die Basis der in den in nachfolgenden Abschnitten vorgestellten Modelle zur Erklärung der IT-Nutzung.

2.3.1.1. Motivationstheorie

Die Motivationstheorie postuliert, dass Menschen Handlungen ausführen, um Bedürfnisse zu befriedigen (Deci, 1975). Individuen wählen aus mehreren Alternativen die Handlung aus, von der sie annehmen, dass die damit verbundenen Konsequenzen ihren Bedürfnissen am besten entsprechen (Deci, 1975, S. 15-16). Es wird dabei zwischen extrinsischen und intrinsischen Motivatoren unterschieden (Vallerand, 1997, S. 271).

Extrinsische Motivation

Das Ziel eines Individuums bei Durchführung einer extrinsisch motivierten Tätigkeit ist es, einen externen Anreiz zu erlangen (Deci und Ryan, 1985, S. 49).

> *"Extrinsic work motivation is a cognitive state reflecting the extent to which the worker attributes the force of his or her task behaviors to having and/or expecting to receive or experience some extrinsic outcome. An extrinsic work outcome is an object or event received*

or experienced by a worker following the completion of a set of task behaviors which is dependent on a source external to the immediate task-person situation for delivery to take place" (Brief und Aldag, 1977, S. 497-498).

Extrinsische Motivatoren können positiver Art (z.B. finanzielle Anreize) oder negativer Art (Androhung von finanziellen Kürzungen oder Entlassung) sein (Frey, 1997). Das Individuum richtet sein Verhalten danach aus, die positive Anreize zu erlangen bzw. negative Anreize zu vermeiden (Deci und Ryan, 1985, S. 49).

Intrinsische Motivation

Intrinsisch motiviertes Verhalten wird ausgeführt, ohne dass eine externe Abhängigkeit gegeben ist. Die Durchführung der Aktivität selbst ist mit internen Konsequenzen verbunden, die das Individuum als belohnend empfindet (Deci, 1975, S. 23).

"Intrinsic work motivation is a cognitive state reflecting the extent to which the worker attributes the force of his or her task behaviors to outcomes derived from the task per se; that is outcomes which are not mediated by a source external to the task-person situation. Such a state of motivation can be characterized as a self-fulfilling experience. An intrinsic work outcome is an object or event received or experienced by a worker during or following the completion of a set of task behaviors which is self- or task-mediated in that the involvement of a source external to the immediate task-person situation is not required for delivery to take place" (Brief und Aldag, 1977, S. 497).

Wichtige intrinsische Anreize sind das Empfinden von *Kompetenz*, d.h. das Empfinden, durch eine Handlung etwas bewirken bzw. erreichen zu können, und *Selbstbestimmung*, d.h. das Empfinden der Freiheit, sein Verhalten selbst zu initiieren (Vallerand, 1997; James, 2005). Des Weiteren ist *Interesse* an einem Objekt ein wichtiger intrinsischer Motivator (Deci und Ryan, 1985, S. 26-32). Intrinsisch motiviertes Handeln erfolgt typischerweise selbst-bestimmt, weil die Handlungen aus Interesse ausgeführt werden (James, 2005) und weil mit der Ausführung Gefühle der Zufriedenheit, Freude und Begeisterung verbunden sind (Deci und Ryan, 1985, S. 34).

Gemeinsames Auftreten intrinsischer und extrinsischer Motivatoren

Ein Verhalten kann gleichzeitig durch interne und externe Anreize motiviert werden. Überwiegt die intrinsische Motivation, liegt der *Locus Of Causality* innerhalb des Individuums, und das Verhalten wird durch interne Bedürfnisse und Belohnungen gesteuert. Überwiegen die extrinsischen Anreize, liegt der Locus Of Causality außerhalb des Individuums (Venkatesh, 1999).

Bei gleichzeitiger intrinsischer und extrinsischer Motivation kann *Crowding-Out* bzw. ein *Verdrängungseffekt* auftreten (Frey, 1997). Die Einführung einer extrinsischen Belohnung für eine vorher intrinsisch motivierte Handlung kann bewirken, dass Individuen nun diese als Ursache ihrer Handlung interpretieren. Der LOC verschiebt sich dadurch von innen nach außen, was zu einer Reduktion der intrinsischen Motivation führt (Deci und Ryan, 1985, S. 49). Das Phänomen wird durch "Übermotivation" der Person erklärt: Sie würde die Tätigkeit auch ausführen, wenn einer der beiden Anreize in geringerem Ausmaß vorhanden wäre. Sie verringert deshalb den Anreiz, den sie beeinflussen kann, d.h. die intrinsische Motivation.

2.3.1.2. Verhaltensmodell nach Triandis

Verhalten wird in dem Modell von Triandis (1979) durch drei Faktoren determiniert: Durch die *Verhaltensabsicht*, durch unbewusste Gewohnheiten bzw. *Automatismen* und durch objektive, externe *Faktoren, die eine Handlung erleichtern*.

Die *Verhaltensabsicht* wird durch drei Faktoren beeinflusst (Triandis, 1979, S. 202-212):

- Durch *Affekte*, d.h. Gefühlen, die die Individuen gegenüber dem entsprechenden Verhalten haben;

- durch empfundene *soziale Normen*, d.h. zwischenmenschliche Vereinbarungen, wie man sich verhalten sollte und

- durch die mit der Handlung verbundenen *Konsequenzen*, deren Wahrscheinlichkeit und deren empfundenen Wert.

2.3.1.3. Theory of Reasoned Action

Die Theory of Reasoned Action (TRA) von Fishbein und Ajzen (1975) ist eine der fundamentalsten Theorien zur Erklärung und Vorhersage menschlichen Verhaltens (Venkatesh et al., 2003).

Als einzige direkte Determinante des Handelns wird im Rahmen der TRA die *Verhaltensabsicht* angesehen (Davis et al., 1989). Um menschliches Verhalten verstehen zu können, müssen somit die Faktoren analysiert werden, die die Handlungsabsicht beeinflussen (Ajzen, 1985, S. 12).

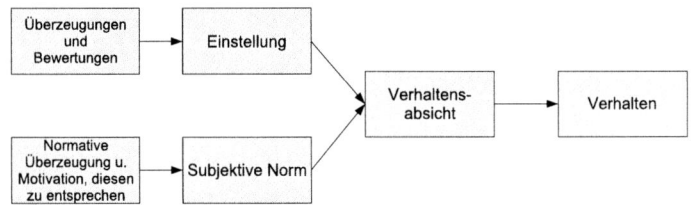

Abbildung 2.9.: Theory of Reasoned Action (Fishbein und Ajzen, 1975)

Die TRA postuliert, dass die Verhaltensabsicht durch zwei Faktoren determiniert wird: Durch die Einstellung gegenüber einer Handlung und die subjektive Norm.

Die persönliche *Einstellung* gegenüber einer Handlung wird aus *Überzeugungen* abgeleitet. Überzeugungen setzen Handlungen mit bestimmten Konsequenzen in einen kausalen Zusammenhang (Fishbein und Ajzen, 1975, S. 14). Aus der persönlichen Bewertung dieser Konsequenzen sowie der eingeschätzten Stärke der kausalen Zusammenhänge wird die persönliche Einstellung gegenüber einer bestimmten Handlung gebildet. Die Einstellung beschreibt dabei die positiven bzw. negativen Gefühle, die mit diesem Verhalten verbunden werden (Davis et al., 1989). Je positiver die Ergebnisse einer Handlung bewerten werden, desto positiver wird c. p. die persönliche Einstellung gegenüber der Handlung (Ajzen, 1985, S. 13-14).

Zum anderen wird die Verhaltensabsicht durch die *subjektive Norm* beeinflusst. Diese wird aus normativen Überzeugungen des Individuums gebildet, welche Meinung *Andere* bezüglich des eigenen Verhaltens haben (Mathieson, 1991). Die normativen Überzeugungen sind dabei nur in dem Ausmaß relevant, in dem die Motivation vorhanden ist, diesen zu entsprechen (Fishbein und Ajzen, 1975, S. 16).

Die persönliche Einstellung und die subjektive Norm determinieren schließlich gemäß der TRA die Absicht eines Individuums, eine bestimmte Handlung auszuführen. Der relative Einfluss von persönlicher Einstellung und subjektiver Norm bezüglich der Verhaltensabsicht variiert je nach Individuum und / oder Handlung (Ajzen, 1985, S. 13). Abbildung 2.9 stellt die erläuterten Wirkungszusammenhänge der TRA dar.

Ein wichtiger Aspekt des Modells ist, dass das Verhalten nur indirekt über eine Änderung der Verhaltensabsicht bzw. der Einstellungen oder der subjektive Norm beeinflusst werden kann (Davis et al., 1989).

Die TRA ist ein allgemeines Verhaltensmodell. Spezifische Einflussfaktoren auf ein bestimmtes Verhalten müssen deshalb immer in Abhängigkeit des betrachteten Problems identifiziert werden (Davis et al., 1989).

2.3.1.4. Theory of Planned Behavior

Die Theory of Planned Behavior (TPB) basiert auf der TRA und erweitert diese um die Annahme, dass ein Individuum ein beabsichtigtes Verhalten nur eingeschränkt kontrollieren kann. Die TRA kann Verhalten nur in solchen Situationen vorhersagen, in denen keine Hindernisse bestehen, das entsprechende Verhalten auszuführen (Mathieson, 1991). Die TPB berücksichtigt aus diesem Grund den Aspekt der *Verhaltenskontrolle* neben der Einstellung und der subjektiver Norm als Einflussfaktoren auf eine Handlungsabsicht (Ajzen, 1985, S. 11-12).

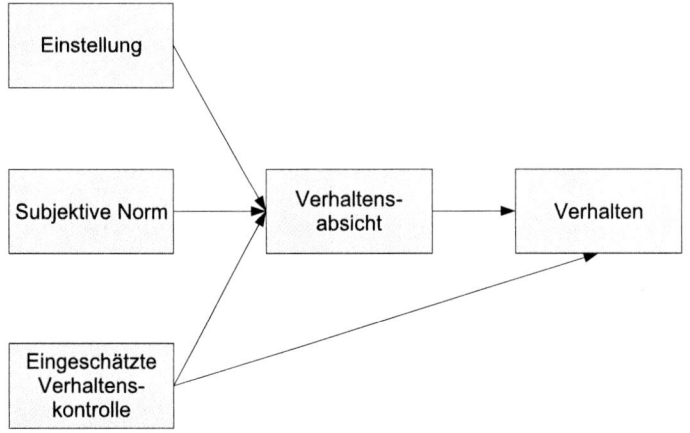

Abbildung 2.10.: Theory of Planned Behavior (Ajzen, 1985)

Die eingeschätzte Verhaltenskontrolle stellt eine Annahme des handelnden Individuums dar, inwieweit Ressourcen und Fähigkeiten, die für die Ausführung des Verhaltens notwendig sind, zur Verfügung stehen (Mathieson, 1991). Faktoren, die diese Kontrollfähigkeit einschränken, können innerhalb und außerhalb des Individuums liegen. Mögliche *interne bzw. persönliche Faktoren* sind fehlende notwendige Informationen, Qualifikationen, Fähigkeiten oder Willensstärke. *Externe bzw. situative Faktoren* können fehlende zeitliche Ressourcen oder die

Abhängigkeit von anderen Individuen sein, die für die Ausführung der Handlung benötigt werden (Ajzen, 1985, S. 25-30).

Verhindert nach Meinung des Individuums kein solcher Faktor die Ausführung der Handlung, wird es diese, sofern es dies in Abhängigkeit der anderen beiden Faktoren anstrebt, versuchen auszuführen. Um die angestrebte Handlung jedoch tatsächlich erfolgreich ausführen zu können, muss zudem faktische Kontrolle über die Handlung vorliegen, da der Handlungsversuch andernfalls scheitern wird (Ajzen, 1985, S. 25-30). Abbildung 2.10 stellt die erläuterten Zusammenhänge dar.

2.3.1.5. Social Cognitive Theory

Die Social Cognitive Theory (SCT) ist zur Erklärung von Verhalten und Leistung für ein breites Spektrum an Tätigkeiten konzipiert (Bandura, 1977). Sie postuliert, dass Verhalten durch zwei verschiedene Arten von Erwartungen beeinflusst wird:

- Die *Ergebniserwartung* ist die Überzeugung eines Individuums, dass ein bestimmtes Verhalten zu einem bestimmten Ergebnis führt. Individuen bevorzugen eher ein solches Verhalten, das mit positiven Ergebnissen verbunden ist als eines, das mit weniger positiven Ergebnissen verbunden ist (Compeau und Higgins, 1995b).

- *Selbstwirksamkeit* ist die Überzeugung eines Individuums, inwieweit es selbst zu einem bestimmten Verhalten fähig ist (Bandura, 1977).

  "[..] People's judgements of their capabilities to organize and execute courses of action required to attain designated types of performances. It is concerned not with the skills one has but with judgements of what one can do with whatever skills one possesses" (Bandura, 1986, S. 391).

Selbstwirksamkeit beeinflusst die Anstrengung und die Ausdauer hinsichtlich der Durchführung des Verhaltens und dadurch das resultierende Verhaltensergebnis (Compeau und Higgins, 1995b). Sie stellt eine wichtige Determinante des Verhaltens dar, da fehlende Selbstwirksamkeit dazu führen kann, dass ein bestimmtes Verhalten gar nicht versucht wird (Bandura, 1977).

Wesentlich für die Bildung von Selbstwirksamkeit bezüglich der Durchführung eines Verhaltens ist die *Erfahrung*, die ein Individuum mit der entsprechenden oder einen ähnlichen Tätigkeit bereits gemacht hat. Selbstwirksamkeit kann jedoch auch dadurch gebildet werden, dass *Andere* bei der entsprechenden oder einer ähnlichen Tätigkeit beobachtet werden; der Einfluss auf die Selbstwirksamkeit ist jedoch im zweiten Fall deutlich schwächer (Venkatesh und Davis, 1996).

2.3.2. Modelle zur Erklärung der IT-Nutzung

In diesem Abschnitt wird ein Überblick über Forschungsarbeiten gegeben, die sich mit der Akzeptanz von IT durch Individuen beschäftigt haben. Ziel dieser Arbeiten ist die Erklärung der *Quantität der Nutzung* bzw. der Nutzungsabsicht als Surrogat für diese.

Zunächst wird in Abschnitt 2.3.2.1 das Technology Acceptance Model (TAM) vorgestellt. Die folgenden Abschnitte sind gegliedert nach den Einflussfaktoren, die in den jeweils dargelegten Modellen auf die Quantität der Nutzung bzw. die Nutzungsabsicht konzeptualisiert wurden: Dies sind die Erfahrung des Nutzers mit der IT (Abschnitt 2.3.2.2), subjektive Norm und Freiwilligkeit der Nutzung (Abschnitt 2.3.2.3), die Einschätzung der verfügbaren Ressourcen und der Verhaltenskontrolle (Abschnitt 2.3.2.4) sowie der eingeschätzte intrinsische Nutzen der

IT-Nutzung (Abschnitt 2.3.2.5).[1] Die meisten der vorgestellten Modelle basieren auf dem TAM.

Die Auswahl der Arbeiten bzw. Modelle erfolgte mit dem Ziel, Faktoren zu eruieren, die in einen Bezugsrahmen zur Erklärung der *Qualität* der Nutzung integriert werden können. In Abschnitt 2.3.2.6 werden die Erkenntnisse dargelegt, die aus der Analyse der bestehenden Literatur zur IT-Akzeptanz durch Individuen gewonnen wurden.

2.3.2.1. Technology Acceptance Model

Das TAM von Davis (1986) ist das am häufigsten verwendete Basismodell zur Vorhersage und Erklärung der Technologieakzeptanz durch Individuen (Davis et al., 1989; Taylor und Todd, 1995a). Es hat sich bereits in zahlreichen empirischen Überprüfungen bestätigt. Eine Darstellung des Modells findet sich in Abbildung 2.11.

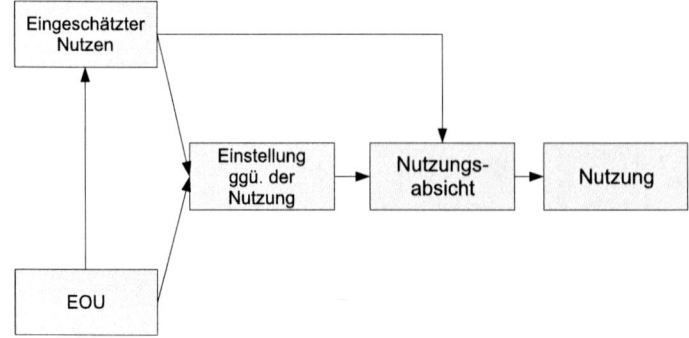

Abbildung 2.11.: Technology Acceptance Model (Davis, 1986)

Das TAM basiert auf dem allgemeinen Verhaltensmodell der TRA: Das zu erklärende Verhalten ist in dem betrachteten Kontext die Nutzung einer IT durch

---

[1] Einige der Modelle beinhalten mehrere dieser Faktoren gleichzeitig. Sie wurden dem Abschnitt des Faktors zugeordnet, dem innerhalb des jeweiligen Modells die größere Bedeutung zukommt.

ein Individuum. Um das Nutzungsverhalten antizipieren zu können, müssen somit die Faktoren analysiert werden, die die Nutzungsabsicht determinieren.

Die Nutzungsabsicht wird zum einen durch die *Einstellung* des Individuums gegenüber der Nutzung beeinflusst. Diese bildet der Nutzer auf Basis zweier *Überzeugungen*:

Der *eingeschätzte Nutzen* ist eine subjektive Einschätzung des Individuums, inwieweit die Nutzung der IT die eigene Leistung verbessern kann:

> *"The degree to which a person believes that using a particular system would enhance his or her job performance"* (Davis, 1989, S. 320).

Der eingeschätzte Nutzen beeinflusst gemäß dem TAM neben der Einstellung auch *direkt* die Nutzungsabsicht.

Die zweite relevante Überzeugung zur Bildung der Einstellung gegenüber der Nutzung ist die *eingeschätzte Leichtigkeit der Nutzung* (englisch "Ease of Use", EOU) . Diese ist definiert als

> *"The degree to which a person believes that using a particular system would be free of effort"* (Davis, 1989, S. 320).

Die EOU stellt eine Einschätzung des Nutzers dar, in welchem Ausmaß die Nutzung der IT mit Anstrengungen verbunden ist. Sie ist eine Erwartung, die den Nutzungsprozess selbst und nicht dessen Ergebnis betrifft (Venkatesh, 2000). Die EOU beeinflusst gemäß dem TAM neben der Einstellung auch den eingeschätzten Nutzen der Nutzung.

Im Gegensatz zur TPB und TRA beinhaltet das TAM weder den Aspekt der Verhaltenskontrolle noch den Aspekt der subjektiven Norm (Davis et al., 1989; Mathieson, 1991).

U.a. Davis (1989) zeigt, dass der eingeschätzte Nutzen einen weitaus höheren Einfluss auf die Nutzungsabsicht hat als die EOU. Die *Funktionalität* stellt somit die Hauptmotivation dar, eine IT zu benutzen. Eine schlechte Benutzbarkeit kann einen Nutzer zwar daran hindern, eine IT mit guter Funktionalität zu nutzen. Jedoch wird eine gute Benutzbarkeit allein keinen ausreichenden Nutzungsgrund darstellen (Davis, 1989).

In einer Weiterentwicklung zeigen Davis et al. (1989), dass das Modell seine Gültigkeit beibehält, wenn die EOU und der eingeschätzte Nutzen als *direkte* Determinanten der Nutzungsabsicht konzeptualisiert werden, d.h. wenn die Einstellung als intermediäre Variable nicht enthalten ist.

2.3.2.2. Erfahrung des Nutzers mit der IT

Einfluss von Erfahrung auf die Gültigkeit des TAM: Modell von Taylor und Todd (1995a)

Taylor und Todd (1995a) untersuchen, inwieweit das TAM seine Gültigkeit behält, wenn die Nutzer keine Erfahrung mit der entsprechenden IT-Anwendung haben. In ihrem Modell erweitern sie das TAM um die Aspekte der subjektiven Norm und der eingeschätzten Verhaltenskontrolle aus der TPB. Die Stärke der postulierten Zusammenhänge (s. Abbildung 2.12) verglichen sie für *erfahrene und nicht erfahrene Nutzer.*

Die Ergebnisse zeigen, dass das kombinierte Modell sowohl bei unerfahrenen als auch bei erfahrenen Nutzern zur Prognose des Nutzungsverhaltens eingesetzt werden kann. Es zeigen sich jedoch Unterschiede hinsichtlich der Stärke der Zusammenhänge: Bei unerfahrenen Nutzern zeigt sich

- ein stärkerer Einfluss des eingeschätzten Nutzens auf die Nutzungsabsicht;

- ein stärkerer Einfluss der EOU auf die Einstellung;

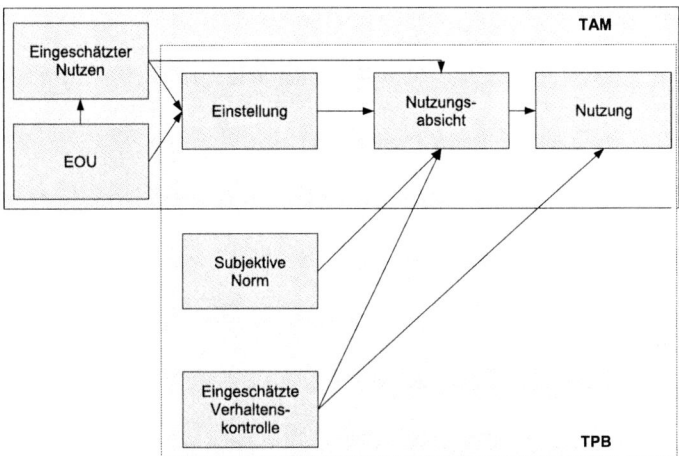

Abbildung 2.12.: Kombiniertes Modell aus Technology Acceptance Modell und Theory of Planned Behavior von Taylor und Todd (1995a)

- ein schwächerer Einfluss der eingeschätzten Verhaltenskontrolle auf die Nutzungsabsicht;

- ein stärkerer Einfluss der eingeschätzten Verhaltenskontrolle auf die Nutzung;

- ein schwächerer Einfluss der Nutzungsabsicht auf die Nutzung.

Für beide Gruppen ist der Einfluss des eingeschätzten Nutzens auf die Einstellung und der Einfluss der subjektiven Norm auf die Nutzungsabsicht gleich; bei beiden Gruppen zeigte sich zudem kein Einfluss der Einstellung auf die Nutzungsabsicht.

Taylor und Todd konstatieren, dass unerfahrene Nutzer sich aufgrund der geringeren Kenntnisse kein vollständiges Bild über die IT machen; sie konzentrieren sich stärker auf den potenziellen Nutzen als auf mögliche (fehlende) Kontrollaspekte. Der schwächere Zusammenhang zwischen Verhaltensabsicht und Verhalten bei unerfahrenen Nutzern macht deutlich, dass bei diesen die Erwartungen stärker von der Realität abweichen und dass sie sich aus diesem Grund in geringerem Ausmaß entsprechend ihrer Absichten verhalten (können).

Einfluss von Erfahrung auf die eingeschätzte Leichtigkeit der Bedienung: Modell von Venkatesh und Davis (1996)

Venkatesh und Davis (1996) untersuchen Faktoren, die die EOU eines Nutzers beeinflussen. Die Zusammenhänge des von ihnen aufgestellten Modells sind in Abbildung 2.13 dargestellt.

Die empirische Überprüfung des Modells zeigt, dass Nutzer, die noch *keine Erfahrung* mit einer IT-Anwendung haben, deren EOU allein auf Basis ihrer allgemeinen IT-Fähigkeiten bewerten. Diese bezeichnen Venkatesh und Davis in Anlehnung an die SCT (Bandura, 1977) als *Selbstwirksamkeit bezüglich IT*. Die Bewertung der EOU erfolgt dabei unabhängig von Informationen, die den Individuen bezüglich der IT gegeben werden.

Erst mit zunehmender Erfahrung wird auf Basis der *objektiven Benutzbarkeit*[2] eine für die entsprechende IT-Anwendung spezifische EOU gebildet. Auch bei zunehmender Erfahrung behält die Selbstwirksamkeit bezüglich IT jedoch einen Einfluss auf die Bewertung der EOU.

Einfluss von Erfahrung auf die eingeschätzte Leichtigkeit der Bedienung: Modell von Venkatesh (2000)

Venkatesh (2000) untersucht ebenfalls Determinanten der EOU und baut sein Modell auf den Überlegungen von Venkatesh und Davis (1996) auf. Die postulierten Zusammenhänge sind in Abbildung 2.14 graphisch dargestellt.

---

[2]Die objektive Benutzbarkeit messen sie basierend auf dem Keystroke Model (Card et al., 1980) durch Erfassung der Zeit, die Experten durchschnittlich benötigen, um eine bestimmte Aufgabe mit Hilfe einer Software zu erfüllen. Durch Vergleich der Zeiten für die gleiche Aufgabe bei Nutzung unterschiedlicher Systeme können diese hinsichtlich ihrer Benutzbarkeit verglichen werden.

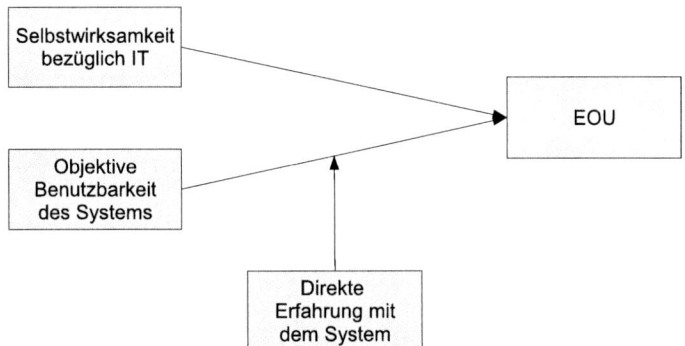

Abbildung 2.13.: Determinanten der eingeschätzten Leichtigkeit der Benutzung - Modell von Venkatesh und Davis (1996)

Das Modell wird zu drei verschiedenen Zeitpunkten getestet: direkt nach initialem Training, nach einem Monat Nutzung und nach drei Monaten Nutzung.

Die Beziehungen des TAM bestätigten sich zu allen drei Zeitpunkten. Direkt nach dem initialen Training haben nur die "Anker"-Konstrukte einen Einfluss auf die EOU. Anker sind die Selbstwirksamkeit bezüglich IT, die Einschätzung erleichternder Umstände, die generelle *Ängstlichkeit* im Umgang mit IT sowie als intrinsischer Motivator die generelle Freude bzw. die *"Verspieltheit" im Umgang mit IT* [3].

---

[3]Webster und Martocchio (1992, S. 201) definieren das Konstrukt der *Verspieltheit* bzw. der kognitiven Spontanität im Umgang mit Personalcomputern (PC) ("microcomputer playfulness") als *"the degree of cognitive spontaneity in microcomputer interactions"*. Das Konstrukt drückt eine situationsspezifische *Eigenschaft* eines Individuums aus, sich spontan, erfindungsreich und vorstellungsreich mit PC zu beschäftigen. Webster und Martocchio zeigen, dass diese Eigenschaft positiv durch die *Einstellung*, die *Kompetenz* und die *Selbstwirksamkeit* sowie negativ durch die *Ängstlichkeit* bezüglich der PC-Nutzung beeinflusst wird. Sie hat u.a. einen positiven Einfluss das Lernverhalten: "Verspieltere" Individuen benötigen weniger externe Stimuli als Motivation, um sich mit einer neuen Software zu beschäftigen. Sie erkunden stärker verfügbare Funktionalitäten und experimentieren stärker mit ihnen. Sie strengen sich mehr an und üben mehr. Sie beschäftigen sich tiefgreifender mit der Anwendung, entwickeln durch ihr exploratives Vorgehen bessere Fähigkeiten, lernen effektiver, beherrschen die Software besser, erbringen bessere Leistungen und entwickeln der Software gegenüber eine bessere Einstellung (Webster und Martocchio, 1992).

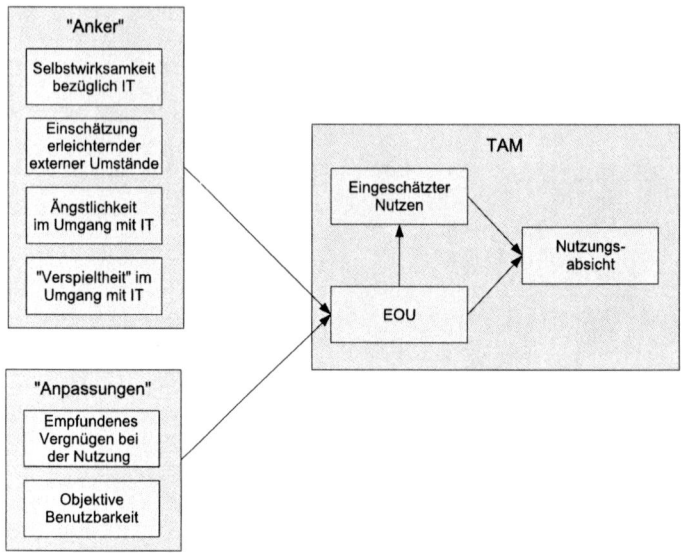

Abbildung 2.14.: Determinanten der eingeschätzten Leichtigkeit der Benutzung -
Modell von Venkatesh (2000)

Mit zunehmender Erfahrung gewinnen die "Anpassungen" an Bedeutung als Determinanten der EOU. Der Einfluss der allgemeinen *Verspieltheit* im Umgang mit
IT wird mit zunehmender Nutzungserfahrung durch den Aspekt des Vergnügens,
das die Nutzung des *spezifischen* Systems bereitet, substituiert. Die Einschätzung
der *objektiven Benutzbarkeit* reguliert die Aspekte der Selbstwirksamkeit und der
Ängstlichkeit; deren Einfluss auf die EOU sowie der Einfluss der Einschätzung
erleichternder Umstände bleibt jedoch auch bei zunehmender Erfahrung mit dem
System bestehen.

Einfluss der eingeschätzten Kompatibilität der IT mit früheren Erfahrungen: Modell von Karahanna et al. (2006)

Karahanna et al. (2006) untersuchen den Einfluss verschiedener Kompatibilitätsaspekte auf den eingeschätzten Nutzen, die EOU und die Nutzung einer IT. Das Modell ist in Abbildung 2.15 dargestellt.[4]

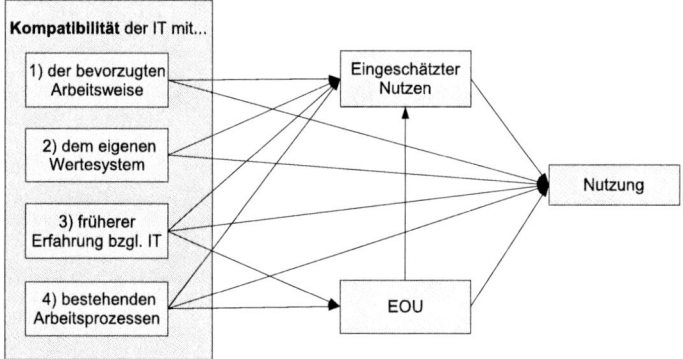

Abbildung 2.15.: Erweiterung des Technology Acceptance Model von Karahanna et al. (2006)

In der durchgeführten Untersuchung wird das Ausmaß der Nutzung hinsichtlich der Intensität (gemessen als Häufigkeit und Dauer der Nutzung pro Tag) und Breite (gemessen als Prozentanteil der regelmäßig genutzten Funktionen und Prozentanteil der Kundeninteraktionen, die mit Systemunterstützung durchgeführt werden) über Angaben der Nutzer gemessen.

Die Ergebnisse zeigen, dass der Aspekt der Kompatibilität der IT mit früheren Erfahrungen einen positiven Einfluss auf die EOU sowie auf die Intensität und Breite der Nutzung hat. Der Einfluss dieses Aspektes auf den eingeschätzten

---

[4]Die Aspekte der Kompatibilität der IT mit Werten und bevorzugter Arbeitsweise stellen intrinsische Motivatoren dar, Kompatibilität mit früheren Erfahrungen und bestehenden Arbeitsprozessen extrinsische Motivatoren (Vallerand, 1997).

Nutzen ist jedoch entgegen des postulierten Zusammenhangs *signifikant negativ*. Karahanna et al. vermuten, dass dieser Effekt dadurch auftritt, dass Individuen, die ähnliche Systeme bereits genutzt haben, weniger beeindruckt von den Funktionalität sind als unerfahrene Individuen.[5]

Fazit zu Arbeiten, die sich mit dem Einfluss der Nutzererfahrung auf die IT-Akzeptanz beschäftigt haben

Der Aspekt der Erfahrung der Nutzer wird in den vorgestellten Arbeiten auf verschiedene Weise berücksichtigt:[6]

In den Arbeiten von Taylor und Todd (1995a), Venkatesh und Davis (1996) und Venkatesh (2000) wird das gleiche Modell für erfahrene und unerfahrene Nutzer getestet, um Aussagen darüber machen zu können, ob sich Einflussfaktoren bzw. deren Bedeutung hinsichtlich der EOU bzw. der IT-Nutzung in Abhängigkeit der Erfahrung ändern.

Um Varianz hinsichtlich des Konstruktes Erfahrung zu erzeugen, variieren Taylor und Todd (1995a) die betrachtete Nutzergruppe (erfahrene und unerfahrene Nutzer), während Venkatesh und Davis (1996) und Venkatesh (2000) die Einschätzungen derselben Nutzergruppe zu verschiedenen Zeitpunkten untersuchen, zwischen denen deren Erfahrung hinsichtlich der entsprechenden IT zunimmt.[7]

In allen Arbeiten zeigen sich in Abhängigkeit der Erfahrung der Nutzer Unterschiede hinsichtlich der Einflussfaktoren bzw. hinsichtlich deren Bedeutung zur Erklärung der EOU bzw. der IT-Nutzung.

---

[5] Außerdem zeigt sich ein positiver Einfluss der Kompatibilität mit bestehenden Arbeitsprozessen auf die EOU sowie auf den eingeschätzten Nutzen, ein positiver Einfluss der Kompatibilität der IT mit dem eigenen Wertesystem auf den eingeschätzten Nutzen. Die postulierten Einflüsse des eingeschätzten Nutzens und der EOU werden bis auf den Einfluss der EOU auf die Intensität der Nutzung alle bestätigt.

[6] Auch Venkatesh und Davis (2000) und Venkatesh et al. (2003) berücksichtigen den Aspekt der Erfahrung in ihren Modellen. Die Arbeiten werden in Abschnitt 2.3.2.3 vorgestellt.

[7] Auch Venkatesh und Davis (2000) und Venkatesh et al. (2003) variieren die Messzeitpunkte, um Varianz hinsichtlich des Konstruktes Erfahrung zu erzeugen.

Karahanna et al. (2006) untersuchen dagegen nicht den Einfluss der Erfahrung des Nutzers mit der betrachteten IT, sondern den Einfluss der Kompatibilität der Eigenschaften der untersuchten IT mit *früheren* (allgemeinen) IT-Erfahrungen des Nutzers auf EOU, eingeschätzten Nutzen und Nutzung der IT. Hier handelt es sich also um ein anderes Konstrukt.

Keine der Arbeiten betrachtet jedoch, ob Erfahrung - ob in Form allgemeiner IT-Erfahrung oder spezifischer Erfahrung mit der entsprechenden IT - nicht nur die Bewertung der EOU beeinflusst, sondern ob mit höherer Erfahrung auch eine bessere Nutzung der IT durch die Nutzer einhergeht. Insgesamt ist zu konstatieren, dass der Aspekt der Erfahrung mit der zu nutzenden IT ein Faktor ist, der bei der Untersuchung der Qualität der IT-Nutzung berücksichtigt werden sollte.

2.3.2.3. Subjektive Norm und Freiwilligkeit der Nutzung

Einfluss von subjektiver Norm auf die IT-Nutzung in Abhängigkeit von Eigenschaften der Nutzer: Modell von Leonard-Barton und Deschamps (1988)

Leonard-Barton und Deschamps (1988) konstatieren, dass sich individuelle Entscheidungen bezüglich der Adoption organisationaler Innovationen von solchen unterscheiden, die das Individuum selbst initiiert hat, da in Organisationen Vorgesetzte Einfluss auf solche Entscheidungen ausüben (können). Sie untersuchen den Zusammenhang zwischen der *Einflussnahme von Vorgesetzten* sowie *Eigenschaften des Individuums* auf die *Quantität der Nutzung* einer Innovation.[8]

Hinsichtlich der Einflussnahme durch Vorgesetzte unterscheiden sie eine *direkte Forderung*, die Innovation zu nutzen und eine *indirekte Einflussnahme*, bei der

---

[8]Quantität der Nutzung operationalisieren sie als Ausmaß der Nutzung in der Vergangenheit und in der Gegenwart. Sie messen die Variable über Angaben der Nutzer.

Mitarbeiter ohne eine direkte Aufforderung davon ausgehen, dass die Nutzung von den Vorgesetzten gewünscht wird.[9] Als relevante Eigenschaften der Nutzer werden die *Innovationsbereitschaft*, die eingeschätzte *Notwendigkeit des Systems für die Aufgabenerfüllung*, die eingeschätzte *Wichtigkeit der Aufgabe*, die aufgaben- und IT-bezogenen[10] *Fähigkeiten* und die aufgabenbezogene *Leistung* des Individuums konzeptualisiert.

Die Ergebnisse zeigen u.a., dass der Einfluss durch Vorgesetzte von Mitarbeitern unterschiedlich wahrgenommen wird: Mitarbeiter, die eine geringe *Innovationsbereitschaft* haben, für die die zu unterstützende *Aufgabe weniger wichtig* ist, deren *aufgabenbezogenen Fähigkeiten* niedrig sind oder die schlechte Leistungen erbrachten, empfinden, dass die Vorgesetzten sie hinsichtlich der Adoption des Systems beeinflussen. Mitarbeiter dagegen, bei denen eine dieser Eigenschaften hoch ausgeprägt war, empfinden keine Einflussnahme der Vorgesetzten hinsichtlich der Adoption des Systems.

Folgende Eigenschaften von Individuen erweisen sich in der durchgeführten Studie hinsichtlich der Auswirkungen des Einflusses auf das resultierende Nutzungsverhalten als relevant:

- Je größer die *Innovationsfreude* eines Individuums, desto wahrscheinlicher ist es, dass es eine Innovation auch ohne Einfluss von Vorgesetzten adoptiert.

- Je mehr ein Individuum in Abhängigkeit von seiner zu erfüllenden Aufgabe im Unternehmen die *Notwendigkeit* ansieht, eine Innovation zu benutzen, desto wahrscheinlicher wird es diese nutzen. Je weniger dies der Fall ist, desto wahrscheinlicher ist es, dass es einen Einfluss von Seiten des Vorgesetzten hinsichtlich der Nutzung wahrnimmt.

---

[9] Das Konstrukt der indirekten Einflussnahme entspricht dem Konstrukt der subjektiven Norm von Ajzen (1985).

[10] Die IT-bezogenen Fähigkeiten werden als die Nutzung der Unternehmenssoftware, Erfahrung mit anderen Systemen, Nutzung von Software als Hobby, Erfahrung mit und aktuelle Tätigkeiten in der Software-Programmierung sowie über die selbst eingeschätzte IT-bezogene Fähigkeit des Individuums operationalisiert.

- Je *wichtiger* das Individuum die *Aufgabe* ansieht, die durch die Innovation unterstützt werden soll, desto wahrscheinlicher ist es, dass es diese adoptiert. Sieht ein Individuum die entsprechende Aufgabe als unwichtig an, wird es eher durch die Einflussnahme des Vorgesetzten zur Adoption bewegt.

- *Qualifiziertere Mitarbeiter* sind weniger beeinflussbar durch Vorgesetzte. Sind die Fähigkeiten aufgabenbezogen, werden die Mitarbeiter eher die Kompetenz der Vorgesetzten und damit die Legitimität der Einflussnahme hinsichtlich der Adoption in Frage stellen.

- *Erfolgreiche Mitarbeiter* werden eher eine Innovation einsetzen, die die Leistung erhöht. Weniger erfolgreiche Mitarbeiter dagegen werden diese lediglich dann einsetzen, wenn der Vorgesetzte dies wünscht.

Einfluss der eingeschätzten Freiwilligkeit der Nutzung auf die aktuelle und zukünftige IT-Nutzung: Modell von Agarwal und Prasad (1997)

Agarwal und Prasad (1997) übernehmen folgende von Moore und Benbasat (1991) konzeptualisierten bzw. operationalisierten Konstrukte, um die IT-Akzeptanz von Nutzern vorherzusagen: *relativer Vorteil, Komplexität bzw. EOU, Kompatibilität, Testbarkeit, Sichtbarkeit der Innovation, Demonstrierbarkeit der Ergebnisse, Image*[11] und *Freiwilligkeit der Nutzung*[12]

IT-Akzeptanz bzw. Nutzungsverhalten operationalisieren sie als *aktuelle Nutzung* sowie als die *Absicht, die Nutzung in Zukunft fortzusetzen*. Eine graphische Darstellung des Modells findet sich in Abbildung 2.16.

---

[11]Das Konstrukt "Image" wird definiert als *das Ausmaß, zu dem eine Innovation als Verbesserung des sozialen Status in dem eigenen sozialen System wahrgenommen wird*.

[12]Das Konstrukt "Freiwilligkeit der Nutzung" wird definiert als das *Ausmaß, zu dem ein potenzieller Nutzer die Nutzung einer IT als freiwillig empfindet*. Sie konstatieren, dass Freiwilligkeit in verschiedenen Abstufungen vorliegen kann und dass weniger der objektive, sondern die eingeschätzte Freiwilligkeit der Nutzung entscheidend sei für die Akzeptanz. Sie verweisen auf die Ähnlichkeit zum Konzept der subjektiven Norm aus der TRA.

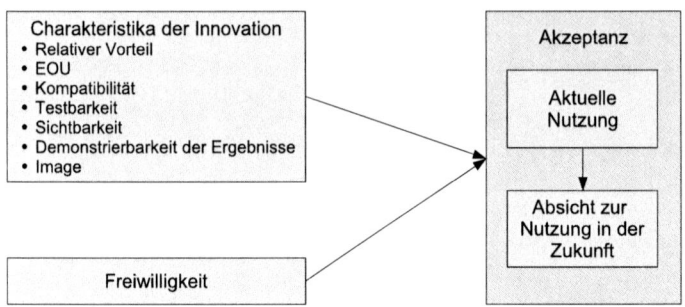

Abbildung 2.16.: Freiwilligkeit der Nutzung - Modell von Agarwal und Prasad (1997)

Ihre Ergebnisse zeigen, dass die *aktuelle* Nutzung durch die Aspekte Sichtbarkeit, Kompatibilität, Testbarkeit und die eingeschätzte Freiwilligkeit determiniert wird. Die Freiwilligkeit zeigt dabei einen negativen Einfluss auf die aktuelle Nutzung, d.h. desto weniger die Nutzung als freiwillig empfunden wird, desto höher ist die aktuelle Nutzung. Agarwal und Prasad begründen dies damit, dass der wahrgenommene externe Druck z.B. durch Vorgesetzte eine Motivation für das Individuum darstellt, die für eine Nutzung notwendige Verhaltensänderung vorzunehmen.

Die *zukünftige* Nutzungsabsicht dagegen wird durch den relativen Vorteil und die Demonstrierbarkeit der Ergebnisse bestimmt. Die Einschätzung der Freiwilligkeit der Nutzung zeigt auf die Nutzungsabsicht keinen Einfluss. Agarwal und Prasad sehen die Ursache darin, dass Individuen langfristig nur eine solche IT benutzen, deren Nutzung eindeutig einen Vorteil bietet. Agarwal und Prasad folgern, dass Unternehmen den Nutzern die Vorteile, die die Nutzung einer IT bietet, z.B. durch Training deutlich machen müssen, um eine dauerhafte Nutzung zu bewirken.

Einfluss von subjektiver Norm und eingeschätzter Freiwilligkeit der Nutzung auf die Nutzungsabsicht vor und nach der IT-Adoption: Modell von Karahanna et al. (1999)

Karahanna et al. (1999) untersuchen den Einfluss von individueller Einstellung, subjektiver Norm und eingeschätzter Freiwilligkeit auf die Adoption und Nutzung einer IT durch Individuen.[13] Sie vergleichen den Einfluss dieser Aspekte auf die Entscheidung von Individuen zur Adoption bzw. Nutzung (nach erfolgter Adoption) einer IT.

Als Determinanten der Einstellung konzeptualisieren sie sieben Kriterien von Moore und Benbasat (1991). Eine graphische Darstellung des postulierten Modells findet sich in Abbildung 2.17.

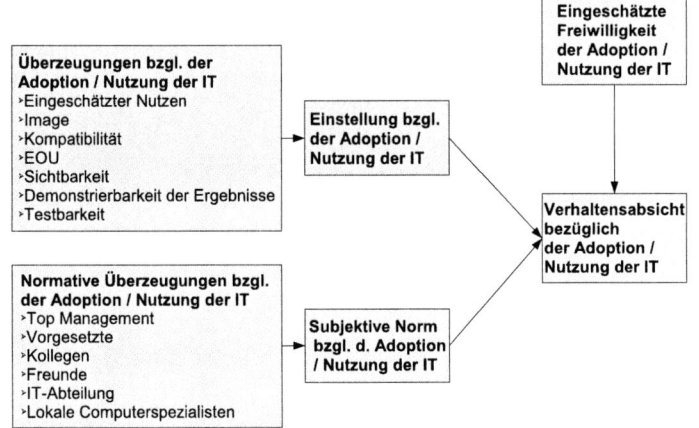

Abbildung 2.17.: Freiwilligkeit der Nutzung - Modell von Karahanna et al. (1999)

[13]Karahanna et al. weisen auf die Ähnlichkeit der subjektiven Norm und der Freiwilligkeit hin. Auch wenn die eingeschätzte Freiwilligkeit kein normativer sozialer Einfluss im Sinne der TRA ist, so handelt es sich auch um eine Art sozialen Einfluss; während der Einfluss der sozialen Norm über Identifikation und Internalisierung erfolgt, besteht der Einfluss der eingeschätzten Freiwilligkeit über den Mechanismus des Befolgens von Vorgaben.

Die Ergebnisse zeigen, dass bei *potenziellen* Nutzern, d.h. bei Individuen vor einer IT-Adoption,

- die *Einstellung* durch Einschätzung des Nutzens, EOU, Demonstrierbarkeit der Ergebnisse, Sichtbarkeit und Testbarkeit beeinflusst;

- die *subjekvtive Norm* über den Einfluss des Top-Managements, der Freunde, der Vorgesetzten, der Kollegen und der IT-Abteilung gebildet;

- die *Verhaltensabsicht* jedoch ausschließlich durch die subjektive Norm determiniert wird.

Bei *tatsächlichen* Nutzern, d.h. nach der IT-Adoption, wird

- die *Einstellung* durch Einschätzung des Nutzens und der möglichen Verbesserung des eigenen Images determiniert;

- die *subjekvtive Norm* über den Einfluss des Top-Managements, der Vorgesetzten, der Kollegen und lokaler Computerspezialisten gebildet und

- die *Nutzungsabsicht* durch die Einstellung und (negativ) durch das Ausmaß der eingeschätzten Freiwilligkeit der Nutzung beeinflusst.

Es zeigt sich somit, dass die subjektive Norm, d.h. sozialer Einfluss eine wichtige Determinante der *Adoption* einer IT durch Nutzer in Unternehmen ist, jedoch keinen Einfluss mehr nach erfolgter Adoption ausübt: Die *Nutzungsabsicht* wird zum einen (negativ) durch das Ausmaß beeinflusst, zu dem die Nutzung als freiwillig empfunden wird. Einen wichtigen Einfluss auf die Nutzungsabsicht übt des Weiteren die Einstellung aus, die über die Einschätzung des Nutzens und der möglichen Verbesserung des eigenen Images gebildet wird. Diese Faktoren haben somit im Gegensatz zur subjektiven Norm einen Einfluss darauf, ob die IT dauerhaft durch die Individuen eingesetzt wird.

Einfluss von subjektiver Norm und Freiwilligkeit auf die Einschätzung des Nutzens und die Nutzungsabsicht: TAM 2 von Venkatesh und Davis (2000)

Venkatesh und Davis (2000) untersuchen Determinanten der Einschätzung des Nutzens in einem Modell auf Basis des TAM (Davis, 1986). Eine Darstellung des so genannten TAM 2 findet sich in Abbildung 2.18.

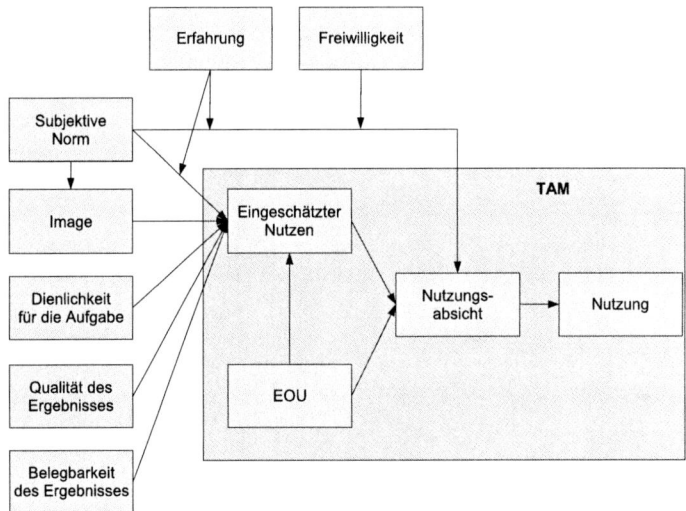

Abbildung 2.18.: Technology Acceptance Model 2 von Venkatesh und Davis (2000)

Venkatesh und Davis testen ihr Modell jeweils zweimal bei freiwilliger Nutzung und zweimal bei gezwungener Nutzung. Das Konstrukt Erfahrung variieren sie, indem sie die Befragungen zu drei Zeitpunkten durchführten: nach initialem Training sowie einen und drei Monate nach Systemeinführung. Die Nutzung (gemessen als durchschnittliche Nutzungsdauer am Tag) wird über Angaben der Nutzer einen, drei und fünf Monate nach Systemeinführung gemessen.

Auf den *eingeschätzten Nutzen* zeigt die subjektive Norm zum ersten Zeitpunkt einen deutlichen Einfluss. Diesen Zusammenhang begründen Venkatesh und Davis durch das Phänomen der *Internalisierung*, d.h. dadurch, dass ein Individuum die eigene Einschätzung des Nutzens an die Meinung von Kollegen und Vorgesetzten anpasst. Mit zunehmender Erfahrung schwächt sich dieser Einfluss jedoch ab; bei zwei Szenarios ist zum dritten Zeitpunkt kein Einfluss mehr feststellbar. Dies erklärt sich dadurch, dass sich mit zunehmender *Erfahrung* das Individuum eine eigene Meinung über die IT formt und deswegen die Einschätzung des Nutzens weniger auf die Meinung anderer basiert.

Der Einfluss der subjektiven Norm auf das Image wird über *Identifikation* mit der Gruppe erklärt. Dieser Einfluss bestätigte sich zu allen drei Zeitpunkten.

Die *subjektive Norm* zeigt nur bei gezwungener Nutzung, d.h. wenn das Individuum Druck bezüglich der Nutzung durch Belohnung bzw. Bestrafung empfindet, einen Einfluss auf die *Nutzungsabsicht*. Den Einfluss erklären sie über *Compliance*, d.h. das Ausrichten des Verhaltens an Vorgaben. Der Einfluss nimmt mit zunehmender Erfahrung jedoch ab und ist zum dritten Messzeitpunkt nicht mehr vorhanden.

Alle anderen Faktoren zeigen zu allen Zeitpunkten einen signifikanten Einfluss auf den eingeschätzten Nutzen. Der Einfluss der EOU auf den eingeschätzten Nutzen, der Einfluss des eingeschätzten Nutzens und der EOU auf die Nutzungsabsicht sowie der Einfluss der Nutzungsabsicht auf die Nutzung bestätigen sich ebenfalls deutlich.

Unified Theory of Acceptance and Use of Technology von Venkatesh et al. (2003)

Die *Unified Theory of Acceptance and Use of Technology* (UTAUT) von Venkatesh et al. (2003) integriert Elemente der TRA, des TAM, der Motivaionstheorie, der TPB, des Modells von Taylor und Todd (1995b), des Modells der

PC-Nutzung von Thompson et al. (1991), des DOI-Ansatzes von Rogers (1962) und der SCT von Bandura (1977). Das Modell ist in Abbildung 2.19 dargestellt.

Venkatesh et al. (2003) führen die empirische Datenerhebung über einen Zeitraum von sechs Monaten in vier Organisationen durch (zwei Szenarios mit freiwilliger, zwei Szenarios mit nicht-freiwilliger IT-Nutzung). Das Konstrukt Erfahrung wird über drei verschiedene Messzeitpunkte innerhalb des Untersuchungszeitraums variiert. Die tatsächliche Nutzung wird über Systemlogs erfasst.

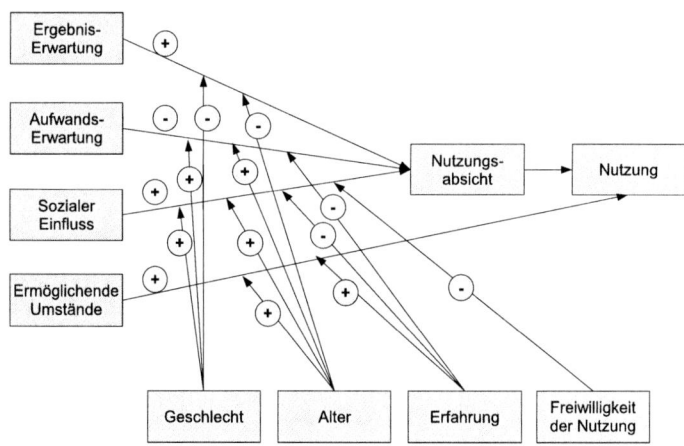

Abbildung 2.19.: Unified Theory of Acceptance and Usage[14]

Als direkte Einflussfaktoren auf die *Nutzungsabsicht* wirken die *Ergebniserwartung* (entspricht dem eingeschätzten Nutzen aus dem TAM), die *Aufwandserwartung* (entspricht dem Konstrukt der EOU aus dem TAM) und der sozialer Einfluss[14]. Die Ergebnisse zeigen, dass sich der Zusammenhang zwischen sozialem

---

[14]Das Konstrukt *sozialer Einfluss* ist angelehnt an das Konstrukt der subjektiven Norm (Ajzen, 1991), an das Konstrukt soziale Faktoren von Thompson et al. (1991) und an das Konstrukt Image (Moore und Benbasat, 1991).

Einfluss und der Nutzungsabsicht abschwächt, wenn die Nutzung auf freiwilliger Basis erfolgt.

Einen direkten Einfluss auf die tatsächliche *Nutzung* haben die *Nutzungsabsicht* sowie die *Einschätzung ermöglichender Umstände*[15]. Als Moderatoren wirken das *Geschlecht*, das *Alter*, die *Erfahrung* und die empfundene *Freiwilligkeit der Nutzung*[16]. Der Einfluss der Nutzungsabsicht auf die Nutzung bestätigte sich ebenfalls.

Fazit zu Arbeiten, die sich mit dem Einfluss subjektiver Norm und eingeschätzter Freiwilligkeit auf die IT-Akzeptanz beschäftigt haben

Die vorgestellten Arbeiten untersuchen den Einfluss der eingeschätzte Freiwilligkeit der Nutzung bzw. der subjektiven Norm auf die Nutzungsabsicht und/oder die tatsächliche Nutzung von IT. Der Einfluss der subjektiven Norm auf die IT-Nutzung wird zudem auch von Igbaria et al. (1996) untersucht (s. Abschnitt 2.3.2.5).

Die Arbeit von Leonard-Barton und Deschamps (1988) macht deutlich, dass Einflussnahme auf die Nutzung einer IT durch Vorgesetzte eine subjektive Wahrnehmung der Mitarbeiter ist, die in Abhängigkeit von deren individuellen Charakteristika sehr unterschiedlich ausfallen kann.

Die Arbeiten von Venkatesh und Davis (2000) und Venkatesh et al. (2003) belegen, dass *subjektive Norm* bzw. sozialer Einfluss dann einen Einfluss auf die Nutzungsabsicht ausüben, wenn die Nutzung *nicht* freiwillig erfolgt, d.h. wenn die Nicht-Nutzung mit Sanktionen verbunden ist. Beide Arbeiten und auch die

---

[15] *Ermöglichende Umstände* sind definiert als das Ausmaß, zu dem ein Individuum glaubt, dass eine organisatorische und technische Infrastruktur besteht, die die Nutzung des Systems unterstützt.

[16] Richtung der Zusammenhänge s. Abbildung. Ein positiver Einfluss bezüglich des Geschlechts bedeutet, dass der Einfluss bei Frauen stärker ausgeprägt ist.

Studie von Karahanna et al. (1999) zeigen jedoch, dass mit zunehmender Erfahrung der Einfluss der subjektiven Norm auf die Nutzungsabsicht geringer wird bzw. verschwindet. Dies wird dadurch erklärt, dass Individuen sich mit zunehmender Erfahrung ihre eigene Meinung über eine IT bilden. Eine positive Nutzungsabsicht bildet sich v.a. dann heraus, wenn die Mitarbeiter mit der Nutzung (langfristig) einen Nutzen verbinden. Igbaria et al. (1996) zeigen einen Einfluss der subjektiven Norm unabhängig von der Erfahrung auf die individuelle IT-Nutzung.

Hinsichtlich des Einflusses der *eingeschätzten Freiwilligkeit der Nutzung* gibt es unterschiedliche Resultate: Die Ergebnisse Agarwal und Prasad (1997) deuten darauf hin, dass die eingeschätzte Freiwilligkeit der Nutzung keinen Einfluss auf die zukünftige Nutzungsabsicht ausübt, sondern dass diese allein durch den eingeschätzten relativen Vorteil und die Demonstrierbarkeit des Ergebnisses determiniert wird. Die Ergebnisse von Karahanna et al. (1999) zeigen dagegen, dass die Einschätzung der Freiwilligkeit der Nutzung auch nach erfolgter Adoption einer IT einen Einfluss auf die zukünftige Nutzungsabsicht ausübt. Venkatesh und Davis (2000) und Venkatesh et al. (2003) haben den Aspekt lediglich als Moderator konzeptualisiert.

In Tabelle 2.1 sind die Ergebnisse der vorgestellten Arbeiten hinsichtlich des Einflusses von subjektiver Norm und Zwang zur Nutzung auf Determinanten der Nutzung zusammengefasst.

Zwang zur Nutzung wurde in den vorgestellten Arbeiten als Druck durch Vorgesetzte operationalisiert. Keine der Arbeiten hat jedoch berücksichtigt, dass Zwang auch durch die *Aufgabenstellung* bestehen kann. Dies ist dann gegeben, wenn die IT-Nutzung für das Erfüllen einer bestimmten Aufgabe zwingend erforderlich ist. Es ist davon auszugehen, dass beide Formen von Zwang in Unternehmen ein häufiges Anwendungsszenario darstellen.

Insgesamt wurde der Aspekt der nicht-freiwilligen IT-Nutzung jedoch häufig vernachlässigt: Die meisten Arbeiten im Bereich der Akzeptanzforschung untersu-

Modell / Autoren	Nachgewiesener Einfluss von subjektiver Norm auf	Nachgewiesener Einfluss von Zwang auf
Theory of Reasoned Action von Fishbein und Ajzen (1975)	Verhaltensabsicht	*nicht berücksichtigt im Modell*
Theory of Planned Behavior von Ajzen (1985)	Verhaltensabsicht	*nicht berücksichtigt im Modell*
Erweiterte Theory of Planned Behavior von Taylor und Todd (1995b)	Nutzungsabsicht	*nicht berücksichtigt im Modell*
Modell von Agarwal und Prasad (1997)	*nicht berücksichtigt im Modell*	initiales Ausmaß der Nutzung
Modell von Karahanna et al. (1999)	Entscheidung bzgl. IT-Adoption	Nutzungsabsicht
Technology Acceptance Model 2 von Venkatesh und Davis (2000)	eingeschätzten Nutzen (abnehmend mit zunehmender Erfahrung) und Nutzungsabsicht (nur bei Zwang)	den Zusammenhang zwischen subjektiver Norm und Nutzungsabsicht (abnehmend mit zunehmender Erfahrung)
Unified Theory of Acceptance and Use of Technology von Venkatesh et al. (2003)	Nutzungsabsicht (schwächer bei Freiwilligkeit)	den Zusammenhang zwischen subjektiver Norm und Nutzungsabsicht

Tabelle 2.1.: Subjektive Norm und Zwang zur IT-Nutzung

chen Nutzungsverhalten, das auf freiwilliger Basis erfolgt. Grund hierfür ist die Annahme, dass die Quantität der Nutzung bei Zwang nur wenig variiert und dass somit eine Untersuchung von Einflussfaktoren auf diese nicht sinnvoll ist. Individuen haben jedoch am Arbeitsplatz selten Entscheidungsgewalt hinsichtlich der Nutzung von IT-Anwendungen (Fichman, 1992). Situationen, in denen die IT-Nutzung gezwungenermaßen erfolgt, sollten deshalb genauer untersucht werden (Moore und Benbasat, 1991), d.h. Modelle, die Verhalten bei freiwilliger Nutzung untersuchen, sollten auf Situationen unter Zwang übertragen werden (Chin und Marcolin, 2001). Insgesamt ist somit zu konstatieren, dass der Aspekt der Nutzung unter Zwang bei der Untersuchung der Qualität der IT-Nutzung unbedingt berücksichtigt werden sollte.

2.3.2.4. Einschätzung der verfügbaren Ressourcen und der Verhaltenskontrolle

Einfluss der Verhaltenskontrolle auf Nutzungsabsicht und Nutzung: Erweiterung der TPB von Taylor und Todd (1995b)

Taylor und Todd (1995b) vergleichen die Vorhersagegenauigkeit des TAM, der TPB und einem Modell, das auf der TPB beruht (siehe Abbildung 2.20) bezüglich der IT-Nutzung.

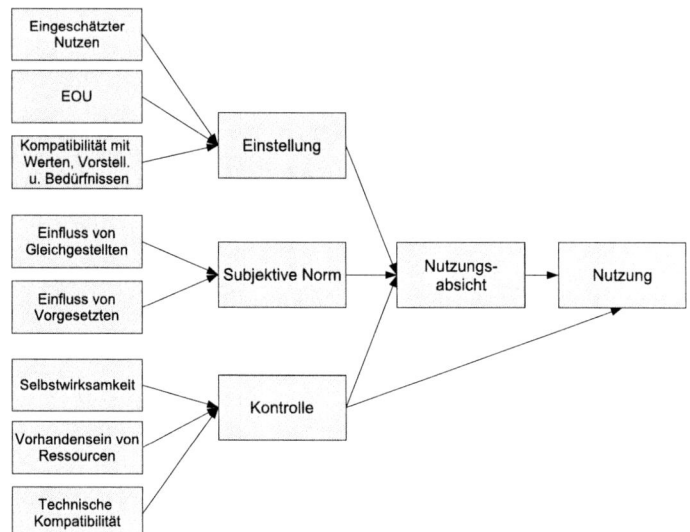

Abbildung 2.20.: Erweiterung der Theory of Planned Behavior von Taylor und Todd (1995b)

Die empirische Untersuchung bestätigt bezüglich der erweiterten TPB alle Pfade mit Ausnahme des Einflusses der EOU und der Kompatibilität auf die Einstellung sowie des Einflusses der technologischen Kompatibilität auf die eingeschätzte Kontrolle. Die Einschätzung der Kontrolle wird somit durch die Selbstwirksamkeit (Bandura, 1977) und durch die Einschätzung des Vorhandenseins von benötigten Ressourcen wie Zeit und Geld determiniert. Es zeigt sich, dass die Einschätzung der Kontrolle einen direkten Einfluss sowohl auf die Nutzungsabsicht als auch auf die Nutzung selbst ausübt.[17]

Einfluss der Verfügbarkeit von Ressourcen: Erweiterung des TAM von Mathieson et al. (2001)

Mathieson et al. (2001) erweitern das TAM um den Aspekt der *eingeschätzten Verfügbarkeit von persönlichen und organisationalen Ressourcen*.[18] Tatsächliche Nutzung operationalisieren sie als Häufigkeit und durchschnittliche Dauer der Nutzung. Alle Konstrukte werden als Einschätzung der Nutzer gemessen. Das Modell ist in Abbildung 2.21 graphisch dargestellt.

Die Ergebnisse bestätigen einen Einfluss des eingeschätzten Vorhandenseins von Ressourcen auf die EOU, auf den eingeschätzten Nutzen sowie auf die Nutzungsabsicht. Ein Einfluss der Einschätzung von Ressourcen auf die Einstellung oder die tatsächliche Nutzung konnte dagegen nicht bestätigt werden.[19]

---

[17] Beim TAM bestätigen sich alle Zusammenhänge mit Ausnahme des Einflusses der Einstellung auf Nutzungsabsicht. Bei der TPB bestätigen sich alle postulierten Zusammenhänge. Die Ergebnisse zeigen zudem, dass die Vorhersagekraft der drei Modelle hinsichtlich der Nutzung vergleichbar ist. Insgesamt zeigt das TAM die beste Vorhersagegenauigkeit. Die erweiterte TPB liefert dagegen eine reichhaltigere und vollständigere Erklärung der Nutzungsabsicht und des Nutzungsverhaltens.

[18] Das Konstrukt operationalisieren sie als die Einschätzung des Vorhandenseins benötigter Fähigkeiten, Hardware, Software, Geld, Dokumentationen, Daten, personeller Unterstützung und Zeit.

[19] Alle anderen Zusammenhänge bestätigen sich mit einer Ausnahme: Ein direkter Einfluss des eingeschätzten Nutzens auf die Nutzungsabsicht zeigen die Ergebnisse nicht. Dies steht im Gegensatz zu früheren Ergebnissen z.b. von Davis et al. (1989).

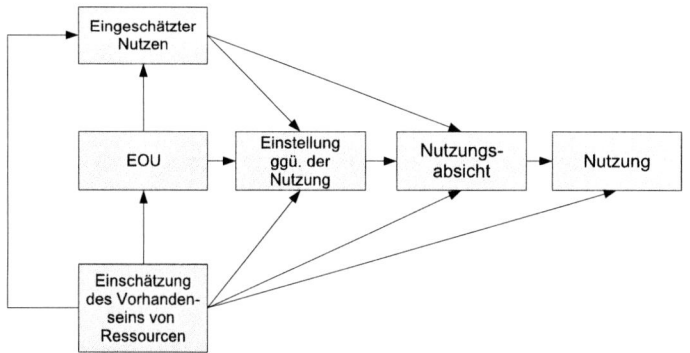

Abbildung 2.21.: Erweiterung des Technology Acceptance Model von Mathieson et al. (2001)

Fazit zu Arbeiten, die sich mit dem Einfluss der eingeschätzten verfügbaren Ressourcen und der Verhaltenskontrolle auf die IT-Akzeptanz beschäftigt haben

Der Aspekt der Verhaltenskontrolle geht auf die TPB zurück und wurde neben den in diesem Abschnitt vorgestellten Arbeiten auch in dem Modell von Taylor und Todd (1995a) (s. Abschnitt 2.3.2.2) berücksichtigt. Ein der eingeschätzten Verhaltenskontrolle verwandter Aspekt ist die Einschätzung erleichternder Bedingungen (Bauer et al., 2006), der in den Modellen von Venkatesh (2000) (s. Abschnitt 2.3.2.2) und Venkatesh et al. (2003) (s. Abschnitt 2.3.2.3) berücksichtigt wurde.

Venkatesh (2000) und Mathieson et al. (2001) zeigen, dass ein Einfluss der Einschätzung erleichternder Umstände bzw. des Vorhandenseins von Ressourcen auf die Bewertung der *EOU* besteht.

Die Ergebnisse von Mathieson et al. (2001) bestätigen zudem einen Einfluss der Einschätzung des Vorhandenseins benötigter Ressourcen auf die *Einschätzung des Nutzens* der IT-Nutzung.

Des Weiteren bestätigte sich ein Einfluss des Aspektes auf die *Nutzungsabsicht* (Taylor und Todd, 1995a; Taylor und Todd, 1995b; Mathieson et al., 2001) bzw. auf die *Nutzung* von IT (Taylor und Todd, 1995a; Taylor und Todd, 1995a; Venkatesh et al., 2003).

Es ist anzunehmen, dass die eingeschätzte Verhaltenskontrolle v.a. einen Einfluss darauf ausübt, *ob* ein Individuum eine IT nutzen möchte. Dagegen ist davon auszugehen, dass dieser Aspekt die Art und Weise, in der ein Individuum eine IT nutzt, wenn es sich zur Nutzung entschlossen hat, nur wenig beeinflusst. Aus diesem Grund scheint die eingeschätzte Verhaltenskontrolle hinsichtlich der Qualität der IT-Nutzung nur eine untergeordnete Rolle spielt.

2.3.2.5. Intrinsische Motivation

Die Motivationstheorie (s. Abschnitt 2.3.1.1) unterscheidet zwischen extrinsischen und intrinsischen Aspekten, die ein Individuum zu einer bestimmten Handlungen motivieren (Deci und Ryan, 1985). Das originäre TAM berücksichtigt hinsichtlich des eingeschätzten Nutzens nur extrinsische Motivatoren; intrinsische Motivatoren werden dagegen nicht berücksichtigt. Im folgenden Abschnitt werden Arbeiten vorgestellt, die sich mit dem Einfluss des eingeschätzten Vergnügens und des Interesses an der IT-Nutzung, d.h. mit dem Einfluss intrinsischer Motivatoren auf die IT-Nutzung beschäftigt haben.

Einfluss des eingeschätzten Vergnügens auf die Nutzungsabsicht: Modell von Davis et al. (1992)

Davis et al. (1992) vergleichen die Stärke des Einflusses des eingeschätzten Vergnügens der Nutzung als intrinsischen Motivator und des Einflusses des eingeschätzten extrinsischen Nutzens der Nutzung auf die Absicht von Individuen, IT im Arbeitskontext zu nutzen. Das Modell ist in Abbildung 2.22 dargestellt.

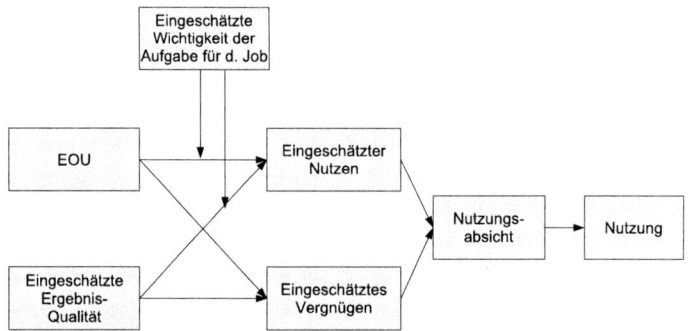

Abbildung 2.22.: Einfluss der intrinsischen Motivation auf die IT-Nutzung - Modell von Davis et al. (1992)

Das Modell wird in zwei Szenarios bei freiwilliger Nutzung einer empirischen Überprüfung unterzogen. Alle Konstrukte werden über Angaben der Nutzer gemessen.[20]

Die Ergebnisse bestätigen, dass sowohl der eingeschätzte Nutzen als auch das eingeschätzte Vergnügen die Nutzungsabsicht beeinflussen. Der eingeschätzte Nutzen übt dabei jedoch einen vier- bis fünfmal stärkeren Einfluss aus. Die Absicht, IT im Arbeitskontext zu verwenden, ist somit hauptsächlich von der Einschätzung des Individuums abhängig ist, inwieweit die Nutzung dieser IT die arbeitsbezogene Leistung unterstützt. Das eingeschätzte Vergnügen beeinflusst die Nutzungsabsicht auch, ist jedoch zweitrangig.

Einflussfaktoren auf und Auswirkungen von Flow: Modell von Ghani und Deshpande (1994)

Ghani und Deshpande untersuchen Einflussfaktoren auf und Auswirkungen des Empfindens von *Flow*. Diesen Zustand definieren sie als eine vollständige *Konzentration* auf die Ausführung einer Tätigkeit und das Empfinden von *Freude* dabei.

---

[20]Das Konstrukt Nutzung wird nur in einem Szenario erfasst.

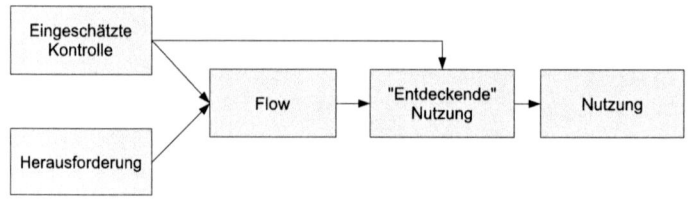

Abbildung 2.23.: Zustand des Flows - Modell von Ghani und Deshpande (1994)

Das Untersuchungsmodell (s. Abbildung 2.23) wird unter Variation des *Aufgabenspektrums* getestet. Alle Konstrukte werden dabei über Angaben der Nutzer erhoben.

Es zeigt sich, dass die eingeschätzte Kontrolle und das Erleben von Flow einen positiven Einfluss auf die "entdeckende Nutzung"[21] ausübt, die wiederum das Ausmaß der Nutzung (gemessen als Dauer der PC-Nutzung pro Woche) beeinflusst. [22]

---

[21]"Entdeckende Nutzung" wird als das Ausprobieren und Experimentieren mit neuen Befehlen und Ausgabeformaten operationalisiert.

[22]Die weiteren Ergebnisse zeigen Folgendes: Ein Einfluss der eingeschätzten Kontrolle kann bei Individuen mit einem *geringen Aufgabenspektrum* nicht nachgewiesen werden. Für diese ist die eingeschätzte Herausforderung wichtig für das Erleben von Flow: Ghani und Deshpande begründen dies damit, dass Aufgaben mit einem geringen Spektrum weniger motivierend sind. Die Aufgabenträger sind entsprechend mehr empfänglich für Herausforderungen, die intrinsische Motivation mit sich bringen können, da eine zu geringe Herausforderung als nicht interessant empfunden wird. Für Individuen mit einem *hohen Aufgabenspektrum* ist dagegen die eingeschätzte Kontrolle zum Erleben von Flow wichtig. Eine als zu groß empfundene Herausforderung kann das Individuum nicht kontrollieren; die Tätigkeit löst dadurch Angst oder Frustration aus. Diese Individuen reagieren in der Studie positiv auf Systeme, die eine strukturierte Arbeitsumgebung bieten und dadurch die Unsicherheit reduzieren. Für diese Individuen ist ein Einfluss der eingeschätzten Herausforderung ebenfalls vorhanden, jedoch weniger stark als bei Individuen mit einem geringen Aufgabenspektrum.

Einfluss von Selbstwirksamkeit, Ängstlichkeit und Interesse auf die
IT-Nutzung: Modell von Compeau und Higgins (1995b)

Compeau und Higgins (1995b) untersuchen in Anlehnung an die SCT
(Bandura, 1977) Einflussfaktoren auf die *Ergebnis-Erwartung*[23] und die *IT-*
Selbstwirksamkeit von Individuen sowie den Einfluss dieser Konstrukte auf die
Nutzung von IT.

Selbstwirksamkeit bezüglich IT definieren sie als

> *"an individual's perceptions of his or her ability to use computers in*
> *the accomplishment of a task ... rather than reflecting simple compo-*
> *nent skills"* (Compeau und Higgins, 1995b, S. 191).

Das konzeptualisierte Modell ist in Abbildung 2.24 dargestellt. In der empirischen Untersuchung wird Nutzung über Angaben der Nutzer bezüglich Dauer
und Häufigkeit der Nutzung von PC bei der Arbeit sowie bezüglich der Dauer
der Nutzung von PC zu Hause erfasst.

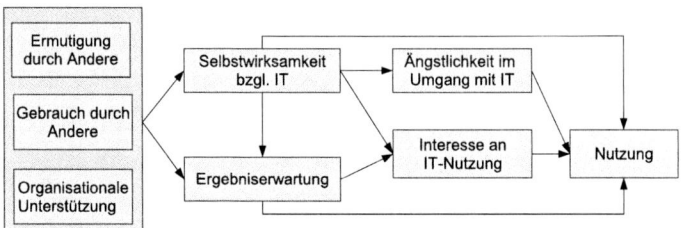

Abbildung 2.24.: Einfluss von Selbstwirksamkeit auf die IT-Nutzung - Modell von
Compeau und Higgins (1995b)

Die Ergebnisse bestätigen den Einfluss der Ermutigung und des Gebrauchs
durch Andere auf die Selbstwirksamkeit. Selbstwirksamkeit selbst zeigt einen

---

[23]Compeau und Higgins weisen auf die Ähnlichkeit des Konstruktes der Ergebniserwartung zu
dem Konstrukt "eingeschätzter Nutzen" des TAM hin.

deutlichen Einfluss auf die Ergebniserwartung sowie auf die Gefühle (Interesse und Ängstlichkeit), die Individuen bei der PC-Nutzung empfinden.

Die Ergebnisse zeigen des Weiteren, dass die PC-Nutzung von allen konzeptualisierten Einflussfaktoren beeinflusst wird. Compeau und Higgins schlussfolgern, dass die PC-Nutzung sowohl von dem eingeschätzten Nutzen als auch von der Einschätzung der Individuen beeinflusst wird, in welchem Ausmaß sie fähig sind, die Nutzung erfolgreich vorzunehmen. Eine höhere Selbstwirksamkeit reduziert die Ängstlichkeit und erhöht das Interesse an der IT-Nutzung; diese beiden Aspekte stellen intrinsische Motivatoren dar und zeigen neben der Einschätzung des Nutzens ebenfalls einen Einfluss auf die individuelle PC-Nutzung.

Einfluss des eingeschätzten Vergnügens auf die IT-Nutzung: Modell von Igbaria et al. (1996)

Igbaria et al. (1996) untersuchen den Einfluss des eingeschätzten Vergnügens der IT-Nutzung, des eingeschätzten Nutzens und des sozialen Drucks bzw. der subjektiven Norm (Fishbein und Ajzen, 1975) auf die IT-Nutzung. Als unabhängige Konstrukte konzeptualisieren sie die *Fähigkeiten*[24] eines Individuums zur IT-Nutzung, die eingeschätzte *Unterstützung* durch die Organisation und das eingeschätzte Ausmaß der *Nutzung in der Organisation*. Das Modell ist in Abbildung 2.25 dargestellt.

In der empirischen Untersuchung wird IT-Nutzung als tägliche Dauer und Häufigkeit der PC-Nutzung operationalisiert. Alle Konstrukte werden über Angaben der Nutzer erfasst.

---

[24]Fähigkeit wird als die Erfahrung des Individuums bezüglich PC-Software und Programmiersprachen, das Ausmaß, zu dem das Individuum an PC-Training teilgenommen hat und als die Einschätzung des Individuums der eigenen allgemeinen PC-Kenntnisse operationalisiert.

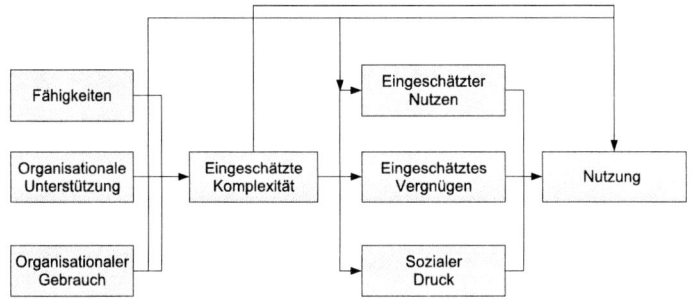

Abbildung 2.25.: Einfluss intrinsischer Motivation auf die IT-Nutzung - Modell von Igbaria et al. (1996)

Die Ergebnisse zeigen, dass die drei unabhängigen Konstrukte einen negativen Einfluss auf die eingeschätzte Komplexität der Nutzung sowie einen positiven Einfluss auf den eingeschätzten Nutzen, das Vergnügen, den sozialen Druck und die Nutzung ausüben.[25] Die konzeptualisierten negativen Einflüsse der eingeschätzten Komplexität bestätigen sich ebenfalls.

Die Nutzung wird neben den drei unabhängigen Konstrukten und der eingeschätzten Komplexität sowohl von dem eingeschätzten Vergnügen, dem eingeschätzten Nutzen und dem empfundenen sozialen Druck beeinflusst. Es zeigt sich jedoch, dass der eingeschätzte Nutzen einen deutlich stärkeren Einfluss auf die Nutzung ausübt als das eingeschätzte Vergnügen.

Einflussfaktoren auf die Nutzung vergnügungsorientierter Anwendungen: Modell von van der Heijden (2004)

Eine Unterscheidung zwischen produktivitäts- und vergnügungsorientierten Anwendungen nimmt van der Heijden (2004) vor und vergleicht den Einfluss des eingeschätzten Nutzens und des Vergnügens der Nutzung auf die Nutzungsabsicht

---

[25]Hinsichtlich des eingeschätzten Nutzens erweisen sich nur die Einflüsse der Fähigkeiten und der organisationalen Unterstützung als signifikant.

bezüglich entsprechender IT-Anwendungen. Vergnügungsorientierte Systeme charakterisiert er u.a. durch einen selbsterfüllenden Wert, eine starke Verbindung zu Freizeitaktivitäten und einen Fokus auf den Spaß-Aspekt der Nutzung. Das Untersuchungsmodell ist in Abbildung 2.26 dargestellt.

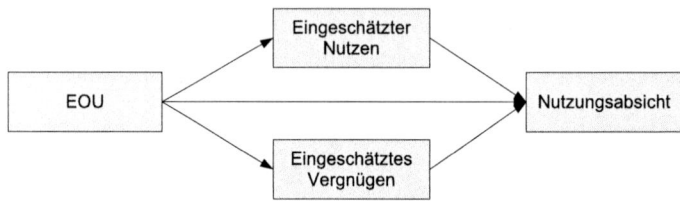

Abbildung 2.26.: Nutzung vergnügungsorientierter IT-Anwendungen - Modell von van der Heijden (2004)

Die Ergebnisse der Studie zeigen, dass der eingeschätzte Nutzen bei vergnügungsorientierten Anwendungen einen deutlich *geringeren* Einfluss auf die Nutzungsabsicht ausübt als die EOU und das eingeschätzte Vergnügen.

Fazit zu Arbeiten, die sich mit dem Einfluss der intrinsischen Motivation auf die IT-Akzeptanz beschäftigt haben

Die Arbeiten von Davis et al. (1992), Igbaria et al. (1996) und van der Heijden (2004) zeigen, dass das eingeschätzte Vergnügen der Nutzung von der Bewertung der EOU der entsprechenden IT-Anwendung bzw. von der IT-Selbstwirksamkeit (Compeau und Higgins, 1995b) abhängig ist.

Davis et al. (1992), Ghani und Deshpande (1994), Igbaria et al. (1996) und van der Heijden (2004) weisen nach, dass ein Einfluss des intrinsischen Nutzens auf die Nutzungsabsicht bzw. das Ausmaß der Nutzung von IT besteht. Dieser übt jedoch - zumindest bei produktivitätsorientierten Systemen - im Vergleich zum eingeschätzten extrinsischen Nutzen einen deutlich geringeren Einfluss auf die Nutzungsabsicht bzw. Nutzung aus.

Die Studie von Ghani und Deshpande (1994) weist zudem auf einen weiteren Aspekt hin: Der Zustand des Flow, der als intrinsische Motivation interpretiert werden kann, beeinflusst die *Art* der Nutzung: Die entsprechenden Individuen beschäftigen sich intensiver mit der Anwendung und probieren mehr Funktionen aus.

Insgesamt zeigt sich somit, dass intrinsische Motivation im Arbeitskontext eine untergeordnete Rolle hinsichtlich des Ausmaßes der Nutzung von IT spielt. Zur Untersuchung der Nutzungsqualität ist der Aspekt nur dann relevant, wenn zu erwarten ist, dass sich durch intrinsische Motivation die Art der IT-Nutzung verändert. Hierauf gibt die Arbeit von Ghani und Deshpande (1994) einen Hinweis.

2.3.2.6. Fazit zu Arbeiten, die sich mit der IT-Akzeptanz durch Individuen beschäftigt haben

Die im Rahmen dieses Abschnittes vorgestellten Arbeiten untersuchen verschiedene Einflussfaktoren auf die Absicht zur Nutzung bzw. die Nutzung von IT durch Individuen. Folgende Aspekte werden an den Studien in diesem Forschungsbereich kritisiert:

1. Die Vielfalt an benutzten Maßgrößen der abhängigen Variable erschwert bzw. verhindert einen Vergleich der Ergebnisse Straub et al. (1995):

   - Einige der Arbeiten konzeptualisierten die Nutzungs*absicht*, andere das *tatsächliche Ausmaß* bzw. die Quantität der Nutzung als abhängige Variable.

   - Zur Messung der Variable "Nutzung" werden unterschiedliche Operationalisierungen verwendet: die *Dauer*, die *Frequenz* und die *Diversität* der Nutzung, d.h. die Anzahl der genutzten Anwendungen.

2. Die *Messung* des Ausmaßes der Nutzung erfolgt bei den meisten Arbeiten über *Angaben der Nutzer*. Nutzungsmaße, die auf Wahrnehmungen und

Autoren	Operationalisierung der IT-Nutzung	Messung der IT-Nutzung über
Davis et al. (1992)	Frequenz	Nutzerangaben
Gahni und Desphande (1994)	Dauer	Nutzerangaben
Compeau und Higgins (1995b)	Dauer, Frequenz	Nutzerangaben
Taylor und Todd (1995a)	Frequenz, Dauer, Diversität	Nutzerangaben
Taylor und Todd (1995b)	Frequenz, Dauer, Diversität	Nutzerangaben
Igbaria et al. (1996)	Dauer, Frequenz	Nutzerangaben
Agarwal und Prasad (1997)	Frequenz	Nutzerangaben
Venkatesh und Davis (2000)	Dauer	Nutzerangaben
Mathieson et al. (2001)	Frequenz, Dauer	Nutzerangaben
Venkatesh et al. (2003)	Dauer	Systemlogs
Karahanna et al. (2006)	Frequenz, Dauer, Diversität, Anzahl d. bearb. Aufgaben	Nutzerangaben

Tabelle 2.2.: Operationalisierungen der Quantität der IT-Nutzung

Angaben des Nutzers beruhen, entsprechen jedoch häufig nicht genau den tatsächlichen, d.h. beispielsweise durch Computer aufgezeichneten Größen (Straub et al., 1995). Davis et al. (1989) konstatieren, dass Angaben von Nutzern nicht als präzise, sondern nur als relative Maße angesehen werden sollten. Jeyaraj et al. (2006) fordern, dass zukünftige Arbeiten verstärkt die tatsächliche Nutzung erfassen sollten, um verlässliche Ergebnisse hinsichtlich dieser Variable zu erlangen. Tabelle 2.2 zeigt die unterschiedlichen Operationalisierung und Messung des Konstruktes Nutzung in den vorgestellten Forschungsarbeiten auf.

3. Die *Ergebnisse* und *Auswirkungen* der IT-Adoption und IT-Akzeptanz werden in den Studien vernachlässigt (Jeyaraj et al., 2006). In den Ursprüngen der Akzeptanzforschung wurde IT-Nutzung als Surrogat für den Erfolg von IT-Implementationen konzeptualisiert (vgl. Abschnitt 2.2.3.2). Es ist je-

doch nicht anzunehmen, dass eine höhere Quantität der Nutzung automatisch mit einem höheren Erfolg für das Individuum oder das Unternehmen verbunden ist (Krüger, 1990). Nicht genutzte Systeme stellen in Unternehmen natürlich einen Misserfolg dar. Es darf jedoch nicht der Umkehrschluss gebildet werden, dass stark genutzte Systeme immer in wirtschaftlicher Hinsicht erfolgreich sind (Seddon, 1997).

2.3.3. Modelle zur Erklärung von Erfolgsauswirkungen der IT-Nutzung

Wie in Abschnitt 2.2.3.2 dargelegt, ist ein wichtiges Ziel der IT-Akzeptanzforschung, Erfolgsauswirkungen der Implementierung von IT in Unternehmen zu erklären. Die in Abschnitt 2.3.2 vorgestellten Arbeiten untersuchen *Einflussfaktoren* auf die Nutzungsabsicht und die Quantität der Nutzung von IT durch Individuen. Einige Arbeiten sehen in der Untersuchung der Nutzung einen Selbstzweck, andere gehen implizit oder explizit davon aus, dass eine höhere Nutzung mit höheren Erfolgsauswirkungen verbunden ist, d.h. verwenden die IT-Nutzung bzw. die Nutzungsabsicht als Surrogat für Erfolgsauswirkungen. In diesem Abschnitt werden Arbeiten behandelt, die sich mit *Erfolgsauswirkungen* der IT-Nutzung beschäftigen.

Training wird als wichtige Voraussetzung zum produktiven, d.h. erfolgreichen Einsatz von IT in Organisationen angesehen (Compeau und Higgins, 1995a). Aus diesem Grund werden in Abschnitt 2.3.3.1 Arbeiten vorgestellt, die sich mit Training beschäftigten, das Nutzer als Vorbereitung auf die Nutzung von IT absolvieren.

Des Weiteren determinieren die *Eigenschaften einer IT-Anwendung*, ob bzw. welche Erfolgsauswirkungen durch ihre Nutzung erzielt werden können. Ausgewählte Arbeiten, die diesen Aspekt berücksichtigen, werden in Abschnitt 2.3.3.2 dargelegt.

2.3.3.1. Einfluss von Training auf die Leistung von IT-Nutzern

Einfluss von Feedback und kognitiver Verspieltheit auf die Effektivität von Software-Training: Modell von Martocchio und Webster (1992)

Martocchio und Webster (1992) untersuchen den Einfluss von *Feedback* und *kognitiver Verspieltheit* [26] auf das *Wissen*, das Individuen nach erhaltenem Training über die trainierte IT-Anwendung haben.

In der empirischen Untersuchung wird das Wissen anhand eines Multiple-Choice-Tests nach erhaltenem Training gemessen. Die Ergebnisse zeigen, dass sowohl positives Feedback als auch das Ausmaß der Verspieltheit die Kenntnisse positiv beeinflussen. Martocchio und Webster (1992) erklären dies über eine Erhöhung der Selbstwirksamkeit (Bandura, 1986), die sich positiv auf die Leistung der Individuen auswirkt.

Positives Feedback ist v.a. dann wirkungsvoll, wenn die Verspieltheit weniger groß ist. "Verspieltere" Individuen dagegen sind von sich aus stärker motiviert, sich mit der IT-Anwendung zu beschäftigen und diese zu erforschen.

Einfluss der Trainingsmethode auf den Trainingserfolg: Modell von Compeau und Higgins (1995a)

Compeau und Higgins (1995a) untersuchen den Einfluss des eingeschätzten Nutzens und der Selbstwirksamkeit auf den Trainingserfolg. Eine graphische Darstellung des Modells findet sich in Abbildung 2.27.

---

[26]Das Konstrukt der Verspieltheit von Webster und Martocchio (1992) wurde in Abschnitt 2.3.2.2 vorgestellt.

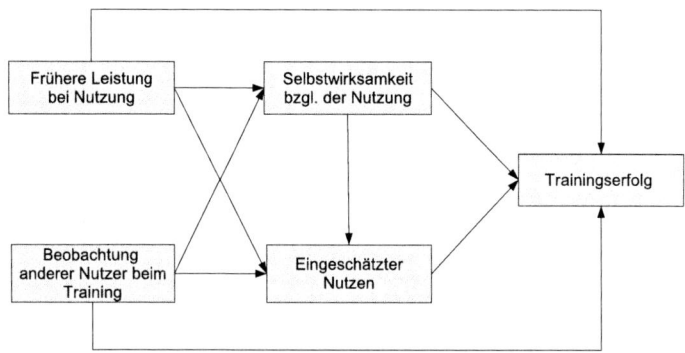

Abbildung 2.27.: Einfluss der Trainingsmethode - Modell von Compeau und Higgins (1995a)

Erfolg operationalisieren sie als das Wissen, das Nutzer nach erfolgtem Training haben und messen dies in der empirischen Untersuchung über Testaufgaben nach erhaltenem Training.

Die Ergebnisse bestätigen das Untersuchungsmodell nur teilweise. Die Selbstwirksamkeit zeigt einen starken Einfluss auf die Ergebniserwartung und den Trainingserfolg. Der Einfluss der Ergebniserwartung auf den Trainingserfolg zeigt sich dagegen nur in einem der untersuchten Szenarios.[27]

Compeau und Higgins konstatieren, dass Selbstwirksamkeit einen deutlichen Einfluss auf den Trainingserfolg ausübt. Training sollte deshalb darauf ausgerichtet werden, die Selbstwirksamkeit der Individuen hinsichtlich der Nutzung zu erhöhen. Dadurch kann erreicht werden, dass sie für die Nutzung notwendiges Wissen entwickeln und dadurch fähig sind, die entsprechenden IT-Anwendungen produktiv zu nutzen.

---

[27]Die Ergebnisse bestätigen des Weiteren einen Einfluss der Beobachtung anderer Nutzer während des Trainings auf Selbstwirksamkeit, Ergebniserwartung und Trainingserfolg in zwei der vier untersuchten Szenarios sowie den Einfluss früher erbrachter Leistungen bei Nutzung auf Selbstwirksamkeit und Trainingserfolg in zwei der untersuchten Szenarios.

Fazit zu Arbeiten, die sich mit dem Aspekt des Trainings von IT-Nutzern beschäftigt haben

Die beiden vorgestellten Arbeiten haben Einflussfaktoren auf den Erfolg von IT-Training untersucht. Die Ergebnisse zeigen, dass der Trainingserfolg von der Trainingsmethode und individuellen Charakteristika der Nutzer abhängig ist. Die Arbeiten zeigen somit, dass Training einen Einfluss auf die *Art und Weise* hat, in der Individuen eine IT-Anwendung nutzen. Die vorgestellten Studien haben jedoch lediglich das Wissen der Nutzer nach dem Training gemessen, aber nicht untersucht, inwieweit dieses Wissen in realen Anwendungskontexten umgesetzt wird. Dieser Zusammenhang erscheint für die Erklärung der Qualität der IT-Nutzung von hoher Bedeutung. Training erscheint aufgrund dieser Überlegungen als ein Faktor, der bei der Untersuchung der Qualität der IT-Nutzung unbedingt zu berücksichtigen ist.

2.3.3.2. Einfluss der Gestaltung von IT auf den Erfolg und die individuelle Leistung von Nutzern

Einfluss des Task-Technology-Fits auf den Erfolg der Nutzung

Als *Task-Technology-Fit* (TTF) bezeichnen Goodhue und Thompson (1995) die Übereinstimmung der Funktionalitäten einer IT mit den Anforderungen der zu erfüllenden Aufgabe und den Fähigkeiten des Nutzers. Goodhue (1995) geht davon aus, dass Nutzer in der Lage sind, den TTF realistisch zu beurteilen: Es wird postuliert, dass die Effizienz und Effektivität der Aufgabenerfüllung c.p. um so höher sein wird, je höher die Nutzer den TTF einschätzen. Das TTF-Modell ist in Abbildung 2.28 dargestellt.

Die Ergebnisse der Untersuchung bestätigen die aufgestellten Hypothesen. (Goodhue, 1995) schlussfolgert, dass der Wert eines System stark von Aufgabe und Nutzer abhängig ist: Das gleiche System kann von unterschiedlichen Individuen oder in verschiedenen Aufgabenkontexten sehr verschieden bewertet wer-

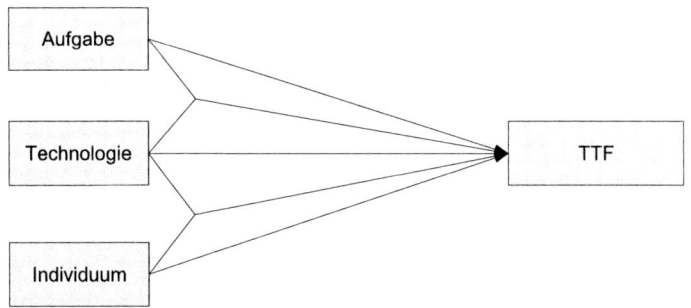

Abbildung 2.28.: Task-Technology-Fit Modell (Goodhue, 1995)

den. Generalisierungen bezüglich des "Wertes" eines Systems sollten aus diesem Grund vermieden werden; dieser sollte immer nur in Abhängigkeit des Kontextes beurteilt werden.

Die Arbeit von Goodhue und Thompson (1995) baut auf der Arbeit von Goodhue (1995) auf: Ziel der *Technology-to-Performance Chain* (TTPC) ist die Erklärung von *Erfolgsauswirkungen des Einsatzes von IT auf der Individualebene*. Das Modell integriert Erkenntnisse der Akzeptanzforschung mit dem TTF-Modell und postuliert, dass eine Technologie sowohl *zu den zu unterstützenden Aufgaben passen* als auch *genutzt* werden muss, um positive Erfolgsauswirkungen hervorrufen zu können. Erfolgsauswirkungen definieren Goodhue und Thompson als verbesserte Effizienz, verbesserte Effektivität und / oder höhere Qualität der Aufgabenerfüllung. Eine graphische Darstellung des getesteten Modells findet sich in Abbildung 2.29.

In der empirischen Überprüfung werden alle Aspekte als Einschätzungen der Nutzer gemessen. Die Ergebnisse bestätigen die Zusammenhänge bis auf den Einfluss des TTF auf die Quantität der Nutzung. Goodhue und Thompson konstatieren, dass Nutzung allein nicht als Surrogat für den Erfolg stehen können, da der TTF nicht als selbstverständlich angesehen werden könne.

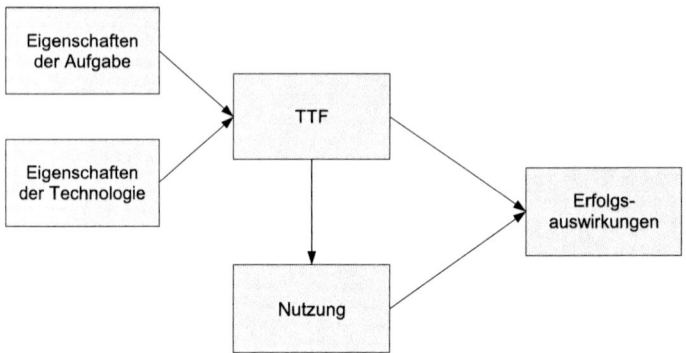

Abbildung 2.29.: Technology-to-Performance Chain (Goodhue und Thompson, 1995)

Untersuchung der Gebrauchstauglichkeit von IT-Anwendungen

Usability von IT wird im Deutschen gleichgesetzt mit dem Begriff der *Gebrauchstauglichkeit*. Der Aspekt wird definiert als

> "*Ausmaß, in dem ein Produkt durch bestimmte Benutzer in einem bestimmten Kontext genutzt werden kann, um bestimmte Ziele effektiv, effizient und zufriedenstellend zu erreichen*" (ISO:9241-11:1999).

Usabilitytests untersuchen die Gebrauchstauglichkeit von Software.[28] Ziel ist es, diese bei Aufdeckung von Mängeln anzupassen, um eine möglichst effektive, effiziente und zufriedenstellende Nutzung zu ermöglichen. Hierzu wird das Verhalten von IT-Nutzern beobachtet und hinsichtlich dieser drei Kriterien analysiert:

1. *Effektivität* wird in zwei Aspekte untergliedert (Jordan, 2001, S. 5-22):

    a) Das *Ausmaß der Aufgabenerfüllung* gibt an, ob bzw. inwieweit ein Nutzer in der Lage war, mithilfe der IT eine gestellte Aufgabe zu lösen.

---

[28]Einen guten Überblick über eingesetzte Methoden bei Usabilitytests geben die Arbeiten von Jordan (2001), Rubin (1994) und Sarodnick und Brau (2006).

Bei einfachen Aufgaben kann dies mit ja oder nein beantwortet werden, bei komplexeren Aufgaben kann ein Ausmaß der Zielerreichung spezifiziert werden.

b) Des Weiteren kann die *Qualität der Aufgabenerfüllung* variieren. Qualitätsmaße sind in Abhängigkeit von der gestellten Aufgabe zu definieren.

2. In gleichem Maße effektive IT-Nutzung kann Unterschiede in der *Effizienz der Nutzung* aufweisen (Jordan, 2001, S. 5-7). Effizienz ist definiert als das Ausmaß der Anstrengung, das zur Zielerreichung notwendig ist. Je geringer dieses ist, desto höher ist die Effizienz. Zur Erfassung der Effizienz der IT-Nutzung werden u.a. folgende Kriterien vorgeschlagen (Jordan, 2001, S. 19-22):

a) Der *kritische Bearbeitungspfad* ist die Vorgehensweise, bei der zur Zielerreichung am wenigsten Arbeitsschritte bzw. am wenigsten Zeit benötigt wird. Sucht ein Nutzer jedoch beispielsweise eine benötigte Funktion zunächst in falschen Menüs einer IT-Anwendung oder nimmt Hilfestellungen in Anspruch, stellt dies eine Abweichung vom idealen Bearbeitungspfad dar, die mit Kosten im Sinne von Zeit und Anstrengung verbunden ist. Eine solche Abweichung wird nicht als Fehler bezeichnet, da keine korrigierenden Maßnahmen notwendig sind.

b) Die *Fehlerrate* ist eine häufig benutzte Maßeinheit für Effizienz. Wenn ein Nutzer eine gestellte Aufgabe mithilfe einer IT-Anwendung fehlerfrei lösen kann, erfordert die Aufgabenerfüllung weniger Anstrengung, als wenn Fehler gemacht werden, die korrigiert werden müssen. Als Fehlerursache werden Versehen und Unwissenheit unterschieden.

c) Als Maß der Effizienz der IT-Nutzung wird außerdem häufig die *benötigte Zeit zur Aufgabenerfüllung* verwendet. Diese kann sich durch Abweichungen vom kritischen Pfad, durch Fehler oder durch Nachdenken verlängern.

3. Als letztes Kriterium von Usability wird die *Zufriedenheit* des Nutzers angeführt, d.h. das Ausmaß an Wohlbefinden, das der Nutzer bei Nutzung empfindet bzw. das Ausmaß, zu dem er das Produkt als Werkzeug zur Erreichung seiner Ziele akzeptiert. Im Gegensatz zu den anderen beiden Kriterien ist dies eine durch den Nutzer subjektiv empfundene Zielgröße (Jordan, 2001, S. 7).

Das Konzept der Gebrauchstauglichkeit von IT-Anwendungen zeigt Ähnlichkeiten zu dem Konzept der EOU aus dem TAM auf: Die EOU stellt eine Angabe des Nutzers dar, wie leicht oder schwer er die Nutzung einer IT-Anwendung einschätzt. Usabilitytests versuchen jedoch, ein objektives Maß der Einfachheit der Nutzung einer bestimmten IT-Anwendung zu erheben: Hierzu werden i.d.R. mehrere Nutzer bei der Nutzung beobachtet und dadurch Rückschlüsse auf die Wirkungsweise der Anwendung auf die Nutzer gezogen.

Einfluss der Gestaltung von Webseiten auf die Leistung der Nutzer: Modell von Webster und Ahuja (2006)

Webster und Ahuja (2006) untersuchen den Einfluss der Gestaltung von Webseiten auf die Leistung von Nutzern beim Bearbeiten vorgegebener Aufgaben.

- Als *Web-Navigationssystem* bezeichnen sie ein System, das den Nutzer dabei unterstützen soll, Daten auf einer Web-Seite zu finden und zu verwenden.

- *Desorientierung* definieren Webster und Ahuja als einen Zustand des Nutzers, in dem dieser keine klare Vorstellung von den Zusammenhängen des Systems hat, nicht genau seine Position im System kennt und es als schwierig empfindet, sich bezüglich der nächsten Schritte innerhalb des Systems zu entscheiden.

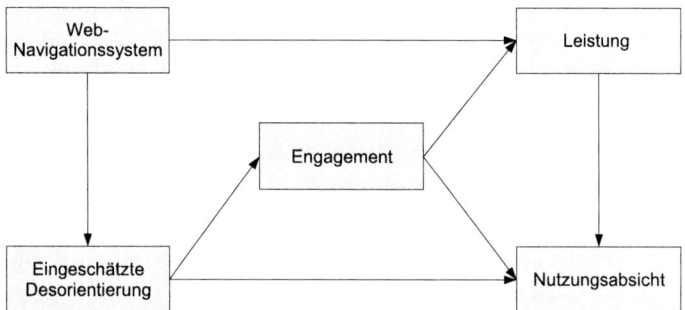

Abbildung 2.30.: Einfluss der Gestaltung von Webseiten auf die Leistung von Nutzern - Modell von Webster und Ahuja (2006)

- *Engagement* definieren Webster und Ahuja als einen Zustand, in dem der Nutzer sich mit einem System aus intrinsischen Gründen beschäftigt.

- *Leistung* definieren Webster und Ahuja als Effektivität und Effizienz der Aufgabenbearbeitung.

Das Untersuchungsmodell ist in Abbildung 2.30 dargestellt. In der empirischen Untersuchung untersuchen Webster und Ahuja den Einfluss dreier verschiedener Web-Navigationssysteme. Desorientierung, Engagement und Nutzungsabsicht werden durch Angaben der Nutzer erhoben. Die Leistung wird objektiv über die Zeit erfasst, die die Nutzer zur Aufgabenerfüllung benötigten, sowie über die Anzahl korrekt bearbeiteter Aufgaben.

Die Ergebnisse der durchgeführten Studie bestätigen die postulierten Zusammenhänge. Lediglich ein Einfluss der erbrachten Leistung auf die zukünftige Nutzungsabsicht kann nicht nachgewiesen werden.

Fazit zu Arbeiten, die sich mit Auswirkungen der IT-Gestaltung auf Leistung und Erfolg von Nutzern beschäftigt haben

Die vorgestellten Arbeiten in diesem Abschnitt verfolgen unterschiedliche Ansätze und Zielsetzungen bei der Untersuchung von Auswirkungen der Gestaltung von IT. Das TTF und die TTPC (Goodhue und Thompson, 1995; Goodhue, 1995) sind allgemeine Modelle, die erklären, welche grundsätzlichen Faktoren den Erfolg der IT-Nutzung beeinflussen. Sie zeigen auf, dass Erfolg von dem "Fit" der Eigenschaften der Aufgabe, der IT und des Nutzers abhängig ist.

Arbeiten, die sich mit der Gebrauchstauglichkeit von IT-Anwendungen beschäftigten, verfolgen das Ziel, die Eigenschaften einer IT-Anwendung so an die Bedürfnisse der Individuen anzupassen, dass diese sie effektiv, effizient und zufriedenstellend nutzen können. Bezugnehmend auf das TTF bedeutet dies, dass der Ansatz verfolgt wird, den Fit zwischen Individuum und IT zu erhöhen, um dadurch bessere Erfolgsauswirkungen der IT-Nutzung zu erzielen.

Webster und Ahuja (2006) untersuchen in einem konkreten Szenario, wie sich die Systemgestaltung auf die Leistung von Nutzern, gemessen als Effektivität und Effizienz der Nutzung, auswirkt. Effektivität und Effizienz der Nutzung können als Voraussetzung für das Entstehen positiver Erfolgsauswirkungen angesehen werden. Sie stellen jedoch keinen Selbstzweck dar, da die Nutzung immer im Rahmen einer zu erfüllenden Aufgabe sinnvoll sein muss.

Hinsichtlich der Untersuchung der Qualität der IT-Nutzung liefern die vorgestellten Arbeiten in diesem Abschnitt wertvolle Ansatzpunkte: Das TTF und die TTPC geben Hinweise darauf, dass die Übereinstimmung von Aufgabe, Technologie und Individuum wichtig für das Erzielen positiver Erfolgsauswirkungen ist. Dies weist darauf hin, dass die Qualität der Nutzung ebenfalls durch diese drei Aspekte beeinflusst wird. Die Arbeiten zur Untersuchung der Gebrauchstauglichkeit von IT-Anwendungen und die Studie von Webster und Ahuja (2006) zeigen schließlich Kriterien auf, anhand derer die Qualität der Nutzung von IT definiert und gemessen werden kann.

2.4. Fazit zum Literaturüberblick

Unternehmen implementieren IT, um damit positive Erfolgsauswirkungen wie monetäre Einsparungen oder kürzere Durchlaufzeiten zu erzielen. In frühen Forschungsarbeiten konnten solche Produktivitätszuwächse jedoch häufig nicht festgestellt werden. Als Reaktion auf dieses so genannte Produktivitätsparadoxon (s. Abschnitt 2.2.3.1) wurde in Forschungsarbeiten gefordert, *Gründe* entstehender Erfolgsauswirkungen der IT-Nutzung aufzudecken. Als wichtige Determinante positiver bzw. negativer Erfolgsauswirkungen ist mittlerweile die *Nutzung der IT* durch Unternehmensmitarbeiter weithin anerkannt.

In Abschnitt 2.3.2 wurden Arbeiten vorgestellt, die den Einfluss verschiedener Faktoren auf die *Quantität der IT-Nutzung* bzw. die Nutzungsabsicht von Individuen analysiert haben. Wie in Abschnitt 2.3.2.6 dargelegt wird, ist es jedoch nicht ausreichend, die Quantität der Nutzung implementierter IT als Surrogat für den Erfolg zu verwenden, da ein höheres Ausmaß an Nutzung nicht automatisch mit einem höheren Ausmaß positiver Erfolgsauswirkungen verbunden ist. Zur Erklärung von Erfolgsauswirkungen muss auch die *Art und Weise der IT-Nutzung*, d.h. die Zweckmäßigkeit der Nutzung bezüglich der Aufgabenerfüllung berücksichtigt werden (Marakas und Hornik, 1996; Mathieson et al., 2001; Chin und Marcolin, 2001; Schwarz et al., 2004). Unter Berücksichtigung von Effizienzaspekten erscheinen Maße wie die Dauer der Nutzung als Maßgröße für Erfolg sogar höchst ungeeignet, da eine längere Nutzung für die gleiche Aufgabe c.p. mit einer geringeren Effizienz verbunden ist. Insgesamt gibt jedoch es sehr wenige Arbeiten, die sich mit dem Erfolg der Nutzung auf der Individualebene auseinandergesetzt haben (Jeyaraj et al., 2006).

Die Aspekte der Effizienz und Effektivität der Nutzung, die in der Arbeit von Webster und Ahuja (2006) untersucht werden, erscheinen als wichtige Faktoren zur Erklärung von Erfolgsauswirkungen der IT-Nutzung auf der Individualebene wie beispielsweise Zeiteinsparungen. Solche individuellen Erfolgsauswirkungen können sich aggregiert auf Erfolgsgrößen auf Prozess- und schließlich auch auf Unternehmensebene auswirken.

Zur hinreichenden Erklärung von Erfolgsauswirkungen von IT-Implementationen erscheint somit eine Untersuchung der Effektivität und Effizienz der IT-Nutzung, d.h. der Qualität der IT-Nutzung von Unternehmensmitarbeitern, zwingend erforderlich. Aus diesem Grund müssen Faktoren identifiziert werden, die einen Einfluss auf diese Aspekte ausüben.

In der Arbeit von Webster und Ahuja (2006) werden *Eigenschaften der IT* als unabhängige Einflussfaktoren auf die Effektivität und Effizienz der Nutzung konzeptualisiert. Um Unterschiede im Nutzungsverhalten hinsichtlich *derselben* IT-Anwendung erklären zu können, ist es jedoch erforderlich, *individuelle Eigenschaften der Nutzer* als Erklärungsfaktoren zu berücksichtigen. Hinweise auf solche Einflussfaktoren geben die in Abschnitt 2.3.2 behandelten Arbeiten. Im folgenden Abschnitt wird auf die dort verwendeten Konstrukte und Beziehungen zur Entwicklung eines konzeptionellen Bezugsrahmens zur Erklärung der Qualität der Nutzung durch Individuen zurückgegriffen.

> "*The way a technology is being incorporated into the job is not determined by the technology, but rather by an appropriation by the users*"
> (Brown, 2000).

2.5. Konzeptioneller Bezugsrahmen zur Untersuchung der Qualität der IT-Nutzung

In diesem Abschnitt wird der *konzeptionelle Bezugsrahmen* zur Untersuchung der Qualität der IT-Nutzung erarbeitet. Ein konzeptioneller Bezugsrahmen stellt graphisch oder in Worten die wichtigsten Untersuchungsgegenstände einer Forschungsarbeit (Schlüsselfaktoren, Konstrukte oder Variablen) und die angenommenen Beziehungen zwischen diesen dar (Cargan, 2007, S. 29). Er spezifiziert, wer und was untersucht bzw. nicht untersucht werden soll (Miles und Huberman, 1994, S. 18).

Bezugsrahmen können induktiv oder deduktiv erstellt werden (s. hierzu Kapitel 3.1.3.1). Bei einer deduktiven Vorgehensweise wird eine Theorie aus bereits existierenden Theorien abgeleitet (Cargan, 2007). Da es sich bei der Untersuchung der Nutzungsqualität von IT um ein neues Forschungsgebiet handelt, ist eine rein deduktive Vorgehensweise zur Erstellung des Bezugsrahmens nicht möglich.

Zur Erstellung des Bezugsrahmens wird folgendermaßen vorgegangen: In Abschnitt 2.5.1 werden die einzelnen Konstrukte des Bezugsrahmens beschrieben und definiert. Zur Sicherstellung der Konstruktvalidität (vgl. Abschnitt 3.1.3.1) wird hierbei soweit wie möglich auf bereits definierte Konstrukte der Akzeptanzforschung zurückgegriffen: In Abschnitt 2.3 wurden Faktoren eruiert, die einen Einfluss v.a. auf die Quantität der Nutzung zeigen. Aus diesen Arbeiten werden zur Erstellung des Bezugsrahmens die Faktoren ausgewählt, von denen auch ein Einfluss auf die *Qualität* der IT-Nutzung vermutet wird. Des Weiteren wird die *Quantität* der Nutzung selbst als ein indirekter Einflussfaktor auf die Qualität der Nutzung konzeptualisiert. Zur Konzeptualisierung von Einflussfaktoren auf die Quantität der Nutzung kann auf validierte Modelle der Akzeptanzforschung zurückgegriffen werden (s. Abschnitt 2.3).

In Abschnitt 2.5.2 werden aufbauend auf den Definitionen die postulierten Zusammenhänge zwischen diesen Konstrukten dargestellt. Das Kapitel schließt mit einer Darstellung des aufgestellten konzeptionellen Bezugsrahmens zur Untersuchung der Qualität der IT-Nutzung.

2.5.1. Beschreibung der Konstrukte des Bezugsrahmens

In diesem Abschnitt werden die Konstrukte des Bezugsrahmens beschrieben und definiert. Nach dem abhängigen Konstrukt der *Qualität der IT-Nutzung* (Abschnitt 2.5.1.1) werden die konzeptualisierten direkten Einflussfaktoren auf dieses Konstrukt erläutert. Diese sind die spezifische Erfahrung, die ein Individuum mit einer IT hat (Abschnitt 2.5.1.2), seine allgemeinen IT-Kenntnisse (Abschnitt 2.5.1.3), seine IT-Affinität (Abschnitt 2.5.1.4), seine Tippfähigkeit (Abschnitt 2.5.1.5) und seine Vorbereitung auf die Nutzung der IT-Anwendung in Form von Training oder Lernmedien (Abschnitt 2.5.1.6).

Es wird postuliert, dass die Quantität der Nutzung indirekt über das Konstrukt Erfahrung einen Einfluss auf die Nutzungsqualität ausübt. Nach Beschreibung des Konstruktes der Nutzungsquantität (Abschnitt 2.5.1.7) werden die konzeptualisierten Einflussfaktoren auf dieses beschrieben. Dies sind die Nutzungsabsicht (Abschnitt 2.5.1.8), die EOU (Abschnitt 2.5.1.9), der eingeschätzte extrinsische Nutzen (Abschnitt 2.5.1.10) und der eingeschätzte intrinsische Nutzen (Abschnitt 2.5.1.11).

Der Bezugsrahmen soll in zwei verschiedenen Szenarios untersucht werden: bei *Freiwilligkeit der IT-Nutzung* und bei Zwang. Aus diesem Grund wird in Abschnitt 2.5.1.12 der Aspekt der gezwungenermaßen bzw. freiwilligen Nutzung von IT erläutert.

2.5.1.1. Qualität der Nutzung

Qualität der IT-Nutzung wird in Anlehnung an die in Abschnitt 2.3.3.2 vorgestellten Ansätze zur Messung der Gebrauchstauglichkeit von Software (Jordan, 2001) sowie an die Arbeit von Webster und Ahuja (2006) als **Effektivität und Effizienz** der Nutzung einer IT durch ein Individuum zur Bearbeitung einer konkreten Aufgabenstellung definiert.

- Effektivität der IT-Nutzung wird als *Grad der Aufgabenerfüllung* nach Abschluss der Bearbeitung einer Aufgabenstellung bei Nutzung der entsprechenden IT definiert. Nicht oder fehlerhaft bearbeitete Teilaufgaben führen c.p. zu einer Verringerung der Effektivität, korrekt bearbeitete Teilaufgaben zu einer Erhöhung der Effektivität (Jordan, 2001).

- Effizienz der IT-Nutzung wird als die *Zeitdauer* definiert, die ein Individuum zur Bearbeitung einer bestimmten Aufgabenstellung bei Nutzung der entsprechenden IT benötigt (Jordan, 2001; Webster und Ahuja, 2006). Je weniger Zeit benötigt wird, desto höher ist c.p. die Effizienz der IT-Nutzung.

2.5.1.2. Spezifische Erfahrung mit der IT

Das Konstrukt spezifische Erfahrung mit einer IT-Anwendung wurde bereits in mehreren Forschungsarbeiten (Taylor und Todd, 1995a; Venkatesh und Davis, 1996; Venkatesh, 2000; Venkatesh und Davis, 2000; Venkatesh et al., 2003) als Einflussfaktor auf die Quantität der IT-Nutzung bzw. auf deren Einflussfaktoren berücksichtigt (vgl. Abschnitt 2.3.2.2).

Spezifische Erfahrung eines Nutzers bezüglich einer IT wird im Rahmen dieser Arbeit als das Ausmaß in Tagen definiert, zu dem der Nutzer die entsprechende IT bereits genutzt hat. Eine Variation des Konstruktes wird durch Messung zu verschiedenen Zeitpunkten erreicht.

2.5.1.3. Allgemeine IT-Kenntnisse

Das Konstrukt allgemeiner IT-Kenntnisse wurde als Einflussfaktor auf die Quantität der Nutzung bereits in einigen Arbeiten konzeptualisiert: Martocchio und Webster (1992) operationalisieren den Aspekt der PC-Erfahrung als Einschätzung der Nutzer, inwieweit sie notwendige Fähigkeiten zur Nutzung von Computern haben sowie in welchem Ausmaß sie Computer in der Vergangenheit genutzt haben. Venkatesh und Davis (1996) und Venkatesh (2000) definieren das Konstrukt als Einschätzung eines Nutzers, in welchem Ausmaß er allgemeinen PC-*Fähigkeiten* hat.

Aufbauend auf diesen Arbeiten wird das Konstrukt der allgemeinen IT-Kenntnisse im Rahmen dieser Arbeit definiert als das Ausmaß, zu dem ein Nutzer allgemeine Kenntnisse bezüglich des Umgangs mit Hardware und Software hat.

2.5.1.4. IT-Affinität

Das Konstrukt der IT-Affinität wurde in bisherigen Arbeiten der Akzeptanzforschung definiert als Offenheit gegenüber der Nutzung von Computern (Webster und Martocchio, 1992; Venkatesh, 2000), als Abwesenheit von Angst vor der Nutzung von Computern (Webster und Martocchio, 1993; Venkatesh, 2000; Venkatesh et al., 2003), als Bereitschaft, neue IT auszuprobieren (Agarwal und Karahanna, 2000) oder als Interesse des Nutzers an der Nutzung von PC (Thompson et al., 1991) .

In Anlehnung an diese Arbeiten wird das Konstrukt IT-Affinität im Rahmen dieser Arbeit als Interesse und Offenheit eines Individuums hinsichtlich der Nutzung von IT definiert.

2.5.1.5. Tippfähigkeit

Der Aspekt der Tippfähigkeit wurde in bisherigen Arbeiten der Akzeptanzforschung wenig berücksichtigt. Webster und Martocchio (1992) haben den Aspekt als Indikator zur Messung der allgemeinen PC-Erfahrung erfasst.

Im Rahmen dieser Arbeit stellt die Tippfähigkeit ein eigenständiges Konstrukt dar und wird in Anlehnung an Card et al. (1980) definiert als die Zeit, die ein Individuum benötigt, um eine bestimmte Datenmenge *korrekt* über eine PC-Tastatur in ein Anwendungssystem einzugeben.

2.5.1.6. Vorbereitung auf die Nutzung der IT-Anwendung

Training von IT-Nutzern wurde bereits in einigen Arbeiten berücksichtigt (vgl. Abschnitt 2.3.3.1). In diesen wurde untersucht, wie der Erfolg von Training beeinflusst werden kann. Igbaria et al. (1996) berücksichtigen das Ausmaß des IT-Trainings als Indikator der Fähigkeiten der Individuen hinsichtlich der IT-Nutzung.

Im Rahmen dieser Arbeit wird das Konstrukt Vorbereitung auf die Systemnutzung als das Ausmaß definiert, zu dem ein Nutzer an Schulungen bezüglich der Nutzung der IT teilgenommen hat oder entsprechende Lernmaterialien eigenständig genutzt hat.

2.5.1.7. Quantität der Nutzung

Quantität der IT-Nutzung ist das abhängige Konstrukt der meisten Arbeiten im Forschungsgebiet der IT-Akzeptanzforschung (vgl. Abschnitt 2.3.2). [29] Quantität der Nutzung wurde häufig als Dauer oder Frequenz der Nutzung (z.B. pro Tag oder Woche) operationalisiert (vgl. Tabelle 2.2). Beide Kriterien sind jedoch von

---

[29]In vielen Arbeiten wurde Nutzung jedoch nicht direkt gemessen, sondern die Nutzungsabsicht als Surrogat verwendet.

der Art und Häufigkeit des Anfallens der entsprechenden zu bearbeitenden Aufgabe abhängig und werden somit nicht allein durch die Bereitschaft eines Nutzers determiniert, die entsprechende IT zu nutzen (Goodhue und Thompson, 1995). Eine Entscheidung des Individuums stellt es jedoch dar, eine IT-Anwendung *prinzipiell* für eine bestimmte Art von Aufgabe einzusetzen oder *prinzipiell* die Aufgabe unterstützt durch eine andere oder keine IT-Anwendung auszuführen. Aufbauend auf diesen Überlegungen wird Quantität der Nutzung im Rahmen dieser Arbeit als regelmäßige Nutzung einer IT-Anwendung durch ein Individuum zur Erfüllung einer entsprechenden Aufgabe definiert.[30]

2.5.1.8. Nutzungsabsicht

Das Konstrukt der Nutzungsabsicht basiert auf der TRA (Fishbein und Ajzen, 1975) bzw. TPB (Ajzen, 1985) und ist Bestandteil des TAM (Davis, 1986; Davis, 1989; Davis et al., 1989). Es wurde in bisherigen Arbeiten der IT-Akzeptanzforschung bereits häufig konzeptualisiert (Karahanna et al., 1999; Venkatesh, 2000; Agarwal und Karahanna, 2000; Venkatesh et al., 2003; van der Heijden, 2004; Webster und Ahuja, 2006), entweder als Determinante der IT-Nutzung oder als Surrogat für die IT-Nutzung.

Die Nutzungsabsicht wird in Anlehnung an diese Arbeiten als die Absicht eines Individuums definiert, eine IT-Anwendung in der Zukunft zu nutzen.

2.5.1.9. EOU

EOU wurde im Rahmen des TAM (Davis, 1986; Davis, 1989; Davis et al., 1989) definiert als *das Ausmaß, zu dem eine Person glaubt, dass die Nutzung eines Systems ohne Anstrengung möglich ist* (Davis, 1986). Nachfolgende Arbeiten haben

---

[30] Abhängig von dieser Entscheidung ergibt sich die Zeitdauer der Nutzung aus der Art der Aufgabe, und die Häufigkeit der Nutzung aus der Häufigkeit des Anfallens der entsprechenden Aufgabe. Diese Aspekte stellen jedoch keine unabhängige Entscheidung des Nutzers dar.

das Konstrukt definiert als *die Leichtigkeit, mit der ein Individuum eine Software nutzen kann* (Agarwal und Karahanna, 2000), als *das Ausmaß der geistigen Anstrengung, die die Nutzung eines Systems erfordert* (van der Heijden, 2004) bzw. als *Komplexität*, d.h. das Ausmaß, zu dem IT-Funktionen schwer zu verstehen sind (Rogers, 1983; Igbaria et al., 1996).

Aufbauend auf diesen Arbeiten wird der Aspekt der EOU im Rahmen dieser Arbeit als *Leichtigkeit der Bedienung* definiert, d.h. als das Ausmaß, zu dem ein Individuum glaubt, dass es die IT-Anwendung ohne Anstrengung bedienen kann.

2.5.1.10. Eingeschätzter extrinsischer Nutzen

Extrinsische Motivation bedeutet die Ausführung einer Tätigkeit, um einen extrinsischen Nutzen zu erlangen, d.h. ein bestimmtes Ergebnis, das außerhalb des Individuums selbst liegt (vgl. Abschnitt 2.3.1.1). Dies kann beispielsweise ein besseres Arbeitsergebnis oder eine Beförderung sein (Davis et al., 1992). Das Konstrukt des eingeschätzten Nutzens wird im Rahmen des TAM (Davis, 1986; Davis, 1989; Davis et al., 1989) definiert als Einschätzung eines Nutzers, inwieweit die Nutzung eines Systems für ihn mit (arbeitsbezogenen) Vorteilen verbunden ist. Das Konstrukt wurde in nachfolgenden Modellen der Akzeptanzforschung sehr häufig konzeptualisiert (Taylor und Todd, 1995a; Venkatesh, 2000; Venkatesh und Davis, 2000; Mathieson et al., 2001; Burton-Jones und Hubona, 2005; Karahanna et al., 2006).

Die Definition des Konstruktes wird für diese Arbeit aus dem TAM übernommen und als die Einschätzung des Nutzers definiert, inwieweit die Nutzung der entsprechenden IT-Anwendung für ihn mit arbeitsbezogenen Vorteilen verbunden ist.

2.5.1.11. Eingeschätzter intrinsischer Nutzen

Intrinsische Motivation (vgl. Abschnitt 2.3.1.1) bedeutet, dass die Ausführung einer Tätigkeit selbst für das Individuum von Nutzen ist, unabhängig von externen Anreizen (Davis et al., 1992).

Der intrinsische Nutzen einer System-Nutzung wird für diese Arbeit in Anlehnung an van der Heijden (2004) und Venkatesh und Brown (2001) als das Vergnügen definiert, das dem Individuum die Nutzung der IT bereitet, unabhängig von mit der Nutzung verbundenen externen Anreizen.

2.5.1.12. Freiwilligkeit der Nutzung

Freiwilligkeit der IT-Nutzung wurde bereits in einigen Arbeiten der Adoptionsforschung berücksichtigt (vgl. Abschnitt 2.3.2.3) und als das Ausmaß definiert, zu dem die Nutzung als freiwillig empfunden wird (Moore und Benbasat, 1991; Agarwal und Prasad, 1997; Karahanna et al., 1999; Venkatesh und Davis, 2000; Venkatesh et al., 2003). Im Rahmen der Arbeiten der Akzeptanzforschung wurde Zwang als Druck durch Vorgesetzte operationalisiert. Zwang kann jedoch auch *aufgrund der Aufgabe* entstehen, die der Mitarbeiter im Unternehmen zu erfüllen hat (Markus, 1983). Leonard-Barton und Deschamps (1988) berücksichtigen das Ausmaß, zu dem ein Individuum in Abhängigkeit von seiner zu erfüllenden Aufgabe die Notwendigkeit sieht, eine Innovation zu nutzen.

Im Rahmen dieser Arbeit wird Freiwilligkeit der Nutzung als eine Situation definiert, in der ein Mitarbeiter frei wählen kann, ob er eine Anwendung nutzt oder nicht. Erfolgt die Nutzung dagegen aufgrund einer Vorschrift oder bedingt durch eine zu erfüllende Aufgabe, liegt eine gezwungene Nutzung vor.

In den Tabellen 2.3 und 2.4 sind die Definitionen der Konstrukte des Bezugsrahmens mit den entsprechenden Quellenangaben zusammengefasst.

Konstrukt	Definition	Quelle
Qualität der IT-Nutzung	Effizienz und Effektivität der IT-Nutzung	Jordan 2001, Webster und Ahuja 2006
Spezifische Erfahrung	Ausmaß, zu dem Individuen die IT bereits genutzt haben (in Tagen)	Venkatesh Davis (1996), Venkatesh (2000), Venkatesh/Davis (2000), Venkatesh et al. (2003)
IT-Kenntnisse	Allgemeine Kenntnisse des Individuums bezüglich des Umgangs mit Hardware und Software	Martocchio/Webster (1992), Venkatesh/Davis (1996)
IT-Affinität	Interesse und Offenheit eines Individuums hinsichtlich der Nutzung von IT	Thompson et al. (1991), Webster/Martocchio (1992), Webster/Martocchio (1993), Agarwal/Karahanna (2000), Venkatesh (2000), Venkatesh et al. (2003)
Tippfähigkeit	Zeit, die ein Individuum benötigt, um eine bestimmte Datenmenge korrekt über eine PC-Tastatur in ein Anwendungssystem einzugeben	Card et al. (1980)
Vorbereitung	Ausmaß, zu dem ein Individuum an Schulungen bezüglich der IT-Nutzung teilgenommen hat oder entsprechende Lernmaterialien eigenständig genutzt hat	Martocchio/Webster (1992), Igbaria et al. (1996), Compeau/Higgins (1995a)

Tabelle 2.3.: Konstruktdefinitionen (1)

Konstrukt	Definition	Quelle
Quantität der IT-Nutzung	Regelmäßige Nutzung der IT-Anwendung zum Erfüllen einer bestimmten Aufgabe	Fishbein/Ajzen (1975), Davis (1986)
Nutzungsabsicht	Absicht eines Individuums, eine IT-Anwendung in der Zukunft zu nutzen	U.a. Fishbein/Ajzen (1975), Davis (1986), Davis et al. (1989), Venkatesh (2000), Venkatesh et al. (2003)
Leichtigkeit der Nutzung (EOU)	Ausmaß, zu dem ein Individuum glaubt, dass es die entsprechende IT-Anwendung ohne Anstrengung bedienen kann	U.a. Davis (1986), Davis et al. (1989), Agarwal/Karahanna (2000)
Eingeschätzter extrinsischer Nutzen	Einschätzung eines Individuums, inwieweit die Nutzung einer IT-Anwendung mit arbeitsbezogenen Vorteilen verbunden ist	U.a. Davis (1986), Davis et al. (1989), Davis et al. (1992)
Eingeschätzter intrinsischer Nutzen	Vergnügen, das einem Individuum die Nutzung der IT bereitet, unabhängig von mit der Nutzung verbundenen externen Anreizen	Davis et al. (1992), Compeau/Higgins (1995), Igbaria et al. (1996), Venkatesh/Brown (2001), van der Heijden (2004)
Zwang	Ausmaß, zu dem ein Individuum empfindet, dass es die IT-Anwendung aufgrund einer Vorschrift oder bedingt durch eine zu erfüllende Aufgabe, die auf anderem Wege nicht abgeschlossen werden kann, nutzt	Markus (1983), Leonard-Barton/Deschamps (1988), Moore/Benbasat (1991), Agarwal/Prasad (1997), Karahanna et al.(1999), Venkatesh/Davis (2000), Venkatesh et al. (2003)

Tabelle 2.4.: Konstruktdefinitionen (2)

2.5.2. Entwicklung der Hypothesen

Im Folgenden werden die postulierten *Zusammenhänge* zwischen den in Abschnitt 2.5.1 vorgestellten *Konstrukten* bzw. *Variablen* in Hypothesen formuliert. Die Ausführungen sind in vier Abschnitte gegliedert: Direkte Einflussfaktoren auf die Qualität der IT-Nutzung werden in Abschnitt 2.5.2.1 konzeptualisiert. Da noch keine theoretischen Modelle zur Erklärung der Nutzungsqualität existieren, können keine entsprechenden Zusammenhänge aus bereits validierten Modellen übernommen werden. Stattdessen werden aus den in Abschnitt 2.3 vorgestellten Arbeiten Faktoren übernommen, von denen ein Einfluss auf die Nutzungsqualität anzunehmen ist.

Des Weiteren wird postuliert, dass die Faktoren auch einen Einfluss auf die EOU der Nutzer haben, d.h. dass Faktoren, die die Nutzungsqualität beeinflussen, auch einen Einfluss darauf haben, wie schwer oder leicht die Nutzer die Bedienung der IT-Anwendung empfinden. Die angenommenen Zusammenhänge zur EOU sind in Abschnitt 2.5.2.2 ausgeführt.

Die Qualität der Nutzung kann nicht losgelöst von der *Quantität* der Nutzung betrachtet werden, da Zusammenhänge zwischen diesen beiden Aspekten des Nutzungsverhaltens zu vermuten sind. In Abschnitt 2.5.2.3 wird der postulierte Einfluss der EOU auf die Einschätzung des Nutzens der Nutzung dargestellt. Schließlich werden in Abschnitt 2.5.2.4 EOU, der eingeschätzte Nutzen der Nutzung und als intermediäres Konstrukt die Nutzungsabsicht als Determinanten der Quantität der Nutzung konzeptualisiert. Im Gegensatz zu den Zusammenhängen die Nutzungsqualität betreffend kann zur Erklärung der Nutzungsquantität auf validierte Modelle der Akzeptanzforschung zurückgegriffen werden.

2.5.2.1. Einflussfaktoren auf die Qualität der Nutzung

Die Durchführung einer Handlung ist von der tatsächlichen Kontrolle abhängig, die ein Individuum über die gewünschte Handlung hat:

> "...the greater his control over personal and external factors that may interfere, the greater the likelihood that he will attain his behavioral goal" (Ajzen, 1985, S. 30-31).

Die im Folgenden postulierten Zusammenhänge basieren auf dieser Überlegung und konzeptualisieren Einflussfaktoren auf die Qualität der IT-Nutzung, von denen angenommen wird, dass sie die Fähigkeit eines Individuums zur effektiven und effizienten Nutzung einer IT und somit seine Kontrolle hinsichtlich eines entsprechenden Nutzungsverhaltens erhöhen. Bei den konzeptualisierten Faktoren handelt es sich um interne, d.h. individuelle Faktoren des Nutzers. Es wird davon ausgegangen, dass diese Faktoren determinieren, inwieweit ein Nutzer eine IT effektiv bzw. effizient nutzen *kann*, unabhängig davon, ob er sie nutzen *will*.

Hypothese 1a: Je mehr spezifische Erfahrung ein Individuum mit einer IT hat, desto höher ist seine Qualität der IT-Nutzung.

Für eine *effektive und effiziente* Nutzung einer IT ist konzeptionelles und prozedurales Wissen notwendig (Venkatesh, 1999).

> "If the user does not know [..] how to use the installed software, [..], the desktop system is also non-functional even when everything else is working" (Hinz und Malinowski, 2006, S. 3).

Indem ein Individuum eine IT nutzt, sammelt es spezifische Erfahrung mit der entsprechenden IT-Anwendung und erhöht dadurch seine Kenntnissen bezüglich der Bedienung der Anwendung (Taylor und Todd, 1995a; Mathieson et al., 2001;

Venkatesh et al., 2003). Es ist davon auszugehen, dass Nutzer mit höheren relevanten Kenntnissen eine IT-Anwendung effektiver und effizienter nutzen können. Thompson et al. (1994) begründen dies dadurch, dass erfahrenere Nutzer mehr Wege wahrnehmen, eine IT-Anwendung für die Erfüllung ihrer Aufgaben zu nutzen.

Hypothese 1b: Je mehr allgemeine IT-Kenntnisse ein Individuum hat, desto höher ist seine Qualität der IT-Nutzung.

IT-Anwendungen ähneln sich häufig in Aufbau, Navigation und Bedienung. Aus diesem Grund ist zu erwarten, dass allgemeine IT-Kenntnisse bei der Nutzung von IT-Anwendungen unterstützend wirken. Der Einfluss steht mit dem Aspekt der *absorptive capacity* (Cohen und Levinthal, 1990; Dibbern et al., 2008) in Zusammenhang: Dieses Konstrukt stellt das Ausmaß dar, zu dem früheres Wissen aus ähnlichen Anwendungskontexten für einen anderen Anwendungskontext angewendet werden kann.

Hypothese 1c: Je stärker die IT-Affinität eines Individuums ausgeprägt ist, desto höher ist seine Qualität der IT-Nutzung.

Es ist zu erwarten, dass IT-Affinität bzw. das Interesse eines Individuums an der Nutzung von IT im Allgemeinen zu einer intensiveren Beschäftigung führt. Ghani und Deshpande (1994) zeigen in ihrer Studie, dass der Zustand des Flow eine "entdeckende" Nutzung von IT fördert: Individuen, die Freude bei der Nutzung empfinden, konzentrieren sich stärker auf die Nutzung und probieren mehr Funktionen aus. Aufbauend auf diesen Überlegungen wird postuliert, dass Individuen mit einer höheren IT-Affinität eine IT-Anwendung effektiver und effizienter nutzen, d.h. eine höhere Nutzungsqualität zeigen.

85

Hypothese 1d: Je höher die Tippfähigkeit eines Individuums ist, desto höher ist seine Qualität der IT-Nutzung.

Tippfähigkeit wurde definiert als allgemeine Fähigkeit eines Individuums, Daten in möglichst kurzer Zeit korrekt über eine Tastatur in die Eingabemaske einer IT-Anwendung einzugeben (Card et al., 1980). Je höher die Tippfähigkeit eines Individuums ist, desto weniger Zeit wird er c.p. für die Bearbeitung einer Aufgabe benötigen, die eine Dateneingabe erfordert. Aufbauend auf diesen Überlegungen wird postuliert, dass die Tippfähigkeit eines Nutzers einen Einfluss auf dessen Qualität der Nutzung einer IT-Anwendung ausübt.

Hypothese 1e: Je mehr sich ein Individuum auf die Nutzung einer IT vorbereitet hat, desto höher ist seine Qualität der IT-Nutzung.

Individuen benötigen Kenntnisse, um IT-Anwendungen bedienen zu können (Webster und Martocchio, 1995). *Training* stattet Nutzer mit konzeptionellem und prozeduralem Wissen aus, das für eine *effektive* Nutzung einer IT notwendig ist (Compeau und Higgins, 1995a; Venkatesh, 1999). Es ist davon auszugehen, dass Nutzer durch dieses erworbene Wissen in der Lage sind, IT-Anwendungen effektiver und effizienter zu nutzen. Neben der Teilnahme an Training kann die Vorbereitung dabei auch durch die eigenständige Nutzung von Lernmaterialien erfolgen.

In Tabelle 2.5 sind die postulierten Zusammenhänge bezüglich der Qualität der IT-Nutzung mit den entsprechenden Literaturquellen zusammengefasst.

	Unabhängige Variable	Abhängige Variable	Verwendete Quellen
H1a	Erfahrung	Nutzungsqualität	Thompson et al. (1994), Taylor und Todd (1995a), Mathieson et al. (2001), Venkatesh et al. (2003), Hinz und Malinowski (2006)
H1b	IT-Kenntnisse	Nutzungsqualität	Cohen und Levinthal (1990), Webster und Ahuja (2006)
H1c	IT-Affinität	Nutzungsqualität	Ghani und Deshpande (1994)
H1d	Tippfähigkeit	Nutzungsqualität	Card et al. (1980)
H1e	Vorbereitung	Nutzungsqualität	Compeau und Higgins (1995a), Venkatesh (1999)

Tabelle 2.5.: Aufgestellte Hypothesen und verwendete Quellen (1)

2.5.2.2. Einflussfaktoren auf die EOU

Hypothese 2a: Je mehr Erfahrung ein Individuum mit einer IT hat, desto höher ist seine EOU.

Je länger ein Individuum eine IT-Anwendung nutzt, desto vertrauter ist ihm deren Funktionsweise und desto leichter wird es c.p. den Umgang mit dieser einschätzen. Den Zusammenhang bestätigen indirekt die Ergebnisse von Karahanna et al. (2006), die belegen, dass die Kompatibilität einer IT-Anwendung mit früheren Erfahrungen einen positiven Effekt auf die Bewertung der EOU ausübt. Mathieson et al. (2001) zeigen, dass persönliche Ressourcen, u.a. operationalisiert als relevantes Wissen hinsichtlich der Nutzung, einen positiven Einfluss auf die Bewertung der EOU hat. Aufbauend auf diesen Überlegungen wird postuliert, dass Individuen mit höherer spezifischer Erfahrung die EOU der entsprechenden IT-Anwendung höher bewerten.

Hypothese 2b: Je mehr allgemeine IT-Kenntnisse ein Individuum hat, desto höher ist seine EOU.

Vor allem in frühen Nutzungsphasen verwenden Nutzer ihre allgemeinen IT-Kenntnisse als Basis, um die EOU einer neuen IT-Anwendung zu bewerten (Venkatesh und Davis, 1996; Igbaria et al., 1996). Der Einfluss besteht auch dann noch, wenn spezifische Erfahrungen mit einer IT vorliegen (Venkatesh und Davis, 1996). Igbaria et al. (1996) zeigen, dass Nutzer die Komplexität einer IT umso geringer einschätzen, je höher ihre IT-bezogenen Fähigkeiten sind, die sie u.a. durch die Einschätzung des Nutzers der eigenen PC-Kenntnisse operationalisieren. Es ist somit zu erwarten, dass Nutzer mit höheren allgemeinen IT-Kenntnissen die EOU einer IT-Anwendung höher bewerten als Nutzer mit geringeren entsprechenden Kenntnissen.

Hypothese 2c: Je stärker die IT-Affinität eines Individuums ausgeprägt ist, desto höher ist seine EOU.

IT-Affinität wurde als Interesse und Offenheit eines Individuums an der IT-Nutzung definiert. Venkatesh (2000) zeigt, dass Ängstlichkeit im Umgang mit IT v.a. in frühen Nutzungsphasen einen *negativen* Einfluss auf die Bewertung der EOU hat. Aufbauend auf diesen Überlegungen wird postuliert, dass die IT-Affinität eines Individuums einen positiven Einfluss auf dessen Bewertung der EOU einer IT-Anwendung hat.

Hypothese 2d: Je mehr sich ein Individuum auf die Nutzung einer IT vorbereitet hat, desto höher ist seine EOU.

Training stattet Nutzer mit konzeptionellem und prozeduralem Wissen aus, das für eine *effektive* Nutzung einer IT notwendig ist (Venkatesh, 1999). Mathieson et al. (2001) zeigen, dass ein Individuum die EOU umso höher bewertet, je höher es sein relevantes Wissen einschätzt. Die Ergebnisse von Igbaria et al. (1996) belegen, dass die Fähigkeiten eines Nutzers, u.a. operationalisiert als die Teilnahme an PC-Training, die Einschätzung der Komplexität der IT-Anwendung verringert. Venkatesh und Davis (1996) zeigen, dass Training über die entstehende Selbstwirksamkeit eine positive Wirkung auf die EOU der Nutzer ausübt.

Aufbauend auf diesen Arbeiten wird postuliert, dass Individuen, die sich in höherem Ausmaß durch Teilnahme an Schulungen oder Nutzung von Lernmedien auf die Nutzung einer IT vorbereitet haben, die entsprechende Anwendung als leichter zu bedienen empfinden als Individuen mit einer schlechteren Vorbereitung.

In Tabelle 2.6 sind die postulierten Zusammenhänge bezüglich der Bewertung der EOU mit den entsprechenden Literaturquellen zusammengefasst.

	Unabhängige Variable	Abhängige Variable	Verwendete Quellen
H2a	Erfahrung	EOU	Mathieson et al. (2001), Karahanna et al. (2006)
H2b	IT-Kenntnisse	EOU	Venkatesh und Davis (1996), Igbaria et al. (1996)
H2c	IT-Affinität	EOU	Venkatesh (2000)
H2d	Vorbereitung	EOU	Igbaria et al (1996), Venkatesh und Davis (1996), Mathieson et al. (2001)

Tabelle 2.6.: Aufgestellte Hypothesen und verwendete Quellen (2)

2.5.2.3. Einflussfaktoren auf den eingeschätzten Nutzen

Hypothese 3a: Je höher die EOU eines Individuums, desto höher ist der eingeschätzte extrinsische Nutzen.

Der Einfluss der EOU auf den eingeschätzten Nutzen ist dem TAM (Davis, 1986; Davis et al., 1989) entnommen und wurde in vielen nachfolgenden Forschungsarbeiten bestätigt (Agarwal und Karahanna, 2000; Venkatesh und Davis, 2000; Venkatesh, 2000; Mathieson et al., 2001; Wixom und Todd, 2005).

Hypothese 3b: Je höher die EOU eines Individuums, desto höher ist der eingeschätzte intrinsische Nutzen.

Das Empfinden von Kompetenz gilt als wichtige Voraussetzung für intrinsische Motivation (Deci und Ryan, 1985, S. 32-33). Compeau und Higgins (1995b) zeigen, dass eine hohe Selbstwirksamkeit einen positiven Einfluss auf die bei der Systemnutzung empfundene Freude hat. Der Einfluss der EOU auf das eingeschätzte Vergnügen der Systemnutzung wird u.a. in den Arbeiten von Davis et al. (1992), Igbaria et al. (1996) und van der Heijden (2004) bestätigt.

2.5.2.4. Einflussfaktoren auf die Nutzungsabsicht und die Quantität der Nutzung

Hypothese 4: Je höher die EOU eines Individuums, desto höher ist seine Nutzungsabsicht.

Der Einfluss der EOU auf die Nutzungsabsicht ist dem TAM (Davis, 1986; Davis et al., 1989) entnommen[31]. Der Einfluss wird über den Aspekt der wahrgenommenen Verhaltenskontrolle der TPB begründet: Ein Individuum wird nur ein solches Verhalten versuchen, von dem es überzeugt ist, es auch ausführen zu können (Ajzen, 1985, S. 33). Die Relevanz der EOU hinsichtlich der IT-Nutzung wurde bereits mehrfach in Forschungsarbeiten bestätigt (Markus, 1983; Venkatesh, 2000; Mathieson et al., 2001; Venkatesh et al., 2003; van der Heijden, 2004; Wixom und Todd, 2005; Karahanna et al., 2006). Es hat sich jedoch gezeigt, dass dieser Aspekt im Arbeitskontext einen geringeren Einfluss

---

[31] Es hat sich gezeigt, dass das Modell seine Gültigkeit behält, wenn die Einstellung als intermediäre Variable nicht enthalten ist, d.h. EOU als direkter Einflussfaktor auf die Nutzungsabsicht konzeptualisiert wird (Davis et al., 1989).

auf die Nutzungsabsicht ausübt als der eingeschätzte extrinsische Nutzen (Davis, 1989).

Hypothese 5a: Je höher der eingeschätzte extrinsische Nutzen eines Individuums, desto höher ist seine Nutzungsabsicht.

Der Einfluss des eingeschätzten extrinsischen Nutzens auf die Nutzungsabsicht ist dem TAM (Davis, 1986; Davis, 1989) entnommen[32]. Er hat sich in vielen nachfolgenden Forschungsarbeiten bestätigt (Davis et al., 1992; Igbaria et al., 1996; Agarwal und Karahanna, 2000; Venkatesh und Davis, 2000; Venkatesh, 2000; Mathieson et al., 2001; van der Heijden, 2004; Wixom und Todd, 2005; Karahanna et al., 2006) und sich als wichtigste Determinante der Nutzungsabsicht bezüglich produktivitätsorientierter IT-Anwendungen herausgestellt (Venkatesh und Brown, 2001; van der Heijden, 2004; Davis et al., 1992; Igbaria et al., 1996; Venkatesh und Brown, 2001; van der Heijden, 2004).

Hypothese 5b: Je höher der eingeschätzte intrinsische Nutzen eines Individuums, desto höher ist seine Nutzungsabsicht.

Auch wenn im beruflichen Kontexten der Großteil der Nutzungsabsicht durch den eingeschätzten extrinsischen Nutzen determiniert wird, so hat sich in verschiedenen Studien gezeigt, dass auch der eingeschätzte intrinsische Nutzen bzw. das Vergnügen, dass die Nutzung eines Systems bereitet, einen Einfluss auf die Nutzungsabsicht zeigt (Davis et al., 1992; Igbaria et al., 1996; Venkatesh und Brown, 2001; van der Heijden, 2004).

---

[32]Es hat sich gezeigt, dass das Modell seine Gültigkeit behält, wenn die Einstellung als intermediäre Variable nicht enthalten ist (Davis et al., 1989).

Hypothese 6: Je höher die Nutzungsabsicht eines Individuums zum Zeitpunkt t_n, desto höher ist seine Quantität der Nutzung zum Zeitpunkt t_{n+1}.

Der Einfluss der Nutzungsabsicht auf die Nutzung geht auf die TRA (Fishbein und Ajzen, 1975) und die TPB (Ajzen, 1985) zurück und wurde in Bezug auf die Nutzung von IT erstmals im TAM (Davis, 1986) konzeptualisiert und belegt. Der Zusammenhang hat sich in vielen nachfolgenden Forschungsarbeiten bestätigt (Davis et al., 1992; Hartwick und Barki, 1994; Taylor und Todd, 1995b; Taylor und Todd, 1995a; Venkatesh und Davis, 2000; Mathieson et al., 2001; Venkatesh et al., 2003).

In Tabelle 2.7 sind die Hypothesen zur Erklärung der Quantität der Nutzung zusammen mit Angabe der Arbeiten, in denen diese Zusammenhänge bereits bestätigt wurden, zusammengefasst.

	Unabhängige Variable	Abhängige Variable	Hypothese bereits bestätigt bei
H3a	EOU	Extrin. Nutzen	Davis (1986), Davis et al. (1989), Davis et al. (1992), Igbaria et al. (1996), Venkatesh/Davis (2000), Mathieson et al. (2001), van der Heijden (2004), Karahanna et al. (2006)
H3b	EOU	Intrin. Nutzen	Davis et al. (1992), Igbaria et al. (1996), van der Heijden (2004)
H4	EOU	Nutzungsabsicht	Davis et al. (1989), Venkatesh/Davis (2000), Venkatesh et al. (2003)
H5a	Extrin. Nutzen	Nutzungsabsicht	Davis et al. (1989), Davis et al. (1992), Taylor/Todd (1995a), Venkatesh/Davis (2000), Venkatesh et al. (2003), van der Heijden (2004)
H5b	Intrin. Nutzen	Nutzungsabsicht	Davis et al. (1992), van der Heijden (2004)
H6	Nutzungsabsicht (t)	Nutzung (t+1)	Fishbein/Ajzen (1975), Ajzen (1985), Davis (1986), Davis et al. (1989), Davis et al. (1992), Taylor/Todd (1995a), Taylor/Todd (1995b), Venkatesh/Davis (2000), Mathieson et al. (2001), Venkatesh et al. (2003)

Tabelle 2.7.: Aufgestellte Hypothesen und verwendete Quellen (3)

2.5.3. Zusammenfassende Darstellung der Hypothesen

Um eine Variation hinsichtlich der Erfahrung beobachten zu können, sollen die Zusammenhänge *zu mehreren Zeitpunkten* im Rahmen der Einführung einer neuen IT-Anwendung in einem Unternehmen untersucht werden: Zeitpunkt t_1 vor Einführung einer neuen IT-Anwendung, Zeitpunkt t_2 kurz nach der Einführung und Zeitpunkt t_3 ca. 6 Wochen nach der Einführung. Der in den Hypothesen beschriebene Bezugsrahmen ist in den Abbildungen 2.31, 2.32 und 2.33 für diese drei verschiedene Zeitpunkte graphisch veranschaulicht.

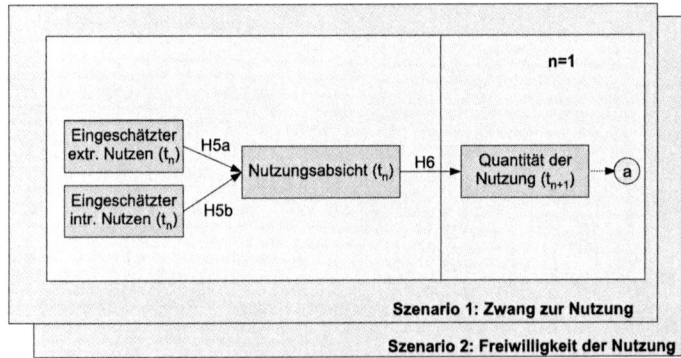

Abbildung 2.31.: Konzeptioneller Bezugsrahmen 1: Einflussfaktoren zum Zeitpunkt t_1

Die Qualität der Nutzung kann erst nach der Einführung beobachtet werden; aus diesem Grund können die Hypothesen 1a bis 1e zum Zeitpunkt t_1 *nicht getestet* werden. Wie Venkatesh und Davis (1996) gezeigt haben, bewerten Nutzer eine Anwendung, bevor sie Erfahrung mit dieser gesammelt haben, nicht anhand der (angenommenen) Systemeigenschaften, sondern rein basierend auf ihren allgemeinen IT-Kenntnissen. Aus diesem Grund werden Einflussfaktoren auf die EOU zum Zeitpunkt t_1 ebenfalls *nicht untersucht*. Zum Zeitpunkt t_1 werden deshalb nur die Einflussfaktoren auf die Nutzungsabsicht und die Quantität der Nutzung einer Überprüfung unterzogen.

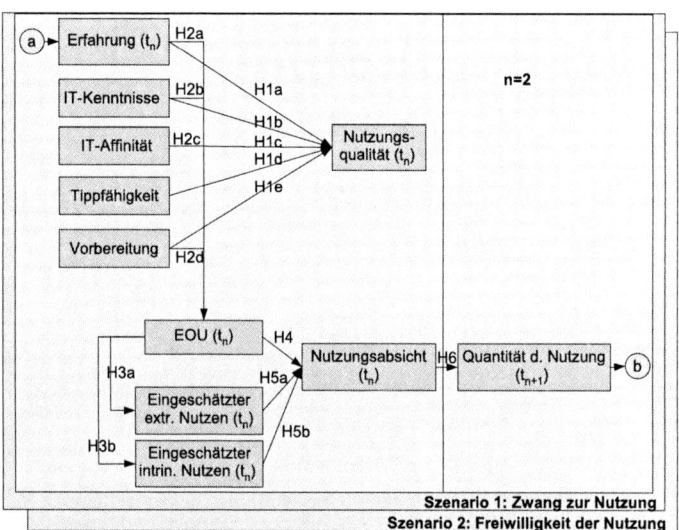

Abbildung 2.32.: Konzeptioneller Bezugsrahmen 2: Einflussfaktoren zum Zeitpunkt t_2

Die Nutzungsabsicht bezieht sich jeweils auf einen Zeitpunkt in der Zukunft. Zur *Überprüfung von Hypothese 6* muss somit die Nutzungsabsicht zum Zeitpunkt t_n der tatsächlichen Nutzung zum Zeitpunkt t_{n+1} gegenübergestellt werden. Zum Zeitpunkt t_3 (Zeitpunkt der letzten Datenaufnahme) können somit lediglich die Einflussfaktoren auf die Nutzungsabsicht untersucht werden, jedoch keine Gegenüberstellung der Nutzungsabsicht mit der tatsächlichen Nutzungsquantität zum Zeitpunkt t_{n+1} mehr erfolgen.

Das Ausmaß der *Erfahrung* ist nicht nur abhängig vom Beobachtungszeitpunkt, sondern auch von der Quantität der Nutzung: Nur wenn eine IT-Anwendung genutzt wird, nimmt das Konstrukt zu einem späteren Beobachtungszeitpunkt eine höhere Ausprägung an. Dieser Zusammenhang ist durch die Notation "a" bzw. "b" in den Graphiken veranschaulicht.

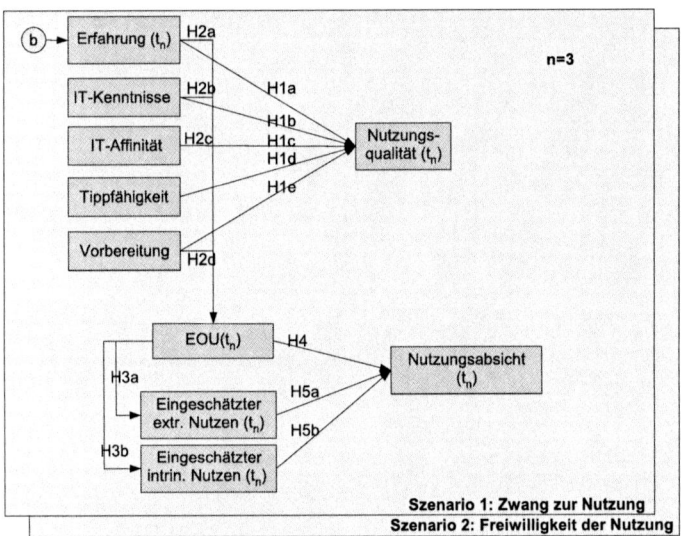

Abbildung 2.33.: Konzeptioneller Bezugsrahmen 3: Einflussfaktoren zum Zeitpunkt t_3

Das aufgestellte Modell soll in *zwei verschiedenen Szenarios* überprüft werden: einmal hinsichtlich einer IT-Anwendung, die *freiwillig* genutzt wird, und einmal hinsichtlich einer IT-Anwendung, deren Nutzung *gezwungenermaßen* erfolgt.

Das aufgestellte Modell ist ein Varianzmodell, das durch die Sequenzialisierung, d.h. durch die Untersuchung zu verschiedenen Zeitpunkten dynamisiert wird. An Varianzmodellen wird häufig kritisiert, dass sie keinen zeitlichen Bezug erfassen können, da sie lediglich statische Zusammenhänge darstellen können. Prozessmodelle sind dagegen häufig als ungenau charakterisiert, da sie zwar eine zeitliche Abfolge von Ereignissen, jedoch keine kausalen Zusammenhänge aufzeigen können (Seddon, 1997). Durch die Dynamisierung eines Varianzmodells wird beiden Nachteilen entgegengetreten, da sowohl kausale Zusammenhänge als auch Änderungen über den Zeitablauf erfasst werden.

3. Forschungsdesign

Cavaye (1996) kritisiert, dass viele Forscher in ihren Arbeiten nur die selbst gewählte Forschungsmethode vorstellen und dadurch den Eindruck erwecken, es wäre die einzig mögliche oder die vorteilhafteste. Um die Wahl der Forschungsmethode begründen zu können, werden im Folgenden zunächst mögliche Gestaltungskriterien vorgestellt (Abschnitt 3.1). Darauf aufbauend wird die Forschungsmethode gewählt und die methodische Vorgehensweise der vorliegenden Arbeit abgeleitet (Abschnitt 3.2).

3.1. Grundsätzliche Gestaltungsoptionen

Als *Forschungsdesign* wird das Zusammenspiel der drei Elemente *Forschungsziel*, *Forschungsmethode* und zugrunde gelegte *Theorie* bezeichnet (Heinrich et al., 2007, S. 67). Es beschreibt, wie man über die Erhebung und Analyse der relevanten Daten zur Beantwortung der initialen Forschungsfragen kommt (Yin, 2003, S. 19-20). Das Forschungsdesign determiniert potenzielle Erkenntnisse sowie deren Glaubwürdigkeit und Generalisierbarkeit (Lucas, 1993).

Als *Forschungsmethodik* bezeichnet man die wissenschaftlich begründete, systematische Verwendung von *Forschungsmethoden*, d.h. Methoden zur Lösung von Forschungsproblemen. Diese können sowohl zur Gewinnung als auch zur Überprüfung von Erkenntnissen eingesetzt werden. Für jedes Forschungsvorhaben muss die Methode ausgewählt werden, die am besten geeignet ist, das Forschungsziel zu erreichen (Heinrich et al., 2007, S. 91-92; 102).

"[..] *Nature does not offer information to us in a random or stati-stically representative way. [..] Once we learned that fact, it became necessary to develop elaborate sampling techniques in order to make our evidence more representative than it would have been had we sim-ply collected whatever information casually came our way*" (Laudan, 1984, S. 38).

Zur Beantwortung der aufgestellten Forschungsfragen bieten sich nur *empirische* Forschungsmethoden an, da menschliche Verhaltensweisen und Einschätzungen erhoben werden sollen. Empirische Forschungsmethoden unterscheiden sich hin-sichtlich ihrer epistemologischen Position. Im Folgenden werden zunächst die zwei vertretenen Grundpositionen erläutert. Anschließend werden die zwei am weitesten verbreiteten empirischen Forschungsmehoden vorgestellt und in Abhängigkeit von der vertretenen epistemologischen Position charakteri-siert.

3.1.1. Epistemologische Positionen

Epistemologie bzw. Erkenntnistheorie beschäftigt sich mit der Frage, welche Er-kenntnisse bei welcher Art der Beweisführung als valide angesehen werden. Zwei grundsätzliche Paradigmen sind hierbei der Positivismus und der Interpretativis-mus.

3.1.1.1. Positivismus

Ontologisch gehen positivistische Forscher von einer Welt aus, die unabhängig von Menschen existiert und deren Phänomene charakterisiert und gemessen wer-den können (Orlikowski und Baroudi, 1991). Soziale Realität wird als *objek-tiv gegeben* und mittels kontrollierter Methoden erfassbar angesehen (Atteslan-der, 2003, S. 83). Es wird postuliert, dass es a priori feste Beziehungen zwi-schen Entitäten gibt, die identifiziert, in angemessenen und genauen Daten erfasst und mithilfe hypothetisch-deduktiver Logik und Analyse getestet werden können (Straub et al., 2004; Orlikowski und Baroudi, 1991; Dube und Pare, 2003).

Forscher haben als unabhängige Beobachter die soziale Realität von außen und möglichst objektiv zu erfassen (Atteslander, 2003, S. 83). Sie haben eine passive, neutrale Rolle und greifen nicht in die zu untersuchenden Phänomene ein (Dube und Pare, 2003; Orlikowski und Baroudi, 1991).

Daten über die soziale Realität sind theoriegeleitet zu sammeln. Sie müssen den Kriterien der Reliabilität, der Validität, der Repräsentativität und der intersubjektiven Überprüfbarkeit entsprechen und der Prüfung vorangestellter Theorien und Hypothesen dienen (Atteslander, 2003, S. 83). Viele der Entitäten sind soziale Konstrukte und können nur über indirekte Messgrößen erfasst werden. Die Rigidität eines Forschungsdesigns zeichnet sich durch das Ausmaß aus, zu dem die erfassten Daten eine genaue Repräsentation der Konstrukte darstellen (Straub et al., 2004).

Durch Analyse der Daten sind *gesetzesartige Generalisierungen* unabhängig von Zeit und Kontext möglich, die eine Vorhersage von Verhaltensmustern in bestimmten Situationen erlauben. Aufgabe der Forschung ist es, deduktiv solche unilateralen Wirkungszusammenhänge der Realität zu entdecken (Orlikowski und Baroudi, 1991).

3.1.1.2. Interpretativismus

Ontologisch gehen interpretative Forscher von einer Welt aus, in der Menschen ihre Realität durch *subjektive Bedeutungen und Handlungen* kreieren und anpassen (Orlikowski und Baroudi, 1991). Akteure interpretieren soziale Situationen, indem sie Objekten Bedeutungen zuschreiben (Atteslander, 2003, S. 84). Regelmäßigkeiten im Verhalten bestehen aufgrund von geteilten Normen und Interessen, die Menschen miteinander verbinden (Orlikowski und Baroudi, 1991). Beobachtete Phänomene können nur über die Bedeutungen verstanden werden, die Menschen ihren Handlungen beimessen (Orlikowski und Baroudi, 1991). Dies wird über eine verstehende Rekonstruktion des subjektiven Handlungssinns versucht (Kieser, 1995, S. 16), d.h. es wird angestrebt, den Sinn zu erschließen, den die Handelnden ihrem Handeln zugrunde legen (Miles und Huberman, 1994, S. 8).

Im Gegensatz zu positivistischen Forschern, deren Ziel es ist, eine objektive soziale Realität zu entdecken, streben interpretative Forscher an, die *soziale Realität zu interpretieren*, indem sie versuchen zu ergründen, welche subjektiven Bedeutungen Individuen bestimmten Situationen beimessen (Orlikowski und Baroudi, 1991). Positivistische Arbeiten erklären Ereignisse durch (statistische) Zusammenhänge. Solche Erklärungen sagen jedoch nichts über die *Gründe* aus, die Menschen zu bestimmtem Handlungen bewegen, d.h. was in den Menschen vorgeht, die an den zu erklärenden Ereignissen beteiligt sind (Kieser, 1995, S. 16). Interpretativisten verneinen die Möglichkeit einer objektiven Wahrheit und suchen stattdessen nach einem relativistischen Verständnis von Phänomenen, indem sie diese innerhalb ihrer natürlichen Umgebung analysieren und innerhalb ihres Kontextes verstehen (Orlikowski und Baroudi, 1991). Eine solche Interpretation geschieht durch ein tiefes Verständnis für und eine starke Beschäftigung mit dem Forschungsobjekt (Miles und Huberman, 1994, S. 8). Hierfür muss der Forscher in die Welt der Handelnden involviert werden. Es wird davon ausgegangen, dass der Forscher dabei niemals eine wertneutrale Einstellung einnehmen kann (Orlikowski und Baroudi, 1991). Er hat eigene Vorstellungen, Meinungen, Annahmen, Überzeugungen, Werte und Interessen, die immer seine Untersuchungen und Interpretation der gewonnenen Informationen beeinflussen (Miles und Huberman, 1994, S. 8-10).

Interpretative Forscher gehen davon aus, dass soziale Prozesse nicht in deduktiven Hypothesen, Kovarianzen oder Freiheitsgraden erfasst werden können. Interpretative Arbeiten beschreiben keine uni-direktionalen Wirkungszusammenhänge im positivistischen Sinne, sondern kreisförmige oder reziproke Interaktionsmodelle. Generalisierungen auf eine Grundgesamtheit werden nicht intendiert. Stattdessen wird ein tiefes Verständnis des Phänomens angestrebt, das dann auf andere Situationen übertragen werden kann (Orlikowski und Baroudi, 1991).

Interpretative und positivistische Ansätze können sich ergänzen: Interpretative Studien können zur Bildung von Hypothesen anregen oder zur Erklärung der Ergebnisse positivistischer Studien verwendet werden und so deren externe Validität erhöhen (Kieser, 1995, S. 22).

3.1.2. Empirische Forschungsmethoden

Zur Erhebung empirischer Daten werden v.a. zwei Methoden eingesetzt: Stichprobenerhebungen und Fallstudien. Im Folgenden werden diese beiden Methoden beschrieben.

3.1.2.1. Stichprobenerhebungen

Stichprobenerhebungen werden von *positivistischen* Forschern zur Überprüfung von Theorien eingesetzt (Lee, 1989). Es wird versucht, deduktiv gewonnene Hypothesen an Aggregaten von Untersuchungseinheiten der Wirklichkeit zu falsifizieren (Heinrich et al., 2007, S. 93). Ziel ist es, das untersuchte Phänomen genauer vorhersagen zu können (Orlikowski und Baroudi, 1991). Stichprobenerhebungen ermöglichen über statistische Analysen die Verallgemeinerung von Aussagen auf eine Grundgesamtheit (Park, 2006; Schrank, 2006).

Ausgangspunkt sind i.d.R. Hypothesen, die eine erwartete Beziehung zwischen Variablen beschreiben. Ein theoretischer Bezugsrahmen stellt Beziehungen zwischen Konstrukten dar und ist die Vorstufe eines Kausalmodells (Dibbern, 2004, S. 9).

"Conceptual frameworks are the researcher's first cut at making some explicit theoretical statements" (Miles und Huberman, 1994, S. 91).

3. Forschungsdesign

Die Propositionen des Bezugsrahmens beschreiben Beziehungen zwischen Konstrukten, während die Hypothesen des Kausalmodells Beziehungen zwischen Variablen spezifizieren. Variablen des Kausalmodells stellen Operationalisierungen der Konstrukte dar und sind im Gegensatz zu diesen direkt beobachtbar (Cargan, 2007, S. 33). Der Bezugsrahmen und das Kausalmodell stellen Aussagen darüber dar, welche Beziehungen bestehen, jedoch nicht, warum diese bestehen; dies ist Aufgabe der dahinter liegenden Theorie (Sutton und Staw, 1995). Theorien sollen so formuliert sein, dass sie falsifizierbar sind, d.h. dass eine empirische Widerlegung möglich ist (Bacharach, 1989).

Nach der Operationalisierung der Konstrukte werden Daten zur Überprüfung der aufgestellten Hypothesen innerhalb einer Stichprobe erhoben (Heinrich et al., 2007, S. 93). Die Grundgesamtheit muss durch die Stichprobe adäquat repräsentiert werden; dies ist die Basis für spätere Generalisierungen. Die Auswahl der Stichprobe erfolgt i.d.R. zufällig. Die Größe der Stichprobe determiniert, mit welcher Präzision die Beziehungen zwischen den Variablen gemessen werden können. Stichprobenerhebungen beinhalten eine große Anzahl von Untersuchungsobjekten, können jedoch über jedes dieser Objekte nur eine begrenzte Anzahl an Informationen erfassen (Park, 2006). Vorteile einer schriftlichen gegenüber einer mündlichen Befragung sind u.a. die niedrigeren Kosten, die Möglichkeit der Befragung eines größeren Personenkreises und die höhere Anonymität (Heinzl, 1992, S. 85).

Die Variablen können in verschiedenen Fällen unterschiedliche Ausmaße annehmen. Es wird dabei postuliert, dass eine Variation einer unabhängigen Variablen eine Veränderung einer abhängigen Variablen verursacht. Um dies festzustellen, werden die Daten mit statistischen Verfahren untersucht (Orlikowski und Baroudi, 1991).

Die Ergebnisse der Untersuchung können die aufgestellten Hypothesen belegen, widerlegen oder auch keine Folgerungen zulassen. Falls die Hypothesen widerlegt werden, gibt es zwei mögliche Erklärungen hierfür: Das Forschungsdesign war unangemessen (z.b. ungeeignete Daten) oder die den Hypothesen zugrunde liegende Theorie muss überdacht werden (Lucas, 1993). Was in wiederholten empirischen Tests nicht falsifiziert wurde, wird als (vorläufiger) gesetzesartiger Wirkungszusammenhang anerkannt und als wahr für die angegebene Grundgesamtheit angesehen (Orlikowski und Baroudi, 1991). Die Gültigkeit einer Theorie ist hinsichtlich Zeit und Raum zu definieren. Je weniger Einschränkungen hinsichtlich der Gültigkeit bestehen, desto höher ist ihre Generalisierbarkeit (Bacharach, 1989).

3.1.2.2. Fallstudien

"A case study is an empirical inquiry that investigates a contemporary phenomenon within its real-life context, especially when the boundaries between phenomenon and context are not clearly evident" (Yin, 2003, S. 13).

Fallstudien sind in den Bereich der *Feldforschung* einzuordnen. Feldforschung bedeutet eine wissenschaftliche Untersuchung bestimmter Objekte oder Ereignisse in ihrer natürlichen Umgebung (Heinrich et al., 2007, S. 95). Der Kontext wird nicht ausgeschlossen, sondern explizit berücksichtigt (Miles und Huberman, 1994, S. 10).

Bei *nicht-experimentellen Feldstudien* greift der Forscher nicht in den Ablauf der Dinge ein; sie laufen so ab, wie sie in der Wirklichkeit geschehen (Heinrich et al., 2007, S. 96-97). Unabhängige und abhängige Variablen werden in ihrer natürlichen Umgebung gemessen, ohne dass eine Manipulation erfolgt. Es ist möglich, dass der Forscher ex-ante wenig Kenntnis darüber hat, welche Variablen von Interesse sein werden und wie diese gemessen werden können (Benbasat et al., 1987).

Bei *experimenteller* Forschung greifen Forscher in den natürlichen Ablauf der Dinge ein, um die zu erforschenden Variablen bzw. die postulierten Kausalzusammenhänge besser untersuchen zu können. Unabhängige Variablen werden im

Experiment vorgegeben und ihre Auswirkung auf die abhängigen Variablen beobachtet (Heinrich et al., 2007, S. 96-97). Experimentelle Feldforschung bezeichnet man als *Feldexperimente* (Heinrich et al., 2007, S. 98). Gestellte Aufgaben werden nicht im Labor, sondern in der natürlichen Arbeitsumgebung bearbeitet (Atteslander, 2003, S. 200). Hierbei werden klar definierte Variablen in ihrer natürlichen Umgebung manipuliert und gemessen (Benbasat et al., 1987). Man unterscheidet Beobachtungs- und Befragungsexperimente (Heinrich et al., 2007, S. 98).

In Fallstudien werden im Gegensatz zu Stichprobenerhebungen vor allem *qualitative Daten* erhoben. Qualitative Daten liegen in Form von Worten anstelle von Zahlen vor; sie basieren auf Beobachtungen, Interviews oder Dokumenten. Auch Bilder oder Filme sind eine Form qualitativer Daten (Miles und Huberman, 1994, S. 8). Wichtige Datenquellen sind Dokumentationen, archivierte Akten, Interviews, Beobachtungen sowie physische Artefakte (Yin, 2003, S. 85ff.).

Die *Erhebung qualitativer Daten* ist meist mit einem intensiven Kontakt des Forschers mit dem Feld bzw. der Situation verbunden. Dieser versucht, den beobachteten Kontext ganzheitlich zu erfassen: seine Logik, seine Anordnung, seine expliziten und impliziten Regeln. Auch die Meinungen der untersuchten Personen über Ereignisse, Prozesse und Strukturen ihres Lebens können Bestandteil der Datenerhebung sein (Miles und Huberman, 1994, S. 6-7; 10). Es können verschiedene qualitative Datenerhebungsmethoden wie Interviews, Dokumentationen und Beobachtungen mit quantitativen Daten wie Fragebögen und Zeitserien kombiniert werden (Dube und Pare, 2003).

Einige Fallstudien verwenden ausschließlich qualitative Daten. In der Mehrzahl der Fallstudien werden jedoch quantitative Daten mit qualitativen Daten kombiniert (Cavaye, 1996). Erkenntnisse aus einer Fallstudie werden überzeugender und genauer, wenn sie auf verschiedenen Datenquellen basieren. Diese Kombination verschiedener Datenquellen wird als *Triangulation* bezeichnet (Dube und Pare, 2003).

> " *The case study inquiry relies on multiple sources of evidence, with data needing to converge in a triangulating fashion. [..] Various sources are highly complementary, and a good case study will therefore want to use as many sources as possible*" (Yin, 2003, S. 14-15; S. 85).

Fallstudien bieten den *Vorteil*, dass viele Variablen und Aspekte beobachtet werden können, ohne dass diese im Voraus festgelegt werden müssen (Cavaye, 1996). Qualitative Daten sind holistisch und eine Quelle von fundierten, reichhaltigen Beschreibungen und Erklärungen von Prozessen in lokalen Kontexten (Miles und Huberman, 1994, S. 1; 10). V.a. wenn Daten über einen längeren Zeitraum gesammelt werden, können Prozesse untersucht und dadurch Forschungsfragen nach dem "Warum" und "Wie" anstelle nach dem "Was" oder "Wie viele" gestellt werden (Miles und Huberman, 1994, S. 10).

Ein bedeutender *Nachteil* von Fallstudien ist, dass Erkenntnisse nicht statistisch hinsichtlich einer Population generalisiert werden können (s. hierzu auch Abschnitt 3.1.3.1). Der Forscher kann zudem die unabhängigen Variablen nicht (vollständig) kontrollieren, wodurch die interne Validität der Erkenntnisse eingeschränkt wird. Entscheidet sich ein Forscher für das Fallstudiendesign, nimmt er die Nachteile als methodenbedingte Einschränkungen zugunsten der als wertvoll erachteten Stärken in Kauf (Cavaye, 1996).

3.1.3. Attribute von Fallstudien

Die Zielsetzung beim Einsatz von Fallstudien kann unterschiedlich sein und hängt u.a. von der epistemologischen Grundposition ab.

3.1.3.1. Positivistische Fallstudien

Explorative versus explanative Fallstudien

Positivistische Fallstudien können sowohl *explorativ bzw. theorieerstellend* als auch *explanativ bzw. theorietestend* konzipiert werden (Pare, 2004). Traditionell werden Fallstudien bzw. Feldforschung als geeignetes Instrument für die *Exploration* wissenschaftlicher Probleme und die Formulierung von Hypothesen angesehen, d.h. für Forschungsphasen, die der Hypothesenüberprüfung vorgelagert sind (Johnston et al., 1999).

Bei einem *induktiven explorativen* Design begibt sich der Forscher ohne a priori definierte Konstrukte, jedoch mit Kenntnis der relevanten Literatur ins Feld (Cavaye, 1996). Er hat einige Orientierungspunkte, wenn er mit der qualitativen Datenerhebung beginnt: Er versteht das Phänomen teilweise, aber nicht genug, um eine Theorie aufzustellen (Miles und Huberman, 1994, S. 17). Eine frühzeitige Identifizierung von Konstrukten ist hilfreich, ihr Bestand in der Theorie ist jedoch nicht garantiert:

> "*[..] No construct is guranteed a place in the resultant theory, no matter how well it is measured. [..] Theory-building research is begun as close as possible to the ideal of no theory under consideration and no hypotheses to test*" (Eisenhardt, 1989, S. 536).

Um eine Theorie zu erstellen, werden die erhobenen Daten kodiert, kategorisiert und analysiert (Cavaye, 1996). Bei der Analyse beginnen Konstrukte und Beziehungen zu erscheinen. In einem iterativen Prozess wird der entstehende Bezugsrahmen mit den Erkenntnissen aus den Fällen verglichen. Schrittweise entsteht so eine Theorie, die dicht zu den Daten passt (Eisenhardt, 1989). Der entstandene Bezugsrahmen wird dann der Literatur gegenübergestellt. Findet er dort Bestätigung, erhöht sich die Validität und Generalisierbarkeit der Ergebnisse (Eisenhardt, 1989).

Es ist auch eine *explorative* Vorgehensweise möglich, bei der der Forscher *a priori* *einen konzeptionellen Bezugsrahmen* erstellt, der die Hauptkonstrukte und deren Beziehungen zueinander aufzeigt (Pare, 2004). Anhand der erhobenen Daten wird der Bezugsrahmen angepasst, d.h. Konstrukte können ersetzt oder neue Beziehungen postuliert werden. Der Bezugsrahmen wird damit differenzierter und präziser, wenn das Wissen des Forschers zunimmt (Miles und Huberman, 1994, S. 20).

Bei einem *deduktiven* Ansatz leitet der Forscher von einer bestehenden Theorie logische Schlussfolgerungen oder Vorhersagen ab. Die Propositionen werden überprüft, indem die erwarteten Ergebnisse den Beobachtungen gegenübergestellt werden (Cavaye, 1996). Eine Beobachtung, die nicht der Vorhersage entspricht, kann ausreichend sein, um die dahinterliegende Theorie zu falsifizieren (Lee, 1989). Zur Generalisierung von Erkenntnissen hinsichtlich einer definierten Grundgesamtheit werden Fallstudien jedoch im Gegensatz zu Stichprobenerhebungen in der Regel als ungeeignet angesehen (s. auch nächster Abschnitt). Die Anzahl der notwendigen Fälle, um statistische Generalisierungen vornehmen zu können, ist im Rahmen von Fallstudien kaum handhabbar (Johnston et al., 1999). Die Anzahl der Untersuchungsfälle ist begrenzt, d.h. es ist nicht möglich, die Theorie in allen möglichen Anwendungsfällen zu prüfen. Durch diese Limitation sind die Ergebnisse i.d.R. nicht repräsentativ für eine Grundgesamtheit, d.h. es besteht das Problem der externen Validität (Hillebrand et al., 2001).

Die deduktive und induktive Vorgehensweise können sich ergänzen: So können, wenn die Beobachtungen die aufgestellten Propositionen nicht bestätigten, die qualitativen Daten induktiv zum Aufstellen einer Theorie genutzt werden, die durch die empirischen Daten gestützt wird (Cavaye, 1996).

Qualitätskriterien positivistischer Fallstudien

Maßstäbe zur Beurteilung der Qualität positivistischer Fallstudien sind an Validitäts- und Reliabilitätstests der Naturwissenschaften angelehnt (Dube und Pare, 2003). Vier Tests werden angewandt, um die Qualität empirischer Sozialforschung abzusichern (Yin, 2003, S. 33-35).

1. *Konstruktvalidität bzw. Stichhaltigkeit der Konstrukte* bedeutet, korrekte Operationalisierungen für die Konstrukte zu verwenden. Hierfür müssen die zu beobachtenden Konzepte definiert und angemessene Indikatoren zur Messung dieser Konzepte ausgewählt werden (Bacharach, 1989).

2. Die *interne Validität* bzw. der interne Wahrheitsgehalt ist nur relevant für erklärende Fallstudien, in denen ein Forscher bestimmen möchte, ob ein Ereignis A ein anderes Ereignis B verursacht. Nimmt der Forscher inkorrekter Weise an, dass B durch A beeinflusst wird, obwohl B durch ein nicht in die Überlegung einbezogenes Ereignis C hervorgerufen wurde, so ist die interne Validität der Ergebnisse nicht gegeben. Interne Validität beinhaltet auch das Ziehen korrekter Schlussfolgerungen im Allgemeinen (Yin, 2003, S. 36).

3. *Externe Validität* bzw. externer Wahrheitsgehalt bedeutet, dass Erkenntnisse einer Fallstudie über diese hinaus Gültigkeit haben. Fallstudien verwenden die *analytische Generalisierbarkeit*, bei der der Forscher anstrebt, Ergebnisse hinsichtlich einer umfassenderen Theorie zu generalisieren. Die Generalisierung geschieht durch Replikation der Ergebnisse (Yin, 2003, S. 37). Auch wenn eine *spezifische* Fallstudie nicht replizierbar ist, so können ihre Erkenntnisse in einer *vergleichbaren* Situationen überprüft werden (Lee, 1989). Bei einem multiplen Fallstudiendesign (s. Abschnitt 3.2.2) sind die Fälle so auszuwählen, dass ähnliche Ergebnisse in einem vergleichbaren Kontext zu erwarten sind (*logische Replikation*) oder gegensätzliche Ergebnisse in anderen Kontexten, die jedoch begründet vorhergesagt werden (*theoretische Replikation*) (Cavaye, 1996; Dibbern et al., 2008). Mit jedem

Fall, in dem sich die Theorie bestätigt, gewinnt sie an Plausibilität (Hillebrand et al., 2001). Generalisierungen sind nur hinsichtlich der Kontexte möglich, in denen die Erkenntnisse durch Fallstudien bestätigt wurden (Lee, 1989). Es kann jedoch eine Theorie formuliert werden, die anschließend (z.B. mit einer Stichprobenerhebung) hinsichtlich ihrer statistischen Generalisierbarkeit getestet werden kann (Cavaye, 1996).

4. *Reliabilität* bzw. Verlässlichkeit bedeutet, dass die Vorgehensweise für andere Forscher nachvollziehbar ist.

> *"A clear description of data sources and the way they contribute*
> *to the findings of research is an important aspect of the reliability*
> *and validity of the findings"* (Benbasat et al., 1987, S. 381).

Eine Voraussetzung für Reliabilität ist eine genaue Dokumentation der Vorgehensweise bei der Durchführung der Fallstudie durch z.B. Fallstudienprotokolle und -datenbanken (Dube und Pare, 2003).

3.1.3.2. Interpretative Fallstudien

Fallstudien können im Gegensatz zu Stichprobenerhebungen auch im Rahmen eines interpretativen Forschungsparadigmas eingesetzt werden, da sie die Untersuchung von Akteuren in ihrer sozialen Umgebung ermöglichen (Orlikowski und Baroudi, 1991).

Bei interpretativen Fallstudien werden ex-ante keine unabhängigen oder abhängigen Variablen festgelegt (Cavaye, 1996). Ziel ist es, den Kontext und die ablaufenden Prozesse zu verstehen (Klein und Myers, 1999). Der Kontext wird aus diesem Grund explizit in die Studie einbezogen (Cavaye, 1996). Kategorien und Themen werden während der Untersuchung durch eine tiefgreifende Auseinandersetzung mit dem Feld gewonnen (Orlikowski und Baroudi, 1991).

Die Bewertung der Ergebnisse geschieht durch Interpretation des Forschers. Die Erklärung der Ereignisse oder Verhaltensprozesse muss logisch konsistent sein und durch Beweise belegt werden (Cavaye, 1996; Klein und Myers, 1999).

3.2. Forschungsdesign dieser Arbeit

3.2.1. Begründete Auswahl der Forschungsmethode

Im Rahmen der vorliegenden Arbeit wird von einem positivistischen Forschungsparadigma ausgegangen, d.h. es wird angenommen, dass es feste Beziehungen zwischen Entitäten gibt, die identifiziert und erfasst werden können. Zur Beantwortung der aufgestellten Forschungsfragen wird ein exploratives Fallstudiendesign im Rahmen eines positivistischen Forschungspardigmas gewählt. Im Folgenden werden die Gründe dieser Entscheidung erläutert:

Ein qualitativer Forschungsansatz ist geeignet, wenn es sich um ein Themengebiet handelt, das von der Wissenschaft bisher wenig erforscht ist (Bauer et al., 2005). Eine explizite Untersuchung der Qualität der Nutzung von IT und deren Determinanten wurde, wie in Kapitel 2.4 gezeigt, bisher in noch *keiner* Arbeit vorgenommen. Aus diesem Grund ist es zunächst erforderlich, ein Verständnis für dieses Phänomen und seine Determinanten zu entwickeln. Es ist somit eine Vorgehensweise notwendig, anhand derer sich Theorien bilden lassen, d.h. ein *explorativer* Ansatz. Fallstudien sind hierfür im Gegensatz zu quantitativen Methoden der Sozialwissenschaften eine geeignete Forschungsmethode: Sie bieten durch die Reichhaltigkeit an Daten die Möglichkeit, ein Verständnis der Eigenschaften und der Komplexität der stattfindenden Prozesse zu entwickeln (Benbasat et al., 1987).

Fallstudien erlauben die *Untersuchung des Forschungsgegenstandes in seinem natürlichen Kontext* (Yin, 2003, S. 13). Sie sind eine geeignete Methode zur Untersuchung von komplexen Phänomenen wie Interaktionen zwischen Organisationen, Technologien und Personen (Heinzl, 1996, S. 130). Qualität der Nutzung von IT, das untersuchte Phänomen dieser Arbeit, ist eine *Eigenschaft der Interaktion* zwischen IT und dem Individuum, das diese nutzt. *Feldexperimente* im Rahmen von Fallstudien (vgl. Abschnitt 3.1.2.2) bieten die Möglichkeit, diese Interaktion im natürlichen Kontext zu beobachten und dadurch ein tiefgreifendes Verständnis für dieses Phänomen zu entwickeln. Laborexperimente werden hierfür als ungeeignet angesehen, da durch die kontrollierte Umgebung die Möglichkeit, nicht berücksichtigte Aspekte der Nutzungsqualität aufzudecken, stark eingeschränkt wird.

Wie in Kapitel 2.4 aufgezeigt, stellen Angaben der befragten Personen unpräzise Maße zur Erfassung des IT-Nutzungsverhaltens dar. Feldexperimente im Rahmen von Fallstudien bieten die Möglichkeit, das Nutzungsverhalten, d.h. im Rahmen dieser Studie die Qualität der IT-Nutzung, *objektiv* zu erfassen.

Fallstudien bieten die Möglichkeit, verschiedene Datenerhebungsmethoden zu kombinieren (Dube und Pare, 2003). Sie bieten somit die Möglichkeit, *Determinanten der Nutzungsqualität* durch Erhebung qualitativer Daten in *Interviews* aufzudecken. Diese Daten können gemeinsam mit den aus den Feldexperimenten gewonnenen Daten analysiert werden.

3.2.2. Ableitung der methodischen Vorgehensweise

Konsistent zu dem positivistischen Forschungsparadigma ist das Ziel des Forschungsvorhabens die Aufstellung eines theoretischen Bezugsrahmens, der das Zustandekommen unterschiedlicher Ausprägungen der Qualität der IT-Nutzung erklärt. Um dieses Ziel zu erreichen, wird folgende Vorgehensweise gewählt:

1. Anhand der Literaturanalyse wird a priori ein *theoretischer Bezugsrahmen aufgestellt*. Dieser enthält teilweise Konstrukte und Beziehungen aus bereits bestätigten Modellen der Akzeptanzforschung. Es wird davon ausge-

gangen, dass diese Konstrukte und Beziehungen auch zur Erklärung des bisher nicht beachteten abhängigen Konstruktes Nutzungsqualität beitragen. Einige Konstrukte und Beziehungen werden induktiv erschlossen.

2. Die *Datenerhebung* erfolgt im Rahmen einer Fallstudie:

   a) Bezüglich der *Dauer* der Fallstudie gibt es zwei Möglichkeiten: Bei der *Querschnittsmethode* erfolgt die Analyse der Untersuchungseinheiten zu *einem bestimmten Zeitpunkt*. Diese Methode wird häufig angewandt, da sie weniger zeitliche und finanzielle Ressourcen beansprucht als die *Längsschnittmethode*. Bei letzterer wird die selbe Stichprobe *mehrmals zu verschiedenen Zeitpunkten* mit dem gleichen Untersuchungsdesign untersucht (Heinrich et al., 2007, S. 98). Dadurch kann der Forscher Veränderungen der Variablen über die Zeit beobachten (Lucas, 1993). Da zu erwarten ist, dass die Qualität der IT-Nutzung sich im Zeitablauf verändert, d.h. in einem Prozess zustande kommt, erscheint eine Längsschnittstudie zur Untersuchung des Phänomens angebracht.

   b) Eine zentrale Entscheidung des Fallstudiendesigns betrifft die Frage, ob *ein oder mehrere Fälle* in dem Projekt untersucht werden (Benbasat et al., 1987). Dube und Pare (2003) fordern, dass diese Entscheidung klar zu begründen ist.

   Bei einer *Einzelfallanalyse* werden Phänomene des Gegenstandsbereiches an einem einzelnen Fall untersucht (Heinrich et al., 2007, S. 92-93). Sie ist dann angemessen, wenn es sich um einen *kritischen* Fall (ein Fall, anhand dessen eine Theorie getestet werden kann), einen *einzigartigen* Fall (der alleine eine Analyse wert ist), einen *typischen* Fall oder um einen Fall handelt, der *Zugang zu bisher nicht zugänglichen Informationen* bietet. Einen hinreichenden Grund für eine einzelne Fallstudie stellt auch die *Durchführung einer Längsschnittstudie* dar

(Yin, 2003, S. 40-42). Eine Einzelfallanalyse ist besonders zur Auffindung, jedoch nicht zur Überprüfung von Hypothesen geeignet (Heinrich et al., 2007, S. 92-93).

Bei einem *multiplen Fallstudiendesign* dagegen werden mehrere Fälle innerhalb eines Forschungsvorhabens untersucht. Dies erlaubt einen Vergleich der Erkenntnisse in einer Cross-Case Analyse (Yin, 2003, S. 49). Mithilfe von literaler und theoretischer Replikation (vgl. Abschnitt 3.1.3.1) kann die Stabilität der Ergebnisse eines Falls in einem anderen Kontext überprüft und so die Validität der Erkenntnisse erhöht werden (Cavaye, 1996).

Aufgrund des geringen Ausmaßes an abgesichertem Wissen, das hinsichtlich der Qualität der IT-Nutzung existiert, erscheint eine möglichst tiefgreifende Auseinandersetzung mit dem Untersuchungsgegenstand angebracht, um möglichst viele Erkenntnisse gewinnen zu können. Ein *Einzelfall* ermöglicht bei gleichen zeitlichen Restriktionen eine tiefgreifendere Auseinandersetzung mit dem Forschungsgegenstand (Cavaye, 1996). Aus diesem Grund wird als Design der Fallstudie die Untersuchung eines einzelnen Falls gewählt.

c) Das untersuchte Unternehmen stellt den Fall dar und determiniert den Kontext. *Untersuchungseinheiten* sind die einzelnen Mitarbeiter des Unternehmens, d.h. die Bezugsebene ist die Individualebene (Benbasat et al., 1987; Klein et al., 1994; Cavaye, 1996). Es handelt sich somit um ein *eingebettetes* Fallstudiendesign (Yin, 2003, S. 42). Die gewählte Untersuchungseinheit, hinsichtlich der die Datenerhebung und -analyse erfolgen soll, entspricht der Bezugsebene der Forschungsfragen und dem aufgestellten Bezugsrahmen (Benbasat et al., 1987; Klein et al., 1994). Die Erkenntnisse bezüglich der verschiedenen Untersuchungseinheiten können ähnlich wie in einer Cross-Case Analyse bei einem multiplen Fallstudiendesign gegenüber gestellt und verglichen werden (Cavaye, 1996).

d) Zur Untersuchung des abhängigen Konstruktes der Qualität der IT-Nutzung werden *Feldexperimente* durchgeführt (vgl. Abschnitte 3.1.2.2 und 3.2.1). Im Rahmen dieser Feldexperimente soll die Interaktion zwischen Unternehmensmitarbeitern und der zu nutzenden IT beobachtet und erfasst werden. Zur Untersuchung der Einflussfaktoren auf die Qualität der IT-Nutzung werden *semi-strukturierte mündliche Interviews* durchgeführt. Diese erlauben das Abfragen ex-ante postulierter Einflussfaktoren, ermöglichen jedoch außerdem das Aufdecken unberücksichtigter Faktoren.

3. Die gewonnenen *Daten* werden *für die Analyse vorbereitet*: Die Interviews werden kodiert und die Ausprägungen der Konstrukte in ordinale Skalen transformiert. Die Daten der Feldexperimente werden in metrische und ordinale Maße überführt.

4. Die Daten werden dem *ex-ante erstellten Bezugsrahmen gegenüber gestellt* und das Zutreffen der aufgestellten Hypothesen überprüft. Falls aus den qualitativen Daten weitere Einflussfaktoren deutlich werden, werden diese in den Bezugsrahmen integriert.

5. Ergebnis ist ein *angepasster theoretischer Bezugsrahmen*, der durch die Daten der Fallstudie gestützt wird. Es handelt sich somit um ein exploratives Design (s. Abschnitt 3.1.3.1) mit einem a priori erstellten Bezugsrahmen, der anhand der Ergebnisse der Fallstudie angepasst wird.

4. Ergebnisse

In diesem Kapitel werden die Ergebnisse der durchgeführten Fallstudie dargestellt. Zunächst wird in Abschnitt 4.1 der *Kontext der Fallstudie*, d.h. das Unternehmen selbst (Abschnitt 4.1.1), die betrachteten Arbeitsprozesse (Abschnitt 4.1.2) und die untersuchten IT-Anwendungen (Abschnitt 4.1.3) vorgestellt.

Zur Sicherstellung der Reliabilität (vgl. Abschnitt 3.1.3.1) ist es erforderlich, die *Methoden der Datenerhebung* detailliert darzulegen (Dube und Pare, 2003). Dies erfolgt in Abschnitt 4.2: Die Auswahl und Merkmale der Fallstudienteilnehmer werden in Abschnitt 4.2.1 beschrieben, die Durchführung der Interviews und Feldexperimente in Abschnitt 4.2.2.

Zur Sicherstellung der Reliabilität ist es des Weiteren erforderlich, die *Methoden der Datenanalyse* offen zu legen (Dube und Pare, 2003). Dies geschieht in Abschnitt 4.3: In Abschnitt 4.3.1 wird die Analyse der qualitativen Daten beschrieben, die in den Interviews gewonnen wurden. In Abschnitt 4.3.2 wird ausgeführt, wie die durchgeführten Feldexperimente ausgewertet wurden.

In Abschnitt 4.4 werden die *aufbereiteten Daten* anhand von Kreuztabellen den in Abschnitt 2.5 erarbeiteten *Hypothesen gegenüber gestellt.*

4.1. Beschreibung des Untersuchungskontextes

Die Fallstudie wurde im Zeitraum zwischen April 2007 und August 2007 bei der Deutschen Vermögensberatung AG (DVAG) durchgeführt, die am 4. Juni 2007 eine neue IT-Anwendung einführte. Der Kontext bot die Möglichkeit, wie intendiert eine Längsschnittstudie durchzuführen, in der mehrere Mitarbeiter hinsichtlich ihres IT-Nutzungsverhaltens beobachtet und interviewt werden konnten. Da die entsprechende IT-Anwendung neu eingeführt wurde, war zu erwarten, dass im Verlauf der Studie Änderungen im Nutzungsverhalten zu beobachten sein würden.

4.1.1. Vorstellung des Unternehmens

Die DVAG wurde im Jahr 1975 von Dr. Reinfried Pohl gegründet und ist ein inhabergeführtes Familienunternehmen. Sie bietet Finanzberatung in den Bereichen Bank, Investment, Bausparen und Versicherungen an. Im Jahr 2006 hatte die DVAG 4 Millionen Kunden in Deutschland (DVAG, 2006) die Vertragssumme des vermittelten Geschäfts betrug 23,5 Milliarden Euro, die Umsatzerlöse 862,6 Millionen Euro.

Ca. 33.500 Mitarbeiter sind für die DVAG als selbständige Vermögensberater (VB) tätig. Diese erhalten eine leistungsabhängige Vergütung und üben die Tätigkeit hauptberuflich oder nebenberuflich als Vermögensberaterassistent (VBA) aus.

Es gibt zwei verschiedene Karrierewege: Beim Praxisweg gibt es sieben sogenannte Praxisstufen (VB-P1 bis VB-P7), die sich in der Höhe der Provisionen unterscheiden. Der Aufstieg in eine höhere Praxisstufe ist allein abhängig vom erzielten Umsatzvolumen.

Außerdem können die Provisionen durch den Aufbau einer eigenen Struktur von VB erhöht werden. Bei diesem Karriereweg gibt es folgende Stufen:

1. VBA-Service (nebenberuflich möglich)

2. VBA-Karriere (nebenberuflich möglich)

3. Agenturleiter auf Probe

4. Agenturleiter auf Dauer

5. Regionalgeschäftsstelle

6. Geschäftsstellenleiter

7. Hauptgeschäftsstellenleiter

8. Regionaldirektionsleiter I

9. Regionaldirektionsleiter II

10. Direktionsleiter

Der Aufstieg in eine höhere Stufe ist von dem erzielten Umsatz und vom eigenen Struktur-Aufbau, d.h. von der Anzahl selbst angeworbener und betreuter VB abhängig.

4.1.2. Ablauf eines Beratungsprozesses

Die typische Betreuung eines Kunden besteht aus drei Schritten: Zunächst erhebt der VB in einem persönlichen Gespräch alle Informationen, die für die Finanzberatung relevant sind. Dies wird als *Aufnahme der Analyse* bezeichnet. Die Informationen betreffen Einkommen, Vermögensbestände, Zahlungsverpflichtungen, Versicherungen, finanzielle Ziele sowie Familienstand und Kontaktdaten des Kunden. Die Daten werden während des Kundengesprächs in einen Papiervordruck eingetragen.

Nach dem Kundengespräch werden die Daten aus dem Papiervordruck in das Kundensystem der DVAG eingegeben. Dieser Prozessschritt, der als *Eingabe der Analyse* bezeichnet wird, erfolgt im Büro der VB. Basierend auf diesen Daten wird mit Unterstützung der IT-Anwendung eine Vermögensplanung erstellt, die den Zielen des Kunden entspricht. Die Beratungsprogramme der IT-Anwendung unterstützen dabei Berechnungen und Tarifsuche. Das Ergebnis der Beratung wird in der Datenbank gespeichert und dem Kunden in einem weiteren Gespräch unterbreitet. Im Rahmen der angestrebten dauerhaften Betreuung werden dem Kunden anschließend weitere Produktangebote erstellt, wenn sich beispielsweise dessen finanzielle Situation oder einzelne Ziele ändern.

4.1.3. Ablauf der Systemumstellung

4.1.3.1. Ausgangssituation

Vor der Systemumstellung standen den VB so genannte *Berater-PC* bzw. *Berater-Notebooks* zur Verfügung, die von den VB angemietet wurden. Auf diesen waren u.a. die Kundendatenbank, das Beratungsprogramm und Microsoft Office aufgespielt. Es handelte sich um ein geschlossenes, verschlüsseltes System. Eine Installation von Treibern war nicht möglich. Aus diesem Grund konnten an das System keine externen Geräte angeschlossen werden. Einzige Ausnahme stellten zusätzlich anmietbare Drucker dar.

Die Kundendaten wurden in regelmäßigen Abständen (mindestens alle drei Tage) per Datenfernübertragung mit dem zentralen Server synchronisiert. Per Datenfernübertragung fand ebenfalls eine Aktualisierung der Programme statt.

4.1.3.2. Planungsprozess

Für die grundlegende Planung und die fachliche Gestaltung der Entwicklungsarbeiten wurden zu Projektbeginn zwei Arbeitskreise gebildet: Eine "Strategierunde" unter Mitwirkung von acht Direktionsleitern und eine "Fachrunde" unter Beteiligung von acht VB. Ziel war es, bei der Entwicklung und Einführung der neuen Software die Anforderungen der VB zu berücksichtigen und die Betreuungs- und Beratungsprozesse zu optimieren.

4.1.3.3. Smart-Client-Technologie

Das neue System ist eine Onlineanwendung, die von der DVAG selbst entwickelt wurde. Zur Nutzung des Systems muss ein sogenannter Smart-Client über eine CD auf dem Rechner installiert werden. Der Client beinhaltet eine Oberfläche zur Nutzung der Anwendung. Eingegebene Daten werden nicht lokal, sondern auf einem DVAG-Server gespeichert. Aus diesem Grund ist für die Nutzung des Systems eine Internet- bzw. Datenfunkverbindung notwendig. Hierbei handelt es sich um eine gesicherte, SSL-verschlüsselte Datenverbindung. Bei einem Datenaustausch erfolgt nur eine Übertragung der Nutzdaten. Über die Onlineverbindung findet zudem eine automatische Aktualisierung der Programmmodule statt.

Der Zugang zu dem System erfolgt über die Eingabe einer Zugangskennung, eines persönlichen Passwortes sowie eines personalisierten, zufällig generierten Onlinetoken-Passwortes. Zur Generierung des Onlinetoken-Passwortes ist ein spezielles Gerät erforderlich.

4.1.3.4. Module EDI und VBI

Im Jahr 2005 wurden die zwei Online-Programmmodule *Elektronisches Dokumenten-Informationssystem* (EDI) und *Vermögensberater-Informationssystem* (VBI) eingeführt. Das Modul *EDI* diente der Verwaltung von Informationen von Vertragspartnern bezüglich Kundenkontakten bzw. Vertragsvorgängen. Das Modul EDI ging bei Einführung des erweiterten Onlinesystems (s. Kapitel 4.1.3.5) in den Modulen *Kunden-Informationssystem* (KI), *Persönlicher Informationsmanager* (PIM) und VBI auf.

Das Modul *VBI* bietet u.a. Informationen bezüglich eingereichter und abgerechneter Verträge, Kennzahlen zum Führen der eigenen Partner, Daten über Partner- und Kundengewinnung sowie Informationen zur Karriereplanung.

Die Module EDI und VBI wurden bewusst vor den Modulen KI und PIM eingeführt, um die VB an die Onlinetechnologie heranzuführen und um die Funktionsweise der dahinter liegenden Technologie zu testen. Im Gegensatz zu den später eingeführten Modulen betreffen die Funktionalitäten der Module EDI und VBI keine direkten Kernaufgaben der VB, sondern stellen begleitende Informationen bereit.

4.1.3.5. Module KI und PIM

Funktionen der Module

Das Modul *KI* beinhaltet im Wesentlichen die Funktionalitäten der Software, die auf den Berater-PC aufgespielt war. Neu sind der Onlinezugriff auf die Daten über den Smart-Client. Dies ermöglicht eine Nutzung der Funktionen von jedem PC, auf dem der entsprechende Client aufgespielt ist. Zuvor konnten diese Funktionen ausschließlich über den angemieteten Berater-PC genutzt werden. Im Zuge der Umstellung wurden die Eingabemasken und die Navigation innerhalb der Anwendung leicht verändert. Die Nutzung des Moduls KI ist für die tägliche Arbeit der VB zwingend erforderlich. Aus diesem Grund wurde Wert darauf gelegt, dass die Veränderungen der Benutzeroberfläche nicht zu groß waren, um einen hohen Wiedererkennungswert zu gewährleisten und Störungen im Arbeitsablauf möglichst zu vermeiden.

Das Modul *PIM* stellt eine Anwendung dar, die den VB zuvor von Seiten der DVAG nicht zur Verfügung gestellt wurde. Das Modul besteht aus vier Bereichen:

- Die Funktion *E-Mail* beinhaltet alle Funktionen einer marktgängigen E-Mail-Anwendung. Zusätzlich wurde ein Teil der Funktionalität des Programmoduls EDI integriert.

- Die Funktionalität *Kontakte* ist mit der Kundendatenbank verknüpft und beinhaltet alle dort erfassten Kontaktdaten von Interessenten, Kunden und ehemaligen Kunden. Zusätzlich sind die Kontaktdaten anderer VB enthalten. Auch private Kontakte können erfasst werden. Sind in den Kontaktdaten E-Mail-Adressen erfasst, kann auf diese über die E-Mail-Anwendung beim Erstellen von E-Mails zugegriffen werden.

- Unter *Aufgaben* sind so genannte Besuchsaufträge enthalten. Diese können durch Vertragspartner generiert werden, wenn ein Umstand eingetreten ist, der die Kontaktaufnahme des VB mit einem seiner Kunden nahelegt (z.B. Stornierung eines Vertrages). Zudem werden in diesem Funktionsbereich selbst erstellte sowie weitergeleitete Aufgaben von anderen VB angezeigt.

- Im *Kalender* sind zusätzlich zu den selbst erfassten Terminen Ablauftermine von Verträgen enthalten, die aus der Kundendatenbank übernommen werden. Es besteht die Möglichkeit, anderen VB Zugriff auf den eigenen Kalender zu gewähren, um Terminabsprachen zu erleichtern. Anderen VB wird dabei lediglich angezeigt, ob der gewünschte Zeitraum bereits belegt ist, jedoch keine weiteren Informationen zu einzelnen Terminen.

Auf der Startseite des Moduls PIM werden wichtige Tagesinformationen der vier Funktionen auf einen Blick dargestellt. Bei Einführung war eine Synchronisationsmöglichkeit des Moduls PIM mit einem PDA bzw. MDA noch nicht gegeben. Diese wurde für den Herbst 2007 avisiert.

Im Gegensatz zu dem Modul KI bestehen für die VB hinsichtlich der Nutzung des Moduls PIM Alternativen: Für den Abruf der DVAG-E-Mails kann eine von der DVAG zusätzlich angebotene *Webanwendung* verwendet werden. Diese Anwendung ist v.a. für Situationen gedacht, in denen kein Rechner zur Verfügung steht, auf dem ein Smart-Client installiert ist (z.B. unterwegs). Der Abruf über die Webanwendung hat jedoch den Nachteil, dass keine Verbindung zur Kundendatenbank besteht, d.h. entsprechende Links können nicht genutzt werden. Eine weitere Möglichkeit ist, die DVAG-E-Mails an einen *privaten E-Mail-Account weiterzuleiten* und über Microsoft Outlook oder die Webanwendung des entsprechenden E-Mail-Anbieters abzurufen. Bei dieser Alternative besteht jedoch ebenfalls der Nachteil, dass keine Verbindung zur Kundendatenbank besteht. Anstelle der Kalenderfunktion in PIM kann ein *Papierkalender* oder eine *andere elektronische Kalenderanwendung* genutzt werden. Jedoch besteht auch hier der Nachteil, dass keine Informationen wie beispielsweise Ablauftermine von Verträgen automatisch aus der Kundendatenbank übernommen werden. Gleiches gilt für die Verwaltung der Aufgaben und Kontakte, d.h. auch für diese Funktionen existieren elektronische und nicht-elektronische Alternativen, die jedoch ebenfalls den Nachteil der fehlenden Verknüpfung mit den anderen Funktionen des Onlinesystems aufweisen.

Vorbereitende Maßnahmen

Am 22. Januar 2007 startete in zwei Direktionen ein mehrwöchiger *Testbetrieb* des erweiterten Onlinesystems, d.h. der Module KI, PIM und VBI. Die betroffenen VB konnten weiterhin mit den auf den Berater-PC implementierten Anwendungen arbeiten, sollten jedoch parallel Eingaben in das Testsystem vornehmen.

In einem *Pilotprojekt* wurde das "alte" System ab dem 02. April 2007 bei den beiden Testdirektionen sowie bei drei weiteren Direktionen (insgesamt ca. 530 VB) abgeschaltet und durch die neuen Onlinemodule KI und PIM ersetzt, d.h. den betreffenden VB stand nur noch das neue (erweiterte) Onlinesystem zur Verfügung. Ziel war es, durch Rückmeldungen noch bestehende Schwachstellen des neuen Systems erkennen und verbessern zu können.

Ab März 2007 wurden in einer insgesamt dreitägigen Ausbildung ausgewählte VB aus den einzelnen Direktionen zu sogenannten *IT-Coaches* ausgebildet. Diese waren für 15-25 hauptberufliche VB innerhalb ihrer Direktion Ansprechpartner für Fragen zur Systemumstellung und zu grundlegenden Funktionalitäten des neuen Onlinesystems. Ihnen wurden spezielle Ausbildungsmaterialien, ein eigenes Betreuerteam in der Zentrale und eine eigene Informationsrubrik im Intranet zur Verfügung gestellt. Die Übernahme dieser Aufgabe erfolgte freiwillig und auf

Vorschlag des zuständigen Direktionsleiters. Sie wurde neben der normalen VB-Tätigkeit übernommen und nicht entlohnt.

Um den VB eine möglichst reibungslose Umstellung zu ermöglichen, wurden diesen vor Einführung der Module KI und PIM, d.h. vor Einführung des erweiterten Onlinesystems, umfangreiche Hilfestellungen angeboten:

- Der jeweils zuständige *IT-Coach* wurde als Ansprechpartner bekannt gegeben.

- Vier Wochen vor der Umstellung wurde im Intranet ein *Online-Lernprogramm* bereit gestellt. Dieses bot einen Überblick über die Funktionen der neuen Module. Zudem demonstrierte es elementare Abläufe anhand von Fallbeispielen und ermöglichte, diese nach Anleitung zu üben.

- Ebenfalls vier Wochen vor der Umstellung wurde eine CD an die Mitarbeiter geschickt, über die der Smart-Client auf einem PC installiert werden konnte. Bestandteil des Smart-Clients war ein *Online-Übungssystem*, das die Mitarbeiter nach Installation nutzen konnten. Dieses stellte ein 1:1-Abbild des realen Onlinesystems dar und beinhaltete einen kleinen Bestand an Musterdaten.

- Im Intranet wurde ein umfangreiches *Onlinehandbuch* zum Download bereit gestellt.

- Zusätzlich zu diesen Materialien wurde per Post eine *Kurzanleitung* mit den wichtigsten Informationen zu den neuen Funktionen und Modulen des erweiterten Onlinesystems an die Mitarbeiter verschickt.

- Da die Nutzung des erweiterten Onlinesystems nicht mehr an die DVAG-Rechner gebunden ist, musste sich jeder VB im Vorfeld der Umstellung um die Anschaffung eines geeigneten Rechners kümmern, sofern nicht schon ein solcher vorhanden war. Die DVAG unterstützte dies durch einen *Rahmen-vertrag mit einem Kooperationspartner* bezüglich verschiedener Hardware-, Software- und Service-Angebote.

- In den letzen Tagen vor Abschaltung des alten Systems erschien bei Aufruf der alten Anwendung ein *Hinweisbild mit einem Countdown*, der die Tage bis zur Umstellung anzeigte.

Am 04. Juni 2007 wurde für alle Direktionen das alte System abgeschaltet und durch die Onlinemodule KI und PIM ersetzt, die zusammen mit dem bereits vorhandenen Modul VBI das erweiterte Onlinesystem bilden. Nach Anmeldung über den Smart-Client stehen den VB seitdem die drei Module VBI, KI und PIM zur Verfügung. Auf die einzelnen Module kann über einen jeweils eigenen Reiter innerhalb der IT-Anwendung zugegriffen werden. Die Module sind miteinander datentechnisch integriert, d.h. greifen auf eine gemeinsame Datenbasis zu.

4.2. Datenerhebung

4.2.1. Auswahl und Merkmale der Fallstudienteilnehmer

Mit der Auswahl der Fälle bzw. des Falls werden die zu erhebenden Daten eingeschränkt (Miles und Huberman, 1994, S. 9-11). Im Gegensatz zu einer Fragebogenerhebung, bei der die Stichproben zufällig ausgewählt werden, werden bei Fallstudien bewusst solche Fälle ausgewählt, die am besten geeignet zur Untersuchung der Forschungsfragen geeignet sind (Johnston et al., 1999).

Die Auswahl der Teilnehmer der Fallstudie erfolgte mit Unterstützung des den Interviewpartnern (IP) übergeordnetem Direktionsleiters. Es wurden IP mit einer unterschiedlichen *Dauer an Unternehmenszugehörigkeit, unterschiedlicher Altersstufen* und einer unterschiedlichen *Anzahl an direkt betreuten Kunden* in die Stu-

Kategorien Unternehmenszugehörigkeit			
Dauer (Jahre)	Kategorie	Anzahl an Interviewpersonen	Prozent an Interviewpersonen
0-5	A	1	7,14
6-10	B	5	35,71
11-15	C	3	21,43
16-20	D	4	28,57
>20	E	1	7,14
Kategorien Alter			
Alter (Jahre)	Kategorie	Anzahl an Interviewpersonen	Prozent an Interviewpersonen
20-29	A	2	14,29
30-39	B	5	35,71
40-49	C	5	35,71
50-59	D	2	14,29
Kategorien Kundenanzahl			
Anzahl an Kunden	Kategorie	Anzahl an Interviewpersonen	Prozent an Interviewpersonen
0	X	1	7,14
1-199	A	2	14,29
200-399	B	3	21,43
400-599	C	5	35,71
600-799	D	1	7,14
≥800	E	2	14,29

Tabelle 4.1.: Beschreibung der Stichprobe der Fallstudie

die integriert. Die IP wurden durch die Vergabe von Identifikationsnummern (ID) anonymisiert (ID 1-14). Um Rückschlüsse auf einzelne Personen verhindern zu können, wurden Angaben bezüglich Dauer der Unternehmenszugehörigkeit, Alter und Anzahl der Kunden *in Kategorien* vorgenommen. Tabelle 4.1 gibt einen Überblick über die aufgestellten Kategorien sowie über die Anzahl und Prozent an IP innerhalb der jeweiligen Kategorie. Tabelle 4.2 gibt einen Überblick über die Eigenschaften der einzelnen IP.

Die Teilnahme war freiwillig und wurde nicht entlohnt. Die Teilnehmer wurden davon in Kenntnis gesetzt, dass die Daten anonymisiert und lediglich im Rahmen dieser Studie verwendet werden.

Interviewperson	1	2	3	4	5	6	7	8	9	10	11	12	13	14
Unternehmens-zugehörigkeit	B	C	E	B	C	D	D	D	B	B	D	C	B	A
Alter	C	D	C	D	B	C	B	C	B	B	C	B	A	A
Anzahl Kunden	B	C	E	D	A	B	C	X	C	B	E	C	C	A

Tabelle 4.2.: Beschreibung der Interviewpersonen

4.2.2. Ablauf der Interviews und Feldexperimente

4.2.2.1. Zeitpunkte der Durchführung

Von Mai bis August 2007 fanden *jeweils* drei Treffen mit den 14 ausgewählten IP statt. Die Treffen erfolgten, um die Nutzung der IT-Anwendungen im natürlichen Kontext beobachten zu können, *in den Büros der IP*, die sich in einem Umkreis von ca. 100 km um Mannheim befanden. Aufgrund der sich hieraus ergebenden Anfahrtswege und durch die jeweils erforderliche Verfügbarkeit der IP waren jeweils längere Zeiträume für die Durchführung einer "Runde" notwendig. Das erste Treffen (t_1) fand 25 - 3 Tage **vor** der Umstellung auf das neue Onlinesystem am 4. Juni 2007 statt, das zweite Treffen 1 - 32 Tage **nach** der Systemumstellung und das dritte Treffen 43 - 71 Tage **nach** der Systemumstellung statt.

Die Zeitpunkte der Treffen nach der Systemeinführung wurden so gewählt, dass mindestens 30 Tage zwischen dem zweiten und dem dritten Treffen lagen. Der Abstand zwischen diesen beiden Treffen wurde mit dem Ziel gewählt, Änderungen der Qualität der IT-Nutzung beobachten zu können.[33]

> "*The theory of interest would likely specify how certain conditions change over time, and the desired time intervals to be selected would reflect the presumed stages at which the changes should reveal themselves*" (Yin, 2003, S. 42).

---

[33]Venkatesh und Davis (2000) und Venkatesh (2000) untersuchten den Einfluss von Erfahrung auf die IT-Nutzung von Individuen. Sie erhoben Daten zu drei Zeitpunkten nach der ersten Erfahrung der Nutzer mit der entsprechenden Anwendung; zwischen den ersten beiden Zeitpunkten der Datenaufnahme lag ebenfalls ein Abstand von einem Monat.

Tabelle 4.3 gibt einen Überblick über die Termine der Treffen mit den einzelnen IP.

Interviewperson	1	2	3	4	5	6	7
Tage bis Einführung (t_1)	25	25	25	21	21	20	14
Tage seit Einführung (t_2)	1	1	1	7	7	10	29
Tage seit Einführung (t_3)	71	71	71	56	51	43	65
Interviewperson	**8**	**9**	**10**	**11**	**12**	**13**	**14**
Tage bis Einführung (t_1)	14	13	11	10	3	3	3
Tage seit Einführung (t_2)	29	8	11	21	30	32	25
Tage seit Einführung (t_3)	65	56	58	51	60	64	64

Tabelle 4.3.: Zeitpunkte der Treffen mit den Interviewpersonen

4.2.2.2. Beschreibung der Interviews

Bei allen drei Treffen wurde mit den IP jeweils ein Interview geführt. Insgesamt wurden somit 42 Interviews geführt. Die Befragung der IP wurde *teilstrukturiert* vorgenommen, d.h. die Gespräche bestanden aus vorformulierten Fragen, deren Reihenfolge je nach Gesprächsverlauf variiert wurde. Es wurden *offene* Fragen gestellt, d.h. die IP konnten ihre Antworten selbständig formulieren (Atteslander, 2003, S. 161). Alle Gespräche wurden aufgezeichnet und anschließend transkribiert.

Zum **Zeitpunkt t_1** wurden die 14 IP in einem ca. 90-minütigen Interview u.a. zu ihren IT-Kenntnissen, zu ihrer IT-Affinität sowie zu ihren Erwartungen und Vorbereitungen hinsichtlich des neuen Onlinesystems befragt (Interviewleitfaden s. Anhang A).

Zum **Zeitpunkt t_2** wurden die 14 IP in einem Interview von ca. 45 Minuten u.a. erneut zu ihren Vorbereitungen bezüglich des neuen Onlinesystems bis zur Einführung sowie zu ihrer Einschätzung und Nutzung der neuen Module des Onlinesystems befragt (Interviewleitfaden s. Anhang A).

Zum **Zeitpunkt t_3** wurden die IP in einem ca. 45-minütigen Interview u.a. erneut zu ihrer Einschätzung und Nutzung des neuen Onlinesystems befragt (Interviewleitfaden s. Anhang A).

Zusätzlich zu diesen Treffen mit den 14 IP wurden Gespräche mit dem IT-Vorstand der DVAG, dem den IP übergeordneten Direktionsleiter, dem für die Systemumstellung verantwortlichen Mitarbeiter der IT-Abteilung, dem Schulungsleiter, dem Direktionsleiter einer der Test-Direktionen sowie einem IT-Coach aus einer der Pilot- und Testdirektionen geführt. Diese Gespräche wurden ebenfalls aufgezeichnet und anschließend transkribiert.

4.2.2.3. Beschreibung der Experimente

Zu den **Zeitpunkten t_2 und t_3** wurden den IP im Rahmen von Feldexperimenten zudem Aufgaben zur Bearbeitung an dem neu eingeführten Onlinesystem vorgegeben. Bei der Bearbeitung dieser Aufgaben wurden die IP von der Verfasserin dieser Arbeit beobachtet und mit einer Kamera gefilmt. Eine Videoaufzeichnung gehört nach Atteslander (2003, S. 79) zur Datenerhebungsmethode der wissenschaftlichen Beobachtung. Es handelte sich um eine *strukturierte* Beobachtung (Atteslander, 2003, S. 95), d.h. den Versuchspersonen wurden konkrete Aufgaben zur Bearbeitung vorgegeben, und um eine *offene* Beobachtung (Atteslander, 2003, S. 101), da die IP wussten, dass sie beobachtet werden.

Die Auswahl der Aufgaben erfolgte unter Berücksichtigung von Validitätsaspekten (Dube und Pare, 2003): Mit dem Ziel der *theoretischen Replikation*[34] wurden einerseits Aufgaben zur Bearbeitung an dem Modul PIM gestellt, dessen Nutzung durch die IP auf rein *freiwilliger* Basis erfolgt, und andererseits an dem für die tägliche Arbeit *zwingend erforderlichen* Modul KI.

[34]Theoretische Replikation bedeutet, solche Fälle bzw. Szenarios auszuwählen, von denen gegensätzliche Ergebnisse erwartet werden, die jedoch begründet vorhergesagt werden (vgl. Abschnitt 3.1.3.1).

Aufgabe	Modul	Beschreibung	Zeitpunkte
1	Kunden-Informationssystem (KI)	Eingabe einer vorgegebenen Analyse	t_2, t_3
2	Persönlicher Informationsmanager (PIM), E-Mail-Funktion	Verfassen einer E-Mail und Abspeichern als Entwurf; Aufruf der gespeicherten Mail	t_2, t_3
3	Persönlicher Informationsmanager (PIM), Kalender-Funktion	Eintrag eines Termins	t_3

Tabelle 4.4.: Inhalt der Testaufgaben zur Ermittlung der Qualität der IT-Nutzung

Die Komplexität der Aufgaben war groß genug, um unterschiedliche Bearbeitungswege zuzulassen, so dass eine Variation der Qualität der IT-Nutzung erwartet werden konnte.

Zum **Zeitpunkt** t_2 wurden den IP zwei Aufgaben gestellt:

- **Aufgabe 1**: Zunächst sollte von den IP eine *Kundenanalyse* (vgl. Abschnitt 4.1.2) *in das Modul KI eingegeben werden.* Die einzugebenden Kundendaten wurden den IP in Form eines von der Verfasserin der Arbeit mit fiktiven Kundendaten ausgefüllten Vordrucks vorgelegt, der üblicherweise bei der DVAG zur Aufnahme der Kundendaten verwendet wird.

- **Aufgabe 2**: Anschließend sollten die IP an den im Rahmen von Aufgabe 1 angelegten fiktiven Kunden eine E-Mail im Modul PIM verfassen. Die E-Mail-Adresse wurde im Rahmen von Aufgabe 1 unter den Kontaktdaten des Kunden eingegeben und sollte nun über das Adressbuch des E-Mail-Programms eingefügt werden. Die E-Mail sollte anschließend als Entwurf gespeichert und dann noch einmal aufgerufen werden.

Zum **Zeitpunkt** t_3 wurden Aufgabe 1 und 2 erneut gestellt. Um Erinnerungen zu vermeiden, wurde die im Rahmen von Aufgabe 1 einzugebenden Kundendaten aus

t_2 inhaltlich leicht abgeändert. Als zusätzliche Aufgabe sollten die IP zum Zeitpunkt t_3 einen Termin in den Kalender im Modul PIM eintragen (**Aufgabe 3**). Tabelle 4.4 fasst die Inhalte der gestellten Aufgaben zu den jeweiligen Zeitpunkten zusammen. Tabelle 4.5 gibt einen Gesamtüberblick über die Datenerhebung (Interviews und Experimente).

Treffen	Interview	Experiment mit Videoaufzeichnung
t_1	Interview ca. 90 min. (Interviewleitfaden 1)	nein
t_2	Interview ca. 45 min. (Interviewleitfaden 2)	Aufgabe 1 (Modul KI) Aufgabe 2 (Modul PIM: E-Mail-Funktion)
t_3	Interview ca. 45 min. (Interviewleitfaden 3)	Aufgabe 1 (Modul KI) Aufgabe 2 (Modul PIM: E-Mail-Funktion) Aufgabe 3 (Modul PIM: Kalender-Funktion)

Tabelle 4.5.: Ablauf der Datenerhebung (Interviews und Feldexperimente)

4.3. Datenanalyse

Tabelle 4.6 gibt einen Überblick über die durch Experimente (Videoaufzeichnung) und Interviews erfassten Variablen und deren mögliche Ausprägungen.

Variable	Erfassung	Ausprägungen	Varianz bzgl. d. IT-Anwendung		Messzeitpunkte			
			nein	ja	statisch	t_1	t_2	t_3
Qualität der IT-Nutzung	Video	hoch-mittel-niedrig		X			X	X
Erfahrung	Interview	hoch-mittel-niedrig		X			X	X
IT-Kenntnisse	Interview	hoch-mittel-niedrig	X		X			
IT-Affinität	Interview	hoch-mittel-niedrig	X		X			
Tippfähigkeit	Video	hoch-mittel-niedrig	X		X			
Vorbereitung	Interview	hoch-mittel-niedrig	X		X			
Quantität der IT-Nutzung	Interview	hoch-niedrig		X			X	X
Nutzungsabsicht	Interview	hoch-mittel-niedrig		X		X	X	X
Leichtigkeit der IT-Nutzung (EOU)	Interview	hoch-mittel-niedrig		X			X	X
Eingesch. extrin. Nutzen	Interview	hoch-mittel-niedrig		X		X	X	X
Eingesch. intrin. Nutzen (KI)	Interview	hoch-mittel-niedrig		X		X	X	X
Eingesch. intrin. Nutzen (PIM)	Interview	hoch-mittel-niedrig		X	X			

Tabelle 4.6.: Erfassung und mögliche Ausprägungen der Variablen

4. Ergebnisse

4.3.1. Auswertung der Interviews

Die jeweils drei Interviews mit den 14 IPs dauerten insgesamt ca. 44 Stunden[35] und umfassten in transkribierter Form ca. 363.000 Wörter. Nach Abschluss der Datenerfassung wurden die transkribierten Interviews *kodiert* (Miles und Huberman, 1994, S. 9-11).[36] Ein *Kode* ist eine Kennzeichnung oder eine Bezeichnung, die den gesammelten deskriptiven Informationen Bedeutungen zuordnen. Einem Kode können Wörter, Sätze oder ganze Absätze zugewiesen werden. Durch diese Kategorisierung können Segmente identifiziert werden, die in Bezug zu einer Hypothese oder einer Variablen stehen (Miles und Huberman, 1994, S. 56-57). Das initiale Kodierungsschema wurde aus dem aufgestellten theoretischen Bezugsrahmen abgeleitet. Über die Auswertung der Interviews wurde die Ausprägung aller im Bezugsrahmen enthaltenen Variablen *außer* der Qualität der Nutzung und der Tippfähigkeit ermittelt (s. Tabelle 4.6).

In der Tabelle 4.7 werden alle Kodes des initialen Kodierungsschemas für die Auswertung der Interviews mit einem Bewertungsbeispiel für jede Variablenausprägung dargestellt.

---

[35] Die Gesamtdauer von 44 Stunden ergibt sich durch eine durchschnittliche gesamte Interviewzeit von ca. drei Stunden je IP, vgl. Abschnitt 4.2.2.

[36] Die begleitenden Gespräche (insgesamt 8,5 Stunden) dienten der Gewinnung von Hintergrundinformationen und wurden nicht kodiert.

	IT-Affinität
niedrig	"Drei Stunden ist das Limit, wo ich dann merke, der Computer macht mich aggressiv."
mittel	"(Der Computer) ist für mich ein Gebrauchsgegenstand, der auch Spaß erzeugen kann. [..] Aber er hat für mich nicht den Stellenbereich der Privat-Beschäftigung."
hoch	"Technik interessiert mich schon immer. [..] Wenn ich nicht zu müde bin, mache ich auch zu Hause den Rechner des Öfteren an."
	IT-Kenntnisse
niedrig	"Ich habe mir gedacht, derjenige, der nur eine Seite liest (in einer Computerzeitschrift), und versteht, was er liest, der kommt sofort in die Klapsmühle."
mittel	"Ich habe schon Grundkenntnisse, aber ich bin kein Spezialist in irgendeinem EDV-Bereich."
hoch	"Ich bin jemand, der sich sein System selbst zusammenstellt und einrichtet."
	Teilnahme Schulungen
niedrig	"Das ganze System wurde (im Rahmen einer Besprechung) kurz vorgestellt."
mittel	"Der IT-Coach, [..] hat einen Vortrag gehalten und ein paar Sachen mitgeteilt."
hoch	"Wir haben [..] für dieses neue System zwei Abende Schulungen gehabt."
	Nutzung Lernmedien
niedrig	"Ich habe da eine CD zumindest mal reingeschoben und mal angeschaut. Dann habe ich gesehen: "Moment einmal, bis drei zählen, das kann ich". Habe sie wieder raus und weggepackt."
mittel	"Ich habe das Übungssystem einmal angeschaut. [..] Das war vielleicht eine Dreiviertel-Stunde, maximal."
hoch	"Ich bin noch dabei, ich habe jetzt glaube ich 3 Lektionen durch."
	Extrinsischer Nutzen
niedrig	"Noch habe ich keine Vorteile darin gesehen."
mittel	"Bisher nutze ich Outlook nicht als Terminkalender [..] weil das auch wieder eine Datensicherungsgeschichte ist. Wenn das weg wäre, das sehe ich als existenzielle Bedrohung. Auf der anderen Seite [..]: was ist, wenn ich den Kalender irgendwo liegenlasse."
hoch	"Es ist sehr gut und bietet alles, was wichtig und nötig ist."
	Intrinsischer Nutzen
niedrig	"Mir macht das keinen Spaß. Aber das liegt wohl daran, dass ich solche (Dateneingaben) grundsätzlich als stupide empfinde. [..] Nervig manchmal, weil es halt total bescheuert ist."
mittel	"Ich bin ergebnisorientiert, der Weg dorthin interessiert mich eigentlich nicht. [..] Der Computer ist für mich nur der Mittel zum Zweck."
hoch	"Mir macht das Spaß und ich bin immer ganz wild drauf."

	Leichtigkeit der Bedienung (EOU)
niedrig	"Da sind zu viele Fenster, die immer geöffnet und geschlossen werden müssen. Das ist kompliziert."
mittel	"Wenn man sich da einlernt, dann geht das. Nicht immer rund, aber immer besser."
hoch	"Das System ist, so wie es aufgebaut ist, sogar für mich verständlich. [..] Es ist sehr unkompliziert."
	Nutzungsabsicht
niedrig	"Ich denke, dass ich mit dem gar nicht arbeiten werde."
mittel	"Wenn es sich als praktikabel herausstellt, werde ich es nutzen. Wenn ich sehe, dass das noch nicht so ausgegoren ist, werde ich es vielleicht nicht nutzen."
hoch	"Sobald das da ist, sobald PIM geht, lösche ich bei mir Outlook."

Tabelle 4.7.: Beispiele der Variablenbewertung anhand von Interviewaussagen

Die Kodierung der Interviews wurde in Excel vorgenommen. Jeder IP wurde je Variable eine entsprechende Ausprägung zugeordnet (Miles und Huberman, 1994, S. 9-11).

Hinsichtlich folgender Variablenausprägungen ergaben sich Besonderheiten:

- Die Variablen *Nutzung von Lernmedien* und *Teilnahme an Schulungen* wurden zu der Variablen *Vorbereitung* aggregiert. Lag die Gesamtbewertung zwischen zwei ordinalen Ausprägungen, gab die jeweils höhere Ausprägung der Variablen den Ausschlag.[37]

- Die Ausprägung der Variable *Quantität der Nutzung* wurde zu den Zeitpunkten t_2 und t_3 hinsichtlich der Funktion zum Eingeben der Analyse in das Modul KI[38] sowie für die E-Mail- und Kalenderfunktion[39] im Modul PIM über Aussagen der IP bewertet. Hierzu wurden Aussagen der IP

[37] Wurde beispielsweise die Teilnahme an Schulungen als "mittel" und die Nutzung von Lernmedien als "gering" eingestuft, wurde die Ausprägung der Variablen Vorbereitung als "mittel" bewertet.
[38] Wird im weiteren Verlauf der Einfachheit halber von der Nutzung des Moduls KI gesprochen, ist immer nur die Nutzung *der Funktion zum Eingeben von Analysen* in diesem Modul gemeint.
[39] Die Quantität der Nutzung der Kalenderfunktion wurde nur für den Zeitpunkt t_3 ermittelt.

aufgenommen, ob sie die jeweilige Funktion für die entsprechende Tätigkeit
(Eingabe der Analyse, Empfangen und Schreiben von E-Mails bzw. Terminverwaltung) zum Befragungszeitpunkt einsetzten oder nicht (vgl. Definition
des Konstruktes in Abschnitt 2.5.1.7). Die Ausprägung wurde mit hoch (+)
bei Nutzung und niedrig (-) bei Nicht-Nutzung bewertet. In Bezug auf das
E-Mail-Programm berichteten viele IP (sieben IP zum Zeitpunkt t_2 und
fünf IP zum Zeitpunkt t_3), dass sie die E-Mail-Funktion zwar zum *Empfangen*, aber nicht zum *Senden* von E-Mails einsetzten.[40] Die Quantität der
Nutzung wurde bei diesen IP mit mittel (o) bewertet.

- Die Ausprägung der Variablen *Erfahrung* wurde zu den Zeitpunkten t_2
  bzw. t_3 für die drei Funktionen[41] über Aussagen zur Quantität der Nutzung ermittelt (vgl. Definition des Konstruktes in Abschnitt 2.5.1.2). Aus
  den Zeitpunkten der Interviews wurde die Nutzungsdauer in Tagen ermittelt. Bei einer Nutzungsdauer bis 39 Tagen wurde die Erfahrung als mittel
  (o), bei einer Nutzungsdauer ab 40 Tagen als hoch (+) bewertet. Wurde
  das entsprechende Modul bzw. die entsprechende Funktion noch gar nicht
  benutzt, wurde die Erfahrung als niedrig (-) bewertet.

- Der *intrinsische Nutzen* bezüglich der Funktionen des freiwilligen Moduls
  PIM wurde nur als statischer Wert erhoben, da dynamische Werte aufgrund
  der z.T. geringen Nutzung der Module bei den IP nicht erhoben werden
  konnten.

In Tabelle 4.8 sind die Anzahl an IP in den Ausprägungskategorien aller über
die Interviews bewerteten Variablen aufgezeigt. Als fehlend (999) wurde eine
Variablenausprägung bewertet, wenn der Aspekt in dem entsprechenden Interview nicht erfasst wurde, z.B. weil die IP nicht auf die Frage antworte-

---

[40]Der am häufigsten genannte Grund hierfür war, dass diese IP die zum Senden benötigten
E-Mail-Adressen der Empfänger in dem Modul KI nicht gepflegt hatten, so dass sie diese
über das Modul PIM aus der gemeinsamen Datenbank nicht abrufen konnten. Zum Senden
von E-Mails benutzten diese IP stattdessen Outlook oder eine Webanwendung, in der sie
die E-Mail-Adressen gepflegt hatten.
[41]Die Variable Erfahrung wurde für die Kalenderfunktion nur zum Zeitpunkt t_3 erhoben.

te. Davon wurde unterschieden, wenn eine IP im Verlauf des Interviews keine Aussage (k.A.) zu dem gefragten Aspekt machen konnte, z.B. weil sie keine Erfahrung mit der entsprechenden IT-Anwendung hatte, die die Frage betraf.

4.3.2. Auswertung der Videos der Feldexperimente

Bewertung der Qualität der IT-Nutzung

Anhand der Auswertung des aus den durchgeführten Feldexperimenten gewonnenen Videomaterials wurden die Ausprägungen der Variablen "Qualität der Nutzung" und "Tippfähigkeit" ermittelt. Für die Auswertung der Videos wurde eine Excel-Liste erstellt. Die Aufzeichnungen wurden parallel durch zwei Kodierer ausgewertet, um die richtige Erfassung sicherzustellen. Eine Berechnung der Interkoder-Reliabilität[42] nach Holsti (1969) ergab eine durchschnittliche Reliabilität von 0,86. Dies stellt ein hohes Maß an Übereinstimmung hinsichtlich der einzelnen Bewertungen dar (Palmer et al., 1997).

Nutzungsqualität wurde in Abschnitt 2.5.1.1 als Effektivität und Effizienz der Nutzung definiert. Zur Ermittlung der *Effektivität* (erstes Kriterium der Nutzungsqualität, vgl. Definition in Abschnitt 2.5.1.1) wurde für jede IP das Ausmaß der Aufgabenerfüllung erfasst. Da alle IP alle Aufgaben lösen konnten, konnten keine Unterschiede hinsichtlich der Effektivität ermittelt werden. Als Maß der Nutzungsqualität wurde für die weitere Analyse somit ausschließlich das Kriterium der Effizienz verwendet.

Zur Ermittlung der *Effizienz* der Nutzung als zweites Kriterium der Nutzungsqualität wurde die *benötigte Bearbeitungszeit zum Abschluss der einzelnen Aufgaben* gemessen.[43] Bei allen Aufgaben wurde die Zeit, die eine IP gesprochen

---

[42] Die Übereinstimmung in der Beurteilung zwischen zwei unabhängigen Beurteilern hinsichtlich des selben Beurteilungsgegenstandes bezeichnet man als Interkoder-Reliabilität.

[43] Heinrich et al. (2004, S. 716) definieren Effizienz bzw. Wirtschaftlichkeit als das Verhältnis zwischen dem bewerteten Nutzen und dem bewerteten Aufwand zur Erbringung dieser Leistung. Bezogen auf die Maße der Nutzungsqualität bedeutet dies, dass die Effektivität bzw.

Variable / Ausprägung	niedrig (-)	mittel (o)	hoch (+)	fehlend (999)	k.A.
Erfahrung KI (t_2)	3	11	0	0	0
Erfahrung KI (t_3)	2	1	11	0	0
Erfahrung E-Mail Schreiben (t_2)	10	4	0	0	0
Erfahrung E-Mail Schreiben (t_3)	6	5	3	0	0
Erfahrung Kalender (t_3)	10	2	2	0	0
IT-Kenntnisse	7	3	4	0	0
IT-Affinität	6	4	4	0	0
Vorbereitung	1	6	7	0	0
Quantität d. Nutzung KI (t_2)	3	0	11	0	0
Quantität d. Nutzung KI (t_3)	2	0	12	0	0
Quantität d. Nutzung E-Mail (t_2)	3	7	4	0	0
Quantität d. Nutzung E-Mail (t_3)	1	5	8	0	0
Quantität d. Nutzung Kalender (t_2)	10	0	4	0	0
Quantität d. Nutzung Kalender (t_3)	12	0	2	0	0
Nutzungsabsicht KI (t_1)	3	0	11	0	0
Nutzungsabsicht KI (t_2)	3	0	11	0	0
Nutzungsabsicht KI (t_3)	3	0	11	0	0
Nutzungsabsicht E-Mail (t_1)	0	2	5	0	7
Nutzungsabsicht E-Mail (t_2)	1	0	11	0	2
Nutzungsabsicht E-Mail (t_3)	0	1	13	0	0
Nutzungsabsicht Kalender (t_3)	7	3	4	0	0
Leichtigkeit d. Nutzung (EOU) KI (t_2)	0	8	6	0	0
Leichtigkeit d. Nutzung (EOU) KI (t_3)	0	4	10	0	0
Leichtigk. d. Nutzung (EOU) E-Mail (t_2)	1	8	1	3	1
Leichtigk. d. Nutzung (EOU) E-Mail (t_3)	1	7	6	0	0
Leichtigkeit d. Nutzung (EOU) Kalender (t_3)	1	5	8	0	0
Extrinsischer Nutzen KI (t_1)	3	0	11	0	0
Extrinsischer Nutzen KI (t_2)	3	0	11	0	0
Extrinsischer Nutzen KI (t_3)	3	0	11	0	0
Extrinsischer Nutzen E-Mail (t_1)	1	1	5	0	7
Extrinsischer Nutzen E-Mail (t_2)	1	3	7	1	2
Extrinsischer Nutzen E-Mail (t_3)	1	4	6	3	0
Extrinsischer Nutzen Kalender (t_3)	7	2	4	1	0
Intrinsischer Nutzen KI (t_1)	3	5	5	1	0
Intrinsischer Nutzen KI (t_2)	3	5	6	0	0
Intrinsischer Nutzen KI (t_3)	1	9	4	0	0
Intrinsischer Nutzen E-Mail	4	3	4	3	0
Intrinsischer Nutzen Kalender	5	3	3	2	1

Tabelle 4.8.: Ermittelte Ausprägungen der über Interviews gemessenen Variablen

hatte, ohne eine Eingabe vorzunehmen, von der Bearbeitungszeit abgezogen. Erfasst wurden die Zeiten folgender Arbeitsschritte bei den einzelnen Teilaufgaben:

- Bei Aufgabe 1 wurde die Zeit gemessen, die insgesamt für die Eingabe der vorgegebenen Analyse benötigt wurde.

- Bei Aufgabe 2 wurde die Gesamtzeit gemessen, die die IP benötigten, um das Fenster zum Erstellen einer E-Mail im Modul PIM zu finden, die E-Mail-Adresse des Empfängers aus dem Adressbuch einzufügen, die E-Mail nach dem Schreiben als Entwurf zu speichern und die E-Mail nach dem Speichern wieder aufzurufen.

- Bei Aufgabe 3 wurde die Zeit gemessen, die die IP benötigten, um im Modul PIM das richtige Fenster zur Eingabe eines Termins in den Kalender zu finden.

In Tabelle 4.9 sind die durchschnittlichen Zeiten in Sekunden angegeben, die die die Gruppe jeweils für die Bearbeitung der einzelnen Aufgaben benötigte.

	Zeitpunkt	Durchschnittliche Bearbeitungszeit (sek)
Modul KI: Analyse (Aufg. 1)	t_2	1247,79
Modul PIM: E-Mail (Aufg. 2)	t_2	128,79
Modul KI (Aufg. 1)	t_3	983,86
Modul PIM: E-Mail (Aufg. 2)	t_3	90,93
Modul PIM: Kalender (Aufg. 3)	t_3	27,00

Tabelle 4.9.: Durchschnittliche Bearbeitungszeiten der Gruppe

Da zur Bewertung der Nutzungsqualität nicht auf bestehende Literatur zurückgegriffen werden konnte, wurde folgendes Maß festgelegt: Die ermittelten

---

der Nutzen bei allen IP gleich war, da alle Aufgaben erfüllt wurden. Bei den einzelnen IP bestanden jedoch Unterschiede im Aufwand hinsichtlich der benötigten Zeit, um diesen Nutzen zu erzielen. In dem Maß der Effizienz ist somit indirekt das Effektivitätsmaß enthalten; dies liegt bei allen IP konstant bei 100 Prozent.

Bearbeitungszeiten je IP und Aufgabe wurden jeweils *ins Verhältnis zum Gruppendurchschnitt* gesetzt, d.h. es wurde die Bearbeitungszeit im Verhältnis zum Gruppendurchschnitt (BZG) ermittelt. Um ein homogenes Skalenniveau für alle Variablen zu erhalten, wurden diese metrischen Ergebnisse in ordinale Größen überführt. Hierzu wurden die IP getrennt für jede Aufgabe und für jeden Zeitpunkt Kategorien zugeordnet: Als *hoch* (+) wurde die Nutzungsqualität bewertet, wenn die benötigte Zeit zum Erfüllen einer Aufgabe *weniger* als 80 Prozent des Gruppendurchschnitts betrug ($BZG < 0,80$). Als *mittel* (o) wurde die Nutzungsqualität bewertet, wenn die Abweichung zum Gruppendurchschnitt *bis zu* 20 Prozent betrug ($0,80 \leq BZG \leq 1,20$). Als *niedrig* (-) wurde die Nutzungsqualität eingestuft, wenn die benötigte Zeit *mehr* als 20 Prozent über dem Gruppendurchschnitt lag ($BZG > 1,20$). Durch das gewählte Maß wird somit erfasst, wie weit die einzelnen IP vom Gruppendurchschnitt entfernt liegen, d.h. Unterschiede bezüglich der Nutzungsqualität innerhalb der Gruppe bezüglich der einzelnen IT-Anwendungen werden deutlich. Tabelle 4.10 gibt die Anzahl und die Prozentzahl je IP in den einzelnen Kategorien der Nutzungsqualität je Aufgabe wieder.

	Zeitpunkt t_2		Zeitpunkt t_3	
Nutzungsqualität KI (Aufg. 1)	**Anzahl**	**Prozent**	**Anzahl**	**Prozent**
niedrig (-)	3	21,43	2	14,29
mittel (o)	9	64,29	10	71,43
hoch (+)	2	14,29	2	14,29
Nutzungsqualität E-Mail/PIM (Aufg. 2)	**Anzahl**	**Prozent**	**Anzahl**	**Prozent**
niedrig (-)	5	35,71	4	28,57
mittel (o)	3	21,43	3	21,43
hoch (+)	6	42,86	7	50,00
Nutzungsqualität Kalender/PIM (Aufg. 3)			**Anzahl**	**Prozent**
niedrig (-)			5	35,71
mittel (o)			3	21,43
hoch (+)			6	42,86

Tabelle 4.10.: Ergebnisse der Feldexperimente (Qualität der IT-Nutzung)

4. Ergebnisse

Bewertungsbeispiel: *Eine IP hat zum Bearbeiten von Aufgabe 1 zum Zeitpunkt t_2 **1591** Sekunden benötigt. Im Durchschnitt benötigte die Gruppe zum Bearbeiten dieser Aufgabe 1247,79 Sekunden (s. Tabelle 4.9). BZG ergibt damit einen Wert von $\frac{1591}{1247,79} = 1,28$, d.h. die IP hat die 1,28-fache Zeit des Gruppendurchschnitts benötigt. Da diese IP die durchschnittliche Bearbeitungszeit der Gruppe bei dieser Aufgabe um mehr als 20 Prozent übersteigt (BZG > 1,20), wird sie hinsichtlich der Qualität der Nutzung des Moduls KI (Aufgabe 1) zum Zeitpunkt t_2 der Kategorie "niedrig" zugeordnet.*

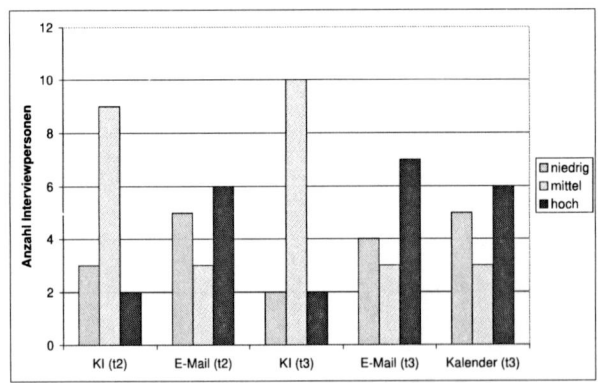

Abbildung 4.1.: Anzahl an Interviewpersonen je Aufgabe und Ausprägungskategorie der Nutzungsqualität

Bei Eingabe der Analyse in das Modul KI (Aufgabe 1) fielen ca. 64 Prozent der IP zum Zeitpunkt t_2 und ca. 71 Prozent der IP zum Zeitpunkt t_3 in die mittlere Kategorie der Nutzungsqualität, d.h. wichen nur um bis zu 20 Prozent von der jeweiligen durchschnittlichen Bearbeitungszeit der Gruppe ab. Bei Bearbeitung der E-Mail im Modul PIM (Aufgabe 2) und bei Eintrag des Termins in den Kalender des Moduls PIM fielen zu den Zeitpunkten t_2 bzw. t_3 jeweils nur 21 Prozent der Gruppe in den mittleren Bereich, d.h. jeweils 79 Prozent der

IP wichen um mehr als 20 Prozent von der durchschnittlichen Bearbeitungszeit ab. Abbildung 4.1 stellt die Verteilung der IP über die einzelnen Kategorien der IT-Nutzungsqualität getrennt für die einzelnen Funktionen und Beobachtungszeitpunkte graphisch dar.

Bewertung der Tippfähigkeit

Die Zeit, die die IP zum Zeitpunkt t_3 bei Aufgabe 2 benötigten, um den vorgegebenen E-Mail-Text (s. Tabelle 4.11) einzugeben, wurde zur Bewertung der *Tippfähigkeit* der IP verwendet. Diese wurde wie folgt ermittelt: Die durchschnittliche *Bearbeitungszeit* der Gruppe zum Eingeben des Textes lag bei 88,6 Sekunden. Die benötigte Bearbeitungszeit jeder IP wurde ins Verhältnis zum Gruppendurchschnitt gesetzt (BZG). Anschließend wurde je IP der *Prozentanteil richtiger Tastenanschläge* (PRT) ermittelt. Insgesamt waren 214 Tastenanschläge[44] vorzunehmen.

Liebe Frau Musterfrau,
zur Besprechung Ihrer Vermögensplanung möchte ich gerne mit Ihnen einen Termin vereinbaren. Passt Ihnen Mittwoch, der 15.08.2007 gegen 17 Uhr? Bitte sagen Sie mir kurz Bescheid.
Viele Grüße

Tabelle 4.11.: Vorgegebener Text zur Ermittlung der Tippfähigkeit

Als *Maß der Tippfähigkeit* wurde in Anlehnung an Card et al. (1980) das Verhältnis der benötigten Bearbeitungszeit einer IP im Verhältnis zum Gruppendurchschnitt (BZG) zu dem Prozentanteil richtiger Tastenanschläge (PRT) der jeweiligen IP verwendet.[45] Diese metrischen Ergebnisse wurden in die ordinalen Maße hoch (+), mittel (o) und niedrig (-) überführt. Da zur Bewertung

---

[44]Der vorgegebene E-Mail-Text besteht inklusive Leerzeichen aus 209 Zeichen. Zudem waren noch 5 Zeilenumbrüche einzufügen. Dies ergibt eine Gesamtzahl an 214 vorgegebenen Tastenanschlägen.

[45]Der resultierende Wert ist umso höher, je höher die benötigte Zeit im Verhältnis zum Gruppendurchschnitt ist bzw. je geringer der Prozentanteil richtiger Tastenanschläge ist.

Ausprägung der Tippfähigkeit	Anzahl an Interviewpersonen
niedrig (-)	3
mittel (o)	7
hoch (+)	4

Tabelle 4.12.: Ergebnisse der Feldexperimente (Tippfähigkeit)

der Tippfähigkeit nicht auf bestehende Literatur zurückgegriffen werden konnte, wurde folgendes Maß festgelegt: Ein Wert kleiner 0,8 wurde als hohe, ein Wert größer 1,2 als niedrige Tippfähigkeit eingestuft. In Tabelle 4.12 ist die Verteilung der IP über die drei Ausprägungskategorien der Tippfähigkeit aufgezeigt.

*Bewertungsbeispiel: Eine IP hat zur Eingabe des Textes **97** Sekunden benötigt. Das entspricht ca. der 1,10-fachen Zeit des Gruppendurchschnitts von 88,6 Sekunden (BZG = $\frac{97}{88,6}$ = 1,095). Die IP hat eine Anzahl von 198 richtigen Tastenanschläge, was 92,5 Prozent der insgesamt 214 Tastenanschlägen entspricht (PRT = 0,925). Das Verhältnis der beiden Werte ergibt einen Wert von $\frac{BZG}{PRT} = \frac{1,095}{0,925} = 1,18$. Damit wird die Tippfähigkeit der IP als mittel (o) bewertet.*

4.4. Ergebnisse des Hypothesentests anhand von Kreuztabellen

Das so erarbeitete Datenmaterial wurde anschließend den Hypothesen des Bezugsrahmens gegenüber gestellt (Miles und Huberman, 1994, S. 9-11). Die aufgestellten Hypothesen wurden zu den drei Zeitpunkten t_1, t_2 und t_3 getrennt für folgende Funktionen bzw. Module untersucht:

- Eingabe einer Analyse im gezwungenermaßen genutzten Modul KI (Abschnitte 4.4.1 bis 4.4.3);

- Bearbeiten einer E-Mail in der E-Mail-Funktion des freiwillig genutzten Moduls PIM (Abschnitte 4.4.4 bis 4.4.6);

- Eintrag eines Termins in der Kalenderfunktion des freiwillig genutzten Moduls PIM (Abschnitt 4.4.7).

Damit ergeben sich insgesamt sieben untersuchte Szenarios:

1. Funktion zum Eingeben der Analyse im Modul KI zum Zeitpunkt t_1 (Abschnitt 4.4.1);

2. Funktion zum Eingeben der Analyse im Modul KI zum Zeitpunkt t_2 (Abschnitt 4.4.2);

3. Funktion zum Eingeben der Analyse im Modul KI zum Zeitpunkt t_3 (Abschnitt 4.4.3);

4. E-Mail-Funktion zum Zeitpunkt t_1 (Abschnitt 4.4.4);

5. E-Mail-Funktion zum Zeitpunkt t_2 (Abschnitt 4.4.5);

6. E-Mail-Funktion zum Zeitpunkt t_3 (vgl. Abschnitt 4.4.6);

7. Kalenderfunktion zum Zeitpunkt t_3 (vgl. Abschnitt 4.4.7).

Aufgrund der Gegebenheiten des Falls (geringe Anzahl an Untersuchungseinheiten, Variablen mit mehr als zwei ordinalen Ausprägungen) konnten keine statistischen Zusammenhangsmaße zur Ermittlung der Stärke der untersuchten Zusammenhänge bestimmt werden, die normalerweise zur quantitativen Analyse von Stichprobenerhebungen eingesetzt werden. Um dennoch intersubjektiv nachvollziehbar zu einer objektiven Bewertung der einzelnen Hypothesen zu gelangen, wurde folgende Vorgehensweise gewählt:

Zunächst wurde für jede untersuchte Hypothese getrennt für jedes Szenario eine *Kreuztabelle* aufgestellt, in der die aufgetretene Anzahl an *Ausprägungskombinationen* der jeweils unabhängigen und abhängigen Variablen eingetragen wurde (Backhaus et al., 2006, S. 230-231). Die Kreuztabellierung dient dazu, die Ergebnisse einer Erhebung tabellarisch darzustellen und so einen möglichen Zusammenhang zwischen den Variablen zu erkennen. In den *Zeilen* sind jeweils die Ausprägungen der *unabhängigen* Variable ablesbar, in den *Spalten* die der *abhängigen* Variable.

Anschließend wurden die jeweils aufgetretenen Merkmalskombinationen folgenden *Kategorien zugeordnet*: Kombinationen gleicher Merkmalsausprägungen der Variablen (niedrig-niedrig, mittel-mittel und hoch-hoch) entsprechen genau der Vorhersage der Hypothese, da alle Hypothesen positive Zusammenhänge zwischen den Variablen postulieren. Diese Felder sind in den Kreuztabellen mit dunkelgrauer Farbe hinterlegt (**Kategorie 1**). Merkmalskombinationen, bei denen die Vorhersage der Hypothese um eine Ausprägungskategorie abweicht (z.B. niedrig-mittel, mittel-hoch etc.), wurden **Kategorie 2** zugeordnet. **Kategorie 3** enthält die Merkmalskombinationen, die im Widerspruch zu der Vorhersage der entsprechenden Hypothese stehen (hoch-niedrig oder niedrig-hoch).

Entsprechend dieser Einteilung wurde die jeweils *aufgetretene Anzahl an Merkmalskombinationen in diesen drei Kategorien* ermittelt. Diese Anzahl wurde *ins Verhältnis zur Gesamtzahl aller gewerteten Merkmalskombinationen* bezüglich der entsprechenden Hypothese gesetzt, d.h. es wurde der *prozentuale Anteil* aufgetretener Merkmalskombinationen in einer Kategorie ermittelt.[46]

Zur Ermittlung eines einfachen Zusammenhangsmaßes wurde der Anteil der Merkmalskombinationen in Kategorie 1 *positiv*, der Anteil der Kombinationen in Kategorie 2 *neutral* und der Anteil der Kombinationen in Kategorie 3 *negativ* gewertet. Das Ergebnis stellt die **Differenz** zwischen dem *Anteil* der im Sinne der

---

[46]Die maximale Anzahl von 14 verwendbaren Merkmalskombinationen (ergibt sich durch die Anzahl von 14 IP) reduzierte sich bei manchen Hypothesen dadurch, dass Werte der jeweiligen Variablen nicht erfasst wurden bzw. dadurch, dass IP den entsprechenden Aspekt nicht einschätzen konnten (vgl. Tabelle 4.8). Fehlende Werte sind daran erkennbar, dass der Wert in der rechten unteren Ecke der Kreuztabelle einen Wert kleiner 14 angibt. Konnten IP einen Aspekt nicht einschätzen, ist dies durch eine Extrazeile bzw. -spalte in der Kreuztabelle mit der Beschriftung "k.A." gekennzeichnet, die mit hellgrauer Farbe hinterlegt ist.

Differenz	Bewertung	Symbol
< 25	nicht bestätigt	≫≪
25 - 49	tendenziell bestätigt	✓
50 - 75	deutlich bestätigt	✓✓
76 - 100	stark bestätigt	✓✓✓

Tabelle 4.13.: Maßstab zur ersten Bewertung der Hypothesen

Hypothese *zutreffenden* Merkmalskombinationen und dem *Anteil* der der Hypothese *widersprechenden* Merkmalskombinationen dar. Die Stärke des Zutreffens der Hypothese wurde anhand dieses Differenzwertes bestimmt. Die Einteilung der vier Ausprägungen des Zusammenhangsmaßes ist in Tabelle 4.13 aufgezeigt. Aufgrund der Einfachheit des Bewertungsmaßstabes kann und soll diese Bewertung der Stärke des Zutreffens der Hypothesen nicht mit einem genauen statistischen Zusammenhangsmaß gleichgesetzt werden. Es ist vielmehr als eine (grobe) Annäherung an ein solches Maß zu interpretieren.

Beispiel: Zur Überprüfung von Hypothese 5a (Einfluss des eingeschätzten extrinsischen Nutzens auf die Nutzungsabsicht) zum Zeitpunkt t_2 wird für die E-Mail-Anwendung im Modul PIM aus den erhobenen Daten folgende Kreuztabelle erstellt:

		Nutzungsabsicht E-Mail (t_2)			Gesamt
		k.A.	-	0	+	
Extr. Nutzen E-Mail (t_2)	k.A.	2	0	0	0	2
	-	0	1	0	0	1
	o	0	0	0	3	3
	+	0	0	0	7	7
Gesamt		2	1	0	10	13*

Die Zahl in der rechten unteren Ecke (gekennzeichnet durch einen Stern) gibt an, dass insgesamt nur 13 Merkmalskombinationen erstellt werden konnten. Dies

145

*bedeutet, dass von einer IP mindestens einer der beiden benötigten Merkmals-
ausprägungen fehlte.*[47]

*Der Eintrag "k.A." bzw. die mit hellgrauer Farbe hinterlegten Felder bedeuten
wie erläutert, dass die entsprechende IP bezüglich des Aspektes zu diesem Zeitpunkt keine Einschätzung vornehmen konnte (im Unterschied zu einem fehlenden Wert). Dies trifft in diesem Beispiel sowohl für die unabhängige Variable "Eingeschätzter extrinsischer Nutzen" als auch für die abhängige Variable
"Nutzungsabsicht" zu. Die entsprechenden Merkmalskombinationen wurden im
Folgenden nicht zur Überprüfung der Hypothese herangezogen. Die übrigen elf
Merkmalskombinationen verteilten sich folgendermaßen über die drei Kategori-
en:*

	Kat. 1	Kat. 2	Kat. 3	Gesamt (A1+A2+A3)
Anzahl (A)	8	3	0	11
				Bewertung (P1 - P3)
Prozent (P)	73	27	0	**73**
Bestätigung der Hypothese		✓✓		

*73 Prozent der berücksichtigten Merkmalskombinationen fallen in die erste Ka-
tegorie, 27 Prozent in die zweite Kategorie und 0 Prozent in die dritte Kategorie. Die Differenz des Anteils an Merkmalskombinationen, der die Hypothese
bestätigt, zu dem Anteil an Merkmalskombinationen, der der Hypothese wider-
spricht, ergibt einen Wert von 73 - 0 = 73. Die Hypothese hat sich somit **deutlich
bestätigt**.*

---

[47]In Tabelle 4.8 kann anhand des Eintrags "999" nachvollzogen werden, dass für eine IP der
Wert bezüglich der Einschätzung des extrinsischen Nutzens fehlte.

4.4.1. Funktion zum Eingeben der Analyse im Modul KI (Zeitpunkt t_1)

Zum Zeitpunkt t_1 vor der Systemeinführung wurden nur die Hypothesen 5a, 5b und 6 überprüft (vgl. Kapitel 2.5.3).

Hypothese 5a: Je höher der eingeschätzte extrinsische Nutzen eines Individuums, desto höher ist seine Nutzungsabsicht.

		Nutzungsabsicht KI (t_1)			Gesamt
		-	o	+	
Extr. Nutzen KI (t_1)	-	3	0	0	3
	o	0	0	0	0
	+	0	0	11	11
Gesamt		3	0	11	14

Alle 14 IP verhielten sich entsprechend der Hypothese: Drei der IP hatten den extrinsischen Nutzen der Nutzung der Funktion zum Eingeben der Analyse in das Modul KI als gering eingestuft. Diese IP hatten auch nicht vor, die Analysen in der Zukunft selbst in das Modul KI einzugeben. Alle anderen IP hatten den extrinsischen Nutzen der Selbst-Nutzung als hoch eingeschätzt und hatten sicher vor, die Anwendung in der Zukunft hierfür zu nutzen. Die Hypothese hat sich in diesem Szenario **stark bestätigt**.

	Kat. 1	Kat. 2	Kat. 3	Gesamt (A1+A2+A3)
Anzahl (A)	14	0	0	14
				Bewertung (P1 - P3)
Prozent (P)	100	0	0	100
Bestätigung der Hypothese				✓✓✓

Hypothese 5b: Je höher der eingeschätzte intrinsische Nutzen eines Individuums, desto höher ist seine Nutzungsabsicht.

	Nutzungsabsicht KI (t_1)			Gesamt
	-	o	+	
Intr. Nutzen KI (t_1) -	1	0	2	3
o	1	0	4	5
+	1	0	4	5
Gesamt	3	0	10	13

In nur fünf der 13 berücksichtigten Fälle bestätigte sich die Annahme der Hypothese. Entgegen der Hypothese hatten auch zwei IP eine hohe Nutzungsabsicht des Moduls, die den intrinsischen Nutzen der Nutzung als gering eingeschätzt hatten, und eine IP mit geringer Nutzungsabsicht hatte den intrinsischen Nutzen als hoch eingeschätzt hat. Die Hypothese hat sich in diesem Szenario **nicht bestätigt**.

	Kat. 1	Kat. 2	Kat. 3	Gesamt (A1+A2+A3)
Anzahl (A)	5	5	3	13
				Bewertung (P1 - P3)
Prozent (P)	38	38	23	15
Bestätigung der Hypothese		»«		

Hypothese 6: Je höher die Nutzungsabsicht eines Individuums zum Zeitpunkt t_n, desto höher ist seine Quantität der Nutzung zum Zeitpunkt t_{n+1}.

		Quantität KI (t_2)		Gesamt
		-	+	
Nutzungsabsicht KI (t_1)	-	3	0	3
	o	0	0	0
	+	0	11	11
Gesamt		3	11	14

Alle 14 IP verhielten sich entsprechend der Hypothese: Drei IP, die zum Zeitpunkt t_1 eine geringe Nutzungsabsicht aufwiesen, hatten die Funktion im Modul KI zum Eingeben der Analyse zum Zeitpunkt t_2 noch nicht genutzt. Dagegen nutzten die elf IP, die eine hohe Nutzungsabsicht zum Zeitpunkt t_1 hatten, die Funktion zum Zeitpunkt t_2. Die Hypothese hat sich in diesem Szenario somit **stark bestätigt**.[48]

	Kat. 1	Kat. 2	Kat. 3	Gesamt (A1+A2+A3)
Anzahl (A)	14	0	0	14
				Bewertung (P1 - P3)
Prozent (P)	100	0	0	100
Bestätigung der Hypothese				✓✓✓

---

[48]Quantität der Nutzung ist - mit Ausnahme bezüglich der E-Mail-Funktion (vgl. Abschnitt 4.3.1) - eine Variable mit nur zwei Ausprägungen (ja / nein). Zu Kategorie 1 wurden deshalb nur die Felder mit den Merkmalskombinationen niedrig-niedrig und hoch-hoch gezählt.

4.4.2. Funktion zum Eingeben der Analyse im Modul KI
(Zeitpunkt t_2)

4.4.2.1. Einflussfaktoren auf die Qualität der Nutzung

Hypothese 1a: Je mehr spezifische Erfahrung ein Individuum mit einer IT hat, desto höher ist seine Qualität der IT-Nutzung.

		Qualität KI (t_2)			Gesamt
		-	o	+	
Erfahrung KI (t_2)	-	1	2	0	3
	o	2	7	2	11
Gesamt		3	9	2	14

Nur drei IP entsprachen hinsichtlich der gezeigten Nutzungsqualität der Vorhersage der Hypothese: Zwei der elf IP, die bereits Erfahrung mit der Funktion hatten, zeigten eine hohe Nutzungsqualität, und eine der drei IP ohne Nutzungserfahrung zeigte eine niedrige Nutzungsqualität.[49] Entgegen der Prognose der Hypothese zeigten auch zwei IP mit Nutzungserfahrung eine niedrige Nutzungsqualität. Die Hypothese hat sich in diesem Szenario **nicht bestätigt**.

---

[49]Zum Zeitpunkt t_2 hatte noch keine IP das Modul KI länger als 39 Tage genutzt; somit lagen bezüglich der unabhängigen Variablen Erfahrung nur die Ausprägung niedrig (keine Erfahrung) und mittel vor. Eine mittlere Erfahrung stellt somit zum Zeitpunkt t_2 die höchstmögliche Erfahrungskategorie dar. Der Hypothese entspricht somit am ehesten ein gemeinsames Auftreten von mittlerer Erfahrung und hoher Nutzungsqualität, da eine hohe Nutzungsqualität eine Leistung darstellt, die (deutlich) über dem Gruppendurchschnitt liegt. Aus diesem Grund wurde die Merkmalskombination *niedrig* (Erfahrung) und *niedrig* (Nutzungsqualität) sowie die Kombination *mittel* (Erfahrung) und *hoch* (Nutzungsqualität) Kategorie 1 zugeordnet (s. dunkelgrau hinterlegte Felder in der Kreuztabelle).

	Kat. 1	Kat. 2	Kat. 3	Gesamt (A1+A2+A3)
Anzahl (A)	3	9	2	14
				Bewertung (P1 - P3)
Prozent (P)	21	64	14	7
Bestätigung der Hypothese				≫≪

Hypothese 1b: Je mehr allgemeine IT-Kenntnisse ein In-dividuum hat, desto höher ist seine Qualität der IT-Nutzung.

		Qualität KI (t_2)			Gesamt
		-	o	+	
IT-Kenntnisse	-	2	5	0	7
	o	1	2	0	3
	+	0	2	2	4
Gesamt		3	9	2	14

Sechs IP zeigten das der Prognose der Hypothese entsprechende Verhalten. Allerdings erzielten auch fünf IP mit geringen IT-Kenntnissen eine mittlere Nutzungsqualität. Die Hypothese hat sich **tendenziell** bestätigt.

	Kat. 1	Kat. 2	Kat. 3	Gesamt (A1+A2+A3)
Anzahl (A)	6	8	0	14
				Bewertung (P1 - P3)
Prozent (P)	43	57	0	43
Bestätigung der Hypothese				✓

Hypothese 1c: Je stärker die IT-Affinität eines Individuums ausgeprägt ist, desto höher ist seine Qualität der IT-Nutzung.

		Qualität KI (t_2)			Gesamt
		-	o	+	
IT-Affinität	-	2	4	0	6
	o	1	2	1	4
	+	0	3	1	4
Gesamt		3	9	2	14

Fünf IP zeigten das der Hypothese entsprechende Verhalten. Allerdings erzielten auch vier IP mit geringer und drei IP mit hoher IT-Affinität eine mittlere Nutzungsqualität. Insgesamt hat sich diese Hypothese **tendenziell bestätigt**.

	Kat. 1	Kat. 2	Kat. 3	Gesamt (A1+A2+A3)
Anzahl (A)	5	9	0	14
				Bewertung (P1 - P3)
Prozent (P)	36	64	0	**36**
Bestätigung der Hypothese				✓

Hypothese 1d: Je höher die Tippfähigkeit eines Individuums ist, desto höher ist seine Qualität der IT-Nutzung.

		Qualität KI (t_2)			Gesamt
		-	o	+	
Tippfähigkeit	-	2	1	0	3
	o	1	5	1	7
	+	0	3	1	4
Gesamt		3	9	2	14

Acht IP zeigten das durch die Hypothese vorhergesagte Verhalten. Jedoch erzielten auch drei IP mit hoher Tippfähigkeit nur eine mittlere Nutzungsqualität. Insgesamt hat sich die Hypothese jedoch **deutlich bestätigt.**

	Kat. 1	Kat. 2	Kat. 3	Gesamt (A1+A2+A3)
Anzahl (A)	8	6	0	14
				Bewertung (P1 - P3)
Prozent (P)	57	43	0	57
Bestätigung der Hypothese			✓✓	

Hypothese 1e: Je mehr sich ein Individuum auf die Nutzung einer IT vorbereitet hat, desto höher ist seine Qualität der IT-Nutzung.

		Qualität KI (t$_2$)			Gesamt
		-	o	+	
Vorbereitung	-	0	1	0	1
	o	1	5	0	6
	+	2	3	2	7
Gesamt		3	9	2	14

Die Hälfte der 14 IP zeigte das durch die Hypothese prognostizierte Verhalten. Von den sieben IP mit hoher Vorbereitung erzielten jedoch auch zwei nur eine geringe Nutzungsqualität. Die Hypothese hat sich in diesem Szenario somit nur **tendenziell bestätigt.**

	Kat. 1	Kat. 2	Kat. 3	Gesamt (A1+A2+A3)
Anzahl (A)	7	5	2	14
				Bewertung (P1 - P3)
Prozent (P)	50	36	14	36
Bestätigung der Hypothese			✓	

4.4.2.2. Einflussfaktoren auf die Einschätzung der Leichtigkeit der Nutzung (EOU)

Die EOU der Funktion zum Eingeben von Analysen im Modul KI wurde von keiner IP als gering eingestuft. Somit liegen Ausprägungen dieser Variablen in nur zwei Kategorien (mittel und hoch) vor.

Hypothese 2a: Je mehr Erfahrung ein Individuum mit einer IT hat, desto höher ist seine EOU.

		EOU KI (t_2)			Gesamt
		-	o	+	
Erfahrung KI (t_2)	-	0	1	2	3
	o	0	7	4	11
Gesamt		0	8	6	14

In sieben Fällen bestätigte sich die Vorhersage der Hypothese.[50] Jedoch stuften auch zwei IP ohne Nutzungserfahrung die EOU als hoch ein. Die Hypothese hat sich in diesem Szenario **tendenziell bestätigt**.

---

[50]Zum Zeitpunkt t_2 hatte noch keine IP die Funktion länger als 39 Tage genutzt; somit lagen bezüglich der unabhängigen Variablen Erfahrung nur die Ausprägung niedrig (keine Erfahrung) und mittel vor.

154

	Kat. 1	Kat. 2	Kat. 3	Gesamt (A1+A2+A3)
Anzahl (A)	7	5	2	14
				Bewertung (P1 - P3)
Prozent (P)	50	36	14	36
Bestätigung der Hypothese			✓	

Hypothese 2b: Je mehr allgemeine IT-Kenntnisse ein Individuum hat, desto höher ist seine EOU.

		EOU KI (t_2)			Gesamt
		-	o	+	
IT-Kenntnisse	-	0	5	2	7
	o	0	2	1	3
	+	0	1	3	4
Gesamt		0	8	6	14

Die Vorhersage der Hypothese bestätigte sich in fünf Fällen. Allerdings stuften von den sieben IP mit geringen IT-Kenntnissen fünf IP die EOU als mittel und zwei sogar als hoch ein. Die Hypothese hat sich somit in diesem Szenario **nicht** bestätigt.

	Kat. 1	Kat. 2	Kat. 3	Gesamt (A1+A2+A3)
Anzahl (A)	5	7	2	14
				Bewertung (P1 - P3)
Prozent (P)	36	50	14	21
Bestätigung der Hypothese			≫≪	

Hypothese 2c: Je stärker die IT-Affinität eines Individuums ausgeprägt ist, desto höher ist seine EOU.

		EOU KI (t_2)			Gesamt
		-	o	+	
IT-Affinität	-	0	4	2	6
	o	0	2	2	4
	+	0	2	2	4
Gesamt		0	8	6	14

Nur vier der IP bewerteten die EOU in Abhängigkeit von ihrer IT-Affinität entsprechend der Hypothese. Die Hypothese kann in diesem Szenario **nicht bestätigt** werden.

	Kat. 1	Kat. 2	Kat. 3	Gesamt (A1+A2+A3)
Anzahl (A)	4	8	2	14
				Bewertung (P1 - P3)
Prozent (P)	29	57	14	14
Bestätigung der Hypothese			≫≪	

Hypothese 2d: Je mehr sich ein Individuum auf die Nutzung einer IT vorbereitet hat, desto höher ist seine EOU.

		EOU KI (t_2)			Gesamt
		-	o	+	
Vorbereitung	-	0	1	0	1
	o	0	3	3	6
	+	0	4	3	7
Gesamt		0	8	6	14

Sechs IP bewerteten die EOU in Abhängigkeit von ihrer Vorbereitung auf die Systemumstellung entsprechend der Hypothese. Jedoch stuften auch drei IP mit mittlerer Vorbereitung die EOU als hoch und vier IP mit hoher Vorbereitung die EOU als mittel ein. Die Hypothese hat sich in diesem Szenario deshalb nur **tendenziell bestätigt.**

	Kat. 1	Kat. 2	Kat. 3	Gesamt (A1+A2+A3)
Anzahl (A)	6	8	0	14
				Bewertung (P1 - P3)
Prozent (P)	43	57	0	43
Bestätigung der Hypothese				✓

4.4.2.3. Einflussfaktoren auf den eingeschätzten Nutzen

Hypothese 3a: Je höher die EOU eines Individuums, desto höher ist der eingeschätzte extrinsische Nutzen.

		Extr. Nutzen KI (t_2)			Gesamt
		-	o	+	
EOU KI (t_2)	-	0	0	0	0
	o	1	0	7	8
	+	2	0	4	6
Gesamt		3	0	11	14

In nur vier Fällen bestätigte sich die Vorhersage der Hypothese. Sieben IP, die die EOU als mittel bewerteten, schätzten den extrinsischen Nutzen als hoch ein. Zwei IP, die die EOU als hoch bewerteten, schätzten den extrinsischen Nutzen der Nutzung der Funktion dagegen als niedrig ein. Die Hypothese hat sich in diesem Szenario **nicht bestätigt.**

4. Ergebnisse

	Kat. 1	Kat. 2	Kat. 3	Gesamt (A1+A2+A3)
Anzahl (A)	4	8	2	14
				Bewertung (P1 - P3)
Prozent (P)	29	57	14	14
Bestätigung der Hypothese			≫≪	

Hypothese 3b: Je höher die EOU eines Individuums, desto höher ist der eingeschätzte intrinsische Nutzen.

		Intr. Nutzen KI (t_2)			Gesamt
		-	o	+	
EOU KI (t_2)	-	0	0	0	0
	o	2	2	4	8
	+	1	3	2	6
Gesamt		3	5	6	14

In nur vier Fällen bestätigte sich die Vorhersage der Hypothese. Eine IP, die die EOU als hoch bewertete, schätzte den intrinsischen Nutzen dagegen als gering ein. Die Hypothese hat sich in diesem Szenario **nicht** bestätigt.

	Kat. 1	Kat. 2	Kat. 3	Gesamt (A1+A2+A3)
Anzahl (A)	4	9	1	14
				Bewertung (P1 - P3)
Prozent (P)	29	64	7	21
Bestätigung der Hypothese			≫≪	

4.4.2.4. Einflussfaktoren auf die Nutzungsabsicht und die Quantität der Nutzung

Hypothese 4: Je höher die EOU eines Individuums, desto höher ist seine Nutzungsabsicht.

		Nutzungsabsicht KI (t_2)			Gesamt
		-	o	+	
EOU KI (t_2)	-	0	0	0	0
	o	1	0	7	8
	+	2	0	4	6
Gesamt		3	0	11	14

Die Vorhersage der Hypothese bestätigte sich in vier Fällen. Sieben IP, die die EOU als mittel bewerteten, zeigten eine hohe Nutzungsabsicht. Zwei IP, die die EOU als hoch einstuften, hatten dagegen nicht vor, die Funktion in der Zukunft zu nutzen. Die Hypothese hat sich in diesem Szenario somit **nicht bestätigt**.

	Kat. 1	Kat. 2	Kat. 3	Gesamt (A1+A2+A3)
Anzahl (A)	4	8	2	14
				Bewertung (P1 - P3)
Prozent (P)	29	57	14	14
Bestätigung der Hypothese				≫≪

4. Ergebnisse

Hypothese 5a: Je höher der eingeschätzte extrinsische Nutzen eines Individuums, desto höher ist seine Nutzungsabsicht.

		Nutzungsabsicht KI (t_2)		Gesamt
		-	o	+	
Extr. Nutzen KI (t_2)	-	3	0	0	3
	o	0	0	0	0
	+	0	0	11	11
Gesamt		3	0	11	14

Die Nutzungsabsicht in Abhängigkeit von der Einschätzung des extrinsischen Nutzens der Funktion im Modul KI entsprach bei allen IP genau der Vorhersage der Hypothese. Diese hat sich somit in diesem Szenario **stark** bestätigt.

	Kat. 1	Kat. 2	Kat. 3	Gesamt (A1+A2+A3)
Anzahl (A)	14	0	0	14
				Bewertung (P1 - P3)
Prozent (P)	100	0	0	100
Bestätigung der Hypothese			✓ ✓ ✓	

Hypothese 5b: Je höher der eingeschätzte intrinsische Nut-
zen eines Individuums, desto höher ist seine Nutzungsab-
sicht.

		Nutzungsabsicht KI (t_2)		Gesamt
		-	o	+	
Intr. Nutzen KI (t_2)	-	1	0	2	3
	o	1	0	4	5
	+	1	0	5	6
Gesamt		3	0	11	14

Bei sechs IP bestätigte sich die Vorhersage der Hypothese. Allerdings zeigten auch zwei IP eine hohe Nutzungsabsicht, die den intrinsischen Nutzen als gering einstuften. Zudem hatte eine IP, die den intrinsischen Nutzen als hoch einstufte, keine Absicht, die Funktion in der Zukunft zu nutzen. Die Hypothese hat sich somit in diesem Szenario **nicht bestätigt**.

	Kat. 1	Kat. 2	Kat. 3	Gesamt (A1+A2+A3)
Anzahl (A)	6	5	3	14
				Bewertung (P1 - P3)
Prozent (P)	43	36	21	21
Bestätigung der Hypothese				»«

Hypothese 6: Je höher die Nutzungsabsicht eines Individuums zum Zeitpunkt t_n, desto höher ist seine Quantität der Nutzung zum Zeitpunkt t_{n+1}.

		Quantität KI (t_3)		Gesamt
		-	+	
Nutzungsabsicht KI (t_2)	-	2	1	3
	0	0	0	0
	+	0	11	11
Gesamt		2	12	14

Nur bei einer IP, die zum Zeitpunkt t_2 nicht vorgehabt hatte, die Funktion in der Zukunft zu nutzen, lag zum Zeitpunkt t_3 eine Nutzung vor. Bei allen anderen IP entsprach das Verhalten genau der Hypothese.[51] Diese hat sich somit in diesem Szenario **stark bestätigt.**

	Kat. 1	Kat. 2	Kat. 3	Gesamt (A1+A2+A3)
Anzahl (A)	13	0	1	**14**
				Bewertung (P1 - P3)
Prozent (P)	93	0	7	**86**
Bestätigung der Hypothese				✓✓✓

4.4.3. Funktion zum Eingeben der Analyse im Modul KI (Zeitpunkt t_3)

Da *nach* dem Zeitpunkt t_3 keine Datenaufnahme mehr erfolgte, wurde Hypothese 6 (Einfluss der Nutzungsabsicht zum Zeitpunkt t_n auf die Quantität der Nutzung zum Zeitpunkt t_{n+1}) nicht getestet (vgl. Kapitel 2.5.3).

---

[51] Quantität der Nutzung ist - mit Ausnahme hinsichtlich der E-Mail-Funktion - eine Variable mit nur zwei Ausprägungen (ja / nein). Zu Kategorie 1 wurden deshalb nur die Felder mit den Merkmalskombinationen niedrig-niedrig und hoch-hoch gezählt.

4.4.3.1. Einflussfaktoren auf die Qualität der Nutzung

Hypothese 1a: Je mehr spezifische Erfahrung ein Individuum mit einer IT hat, desto höher ist seine Qualität der IT-Nutzung.

		Qualität KI (t_3)			Gesamt
		-	o	+	
Erfahrung KI (t_3)	-	1	1	0	2
	o	0	1	0	1
	+	1	8	2	11
Gesamt		2	10	2	14

In nur vier von 14 Fällen bestätigte sich die Vorhersage der Hypothese. Dagegen zeigten acht IP trotz einer hohen Erfahrung eine mittlere Nutzungsqualität, und eine IP mit hoher Erfahrung eine geringe Nutzungsqualität. Die Hypothese hat sich somit in diesem Szenario **nicht bestätigt**.

	Kat. 1	Kat. 2	Kat. 3	Gesamt (A1+A2+A3)
Anzahl (A)	4	9	1	14
				Bewertung (P1 - P3)
Prozent (P)	29	64	7	**21**
Bestätigung der Hypothese				≫≪

Hypothese 1b: Je mehr allgemeine IT-Kenntnisse ein Individuum hat, desto höher ist seine Qualität der IT-Nutzung.

		Qualität KI (t_3)		Gesamt
	-	o	+	
IT-Kenntnisse -	1	5	1	7
o	1	2	0	3
+	0	3	1	4
Gesamt	2	10	2	14

Vier der IP zeigten die der Prognose der Hypothese entsprechende Nutzungsqualität. Dagegen zeigten fünf IP mit geringen IT-Kenntnissen eine mittlere und eine IP mit geringen IT-Kenntnissen sogar eine hohe Nutzungsqualität. Die Hypothese hat sich somit **nicht bestätigt**.

	Kat. 1	Kat. 2	Kat. 3	Gesamt (A1+A2+A3)
Anzahl (A)	4	9	1	14
				Bewertung (P1 - P3)
Prozent (P)	29	64	7	21
Bestätigung der Hypothese			≫≪	

Hypothese 1c: Je stärker die IT-Affinität eines Individuums ausgeprägt ist, desto höher ist seine Qualität der IT-Nutzung.

		Qualität KI (t_3)			Gesamt
		-	o	+	
IT-Affinität	-	1	4	1	6
	o	1	2	1	4
	+	0	4	0	4
Gesamt		2	10	2	14

Nur bei drei IP traf die Vorhersage der Hypothese zu. Dagegen zeigten vier IP mit geringer und vier IP mit hoher IT-Affinität eine mittlere Nutzungsqualität. Eine IP mit geringer IT-Affinität erzielte sogar eine hohe Nutzungsqualität. Die Hypothese hat sich somit **nicht bestätigt**.

	Kat. 1	Kat. 2	Kat. 3	Gesamt (A1+A2+A3)
Anzahl (A)	3	10	1	14
				Bewertung (P1 - P3)
Prozent (P)	21	71	7	14
Bestätigung der Hypothese				≫≪

Hypothese 1d: Je höher die Tippfähigkeit eines Individuums ist, desto höher ist seine Qualität der IT-Nutzung.

		Qualität KI (t_3)			Gesamt
		-	o	+	
Tippfähigkeit	-	2	1	0	3
	o	0	7	0	7
	+	0	2	2	4
Gesamt		2	10	2	14

4. Ergebnisse

Elf IP erzielten in Abhängigkeit von ihrer Tippfähigkeit genau die von der Hypothese prognostizierte Nutzungsqualität. Die Hypothese hat sich in diesem Szenario somit **stark bestätigt**.

	Kat. 1	Kat. 2	Kat. 3	Gesamt (A1+A2+A3)
Anzahl (A)	11	3	0	14
				Bewertung (P1 - P3)
Prozent (P)	79	21	0	79
Bestätigung der Hypothese			✓✓✓	

Hypothese 1e: Je mehr sich ein Individuum auf die Nutzung einer IT vorbereitet hat, desto höher ist seine Qualität der IT-Nutzung.

		Qualität KI (t_3)			Gesamt
		-	o	+	
Vorbereitung	-	0	1	0	1
	o	0	6	0	6
	+	2	3	2	7
Gesamt		2	10	2	14

Acht der IP erzielten in Abhängigkeit von ihren Vorbereitungen auf die Systemumstellung genau die von der Hypothese prognostizierte Nutzungsqualität. Allerdings zeigten auch zwei IP mit hoher Vorbereitung eine niedrige Nutzungsqualität. Die Hypothese hat sich in diesem Kontext nur **tendenziell bestätigt**.

	Kat. 1	Kat. 2	Kat. 3	Gesamt (A1+A2+A3)
Anzahl (A)	8	4	2	14
				Bewertung (P1 - P3)
Prozent (P)	57	29	14	43
Bestätigung der Hypothese			✓	

4.4.3.2. Einflussfaktoren auf die Einschätzung der Leichtigkeit der Nutzung (EOU)

Hypothese 2a: Je mehr Erfahrung ein Individuum mit einer IT hat, desto höher ist seine EOU.

		EOU KI (t_3)			Gesamt
		-	o	+	
Erfahrung KI (t_3)	-	0	1	1	2
	o	0	0	1	1
	+	0	3	8	11
Gesamt		0	4	10	14

Bei acht IP traf die Vorhersage der Hypothese genau zu. Jedoch hat auch eine IP ohne Nutzungserfahrung die EOU als hoch bewertet. Die Hypothese hat sich jedoch insgesamt in diesem Szenario **deutlich** bestätigt.

	Kat. 1	Kat. 2	Kat. 3	Gesamt (A1+A2+A3)
Anzahl (A)	8	5	1	14
				Bewertung (P1 - P3)
Prozent (P)	57	36	7	50
Bestätigung der Hypothese			✓✓	

Hypothese 2b: Je mehr allgemeine IT-Kenntnisse ein Individuum hat, desto höher ist seine EOU.

		EOU KI (t_3)		Gesamt
	-	o	+	
IT-Kenntnisse -	0	3	4	7
o	0	0	3	3
+	0	1	3	4
Gesamt	0	4	10	14

In nur drei Fällen bestätigte sich die Vorhersage der Hypothese. Dagegen bewerteten auch vier IP mit geringen und drei IP mit mittleren IT-Kenntnissen die EOU als hoch. Die Hypothese hat sich in diesem Szenario **nicht bestätigt**.

	Kat. 1	Kat. 2	Kat. 3	Gesamt (A1+A2+A3)
Anzahl (A)	3	7	4	**14**
				Bewertung (P1 - P3)
Prozent (P)	21	50	29	**-7**
Bestätigung der Hypothese				≫≪

Hypothese 2c: Je stärker die IT-Affinität eines Individuums ausgeprägt ist, desto höher ist seine EOU.

		EOU KI (t_3)		Gesamt
	-	o	+	
IT-Affinität -	0	3	3	6
o	0	0	4	4
+	0	1	3	4
Gesamt	0	4	10	14

Die Hypothese bestätigte sich nur in drei Fällen. Dagegen bewerteten auch drei IP mit geringer und vier IP mit mittlerer IT-Affinität die EOU als hoch. Die Hypothese hat sich in diesem Szenario **nicht bestätigt**.

	Kat. 1	Kat. 2	Kat. 3	Gesamt (A1+A2+A3)
Anzahl (A)	3	8	3	14
				Bewertung (P1 - P3)
Prozent (P)	21	57	21	0
Bestätigung der Hypothese				≫≪

Hypothese 2d: Je mehr sich ein Individuum auf die Nutzung einer IT vorbereitet hat, desto höher ist seine EOU.

		EOU KI (t_3)			Gesamt
		-	o	+	
Vorbereitung	-	0	0	1	1
	o	0	2	4	6
	+	0	2	5	7
Gesamt		0	4	10	14

In sieben Fällen bestätigte sich die Vorhersage der Hypothese. Jedoch bewerteten auch vier IP mit mittlerer und sogar eine IP ohne Vorbereitung die EOU als hoch. Die Hypothese hat sich in diesem Szenario deshalb nur **tendenziell bestätigt**.

	Kat. 1	Kat. 2	Kat. 3	Gesamt (A1+A2+A3)
Anzahl (A)	7	6	1	14
				Bewertung (P1 - P3)
Prozent (P)	50	43	7	43
Bestätigung der Hypothese				✓

4.4.3.3. Einflussfaktoren auf den eingeschätzten Nutzen

Hypothese 3a: Je höher die EOU eines Individuums, desto höher ist der eingeschätzte extrinsische Nutzen.

		Extr. Nutzen KI (t_3)			Gesamt
		-	o	+	
EOU KI (t_3)	-	0	0	0	0
	o	1	0	3	4
	+	2	0	8	10
Gesamt		3	0	11	14

Bei acht IP traf die Vorhersage der Hypothese genau zu. Allerdings schätzten auch zwei IP, die die EOU als hoch bewerteten, den extrinsischen Nutzen der Nutzung der Funktion als gering ein. Insgesamt hat sich die Hypothese in diesem Szenario **tendenziell bestätigt**.

	Kat. 1	Kat. 2	Kat. 3	Gesamt (A1+A2+A3)
Anzahl (A)	8	4	2	**14**
				Bewertung (P1 - P3)
Prozent (P)	57	29	14	**43**
Bestätigung der Hypothese			✓	

Hypothese 3b: Je höher die EOU eines Individuums, desto höher ist der eingeschätzte intrinsische Nutzen.

		Intr. Nutzen KI (t_3)			Gesamt
		-	o	+	
EOU KI (t_3)	-	0	0	0	0
	o	0	4	0	4
	+	1	5	4	10
Gesamt		1	9	4	14

In acht Fällen bestätigte sich die Vorhersage der Hypothese. Allerdings schätzten fünf IP, die die EOU als hoch bewerteten, den intrinsischen Nutzen nur als mittel ein. Die Hypothese hat sich in diesem Szenario jedoch **deutlich** **bestätigt**.

	Kat. 1	**Kat. 2**	**Kat. 3**	**Gesamt (A1+A2+A3)**
Anzahl (A)	8	5	1	14
				Bewertung (P1 - P3)
Prozent (P)	57	36	7	50
Bestätigung der Hypothese				✓✓

4.4.3.4. Einflussfaktoren auf die Nutzungsabsicht

Hypothese 4: Je höher die EOU eines Individuums, desto höher ist seine Nutzungsabsicht.

		Nutzungsabsicht KI (t_3)			Gesamt
		-	o	+	
EOU KI (t_3)	-	0	0	0	0
	o	1	0	3	4
	+	2	0	8	10
Gesamt		3	0	11	14

Bei acht IP traf die Vorhersage der Hypothese genau zu. Jedoch hatten zwei IP, die die EOU als hoch bewerteten, keine Absicht, die Funktion in der Zukunft zu nutzen. Die Hypothese hat sich in diesem Kontext **tendenziell bestätigt**.

	Kat. 1	Kat. 2	Kat. 3	Gesamt (A1+A2+A3)
Anzahl (A)	8	4	2	14
				Bewertung (P1 - P3)
Prozent (P)	57	29	14	43
Bestätigung der Hypothese				✓

4. Ergebnisse

Hypothese 5a: Je höher der eingeschätzte extrinsische Nutzen eines Individuums, desto höher ist seine Nutzungsabsicht.

		Nutzungsabsicht KI (t_3)			Gesamt
		-	o	+	
Extr. Nutzen KI (t_3)	-	3	0	0	3
	o	0	0	0	0
	+	0	0	11	11
Gesamt		3	0	11	14

Bei allen 14 IP traf die Vorhersage der Hypothese genau zu. Diese hat sich in diesem Szenario somit **stark bestätigt.**

	Kat. 1	Kat. 2	Kat. 3	Gesamt (A1+A2+A3)
Anzahl (A)	14	0	0	14
				Bewertung (P1 - P3)
Prozent (P)	100	0	0	100
Bestätigung der Hypothese			✓✓✓	

Hypothese 5b: Je höher der eingeschätzte intrinsische Nutzen eines Individuums, desto höher ist seine Nutzungsabsicht.

		Nutzungsabsicht KI (t_3)			Gesamt
		-	o	+	
Intr. Nutzen KI (t_3)	-	1	0	0	1
	o	1	0	8	9
	+	1	0	3	4
Gesamt		3	0	11	14

Die Hypothese bestätigte sich in nur vier Fällen. Acht IP mit hoher Nutzungsabsicht hatten dagegen den intrinsischen Nutzen nur als mittel, und eine IP mit
geringer Nutzungsabsicht hatte den intrinsischen Nutzen als hoch eingeschätzt.
Die Hypothese hat sich somit **nicht bestätigt**.

	Kat. 1	Kat. 2	Kat. 3	Gesamt (A1+A2+A3)
Anzahl (A)	4	9	1	**14**
				Bewertung (P1 - P3)
Prozent (P)	29	64	7	**21**
Bestätigung der Hypothese			≫≪	

4.4.4. E-Mail-Funktion im Modul PIM (Zeitpunkt t_1)

Zum Zeitpunkt t_1 vor der Systemeinführung wurden nur die Hypothesen 5a, 5b
und 6 überprüft (vgl. Kapitel 2.5.3).

*Hypothese 5a: Je höher der eingeschätzte extrinsische Nut-
zen eines Individuums, desto höher ist seine Nutzungsabsicht.*

		Nutzungsabsicht E-Mail (t_1)				Gesamt
		k.A.	**-**	**o**	**+**	
Extr. Nutzen E-Mail (t_1)	**k.A.**	7	0	0	0	7
	-	0	0	1	0	1
	o	0	0	1	0	1
	+	0	0	0	5	5
Gesamt		7	0	2	5	14

Bezüglich der E-Mail-Funktion konnte die Hälfte der IP zum Zeitpunkt t_1 den
extrinsischen Nutzen noch nicht einschätzen und auch noch keine Angaben dazu
machen, ob sie die Funktion nutzen würden oder nicht. Von den übrigen sieben IP

entsprachen sechs hinsichtlich ihrer Einschätzungen genau der Hypothese. Diese hat sich somit **stark bestätigt**.

	Kat. 1	Kat. 2	Kat. 3	Gesamt (A1+A2+A3)
Anzahl (A)	6	1	0	7
				Bewertung (P1 - P3)
Prozent (P)	86	14	0	**86**
Bestätigung der Hypothese			✓✓✓	

Hypothese 5b: Je höher der eingeschätzte intrinsische Nutzen eines Individuums, desto höher ist seine Nutzungsabsicht.

		Nutzungsabsicht E-Mail (t_1)				Gesamt
		k.A.	-	o	+	
Intr. Nutzen E-Mail	-	3	0	1	0	4
	o	3	0	0	0	3
	+	0	0	0	4	4
Gesamt		6	0	1	4	11

Zur Überprüfung dieser Hypothese lagen nur elf Merkmalskombinationen vor. Von diesen elf IP konnten sechs zu diesem Zeitpunkt noch keine Angaben dazu machen, ob sie die Funktion in der Zukunft nutzen würden oder nicht. Von den fünf IP, deren Aussagen verwendet werden konnten, entsprachen vier genau der Hypothese. Diese hat sich somit **stark bestätigt**.

	Kat. 1	Kat. 2	Kat. 3	Gesamt (A1+A2+A3)
Anzahl (A)	4	1	0	5
				Bewertung (P1 - P3)
Prozent (P)	80	20	0	**80**
Bestätigung der Hypothese			✓✓✓	

Hypothese 6: Je höher die Nutzungsabsicht eines Individuums zum Zeitpunkt t_n, desto höher ist seine Quantität der Nutzung zum Zeitpunkt t_{n+1}.

		Quantität E-Mail (t_2)			Gesamt
		-	o	+	
Nutzungsabsicht E-Mail (t_1)	k.A.	2	4	1	7
	-	0	0	0	0
	o	1	1	0	2
	+	0	2	3	5
Gesamt		3	7	4	14

Sieben der IP konnten zum Zeitpunkt t_1 noch keine Angabe hinsichtlich der Nutzungsabsicht machen. Fünf der übrigen sieben Fälle entsprachen genau der Hypothese.[52] Insgesamt hat diese sich **deutlich bestätigt**.

	Kat. 1	Kat. 2	Kat. 3	Gesamt (A1+A2+A3)
Anzahl (A)	5	2	0	7
				Bewertung (P1 - P3)
Prozent (P)	71	29	0	**71**
Bestätigung der Hypothese				✓✓

---

[52]Die Quantität der Nutzung der E-Mail-Funktion ist im Gegensatz zu den anderen beiden betrachteten Anwendungen in **drei** Kategorien untergliedert: niedrig (-) steht für keine Nutzung, mittel (o) steht für eine Nutzung der Anwendung nur zum *Empfangen* von E-Mails, hoch (+) steht für die Nutzung der Anwendung sowohl zum *Empfangen als auch zum Senden* von E-Mails (vgl. Abschnitt 4.3.1). Die Ausprägung "mittel" der Variable "Nutzungsabsicht" dagegen bedeutet, dass die IP zum Zeitpunkt der Befragung *vielleicht* vorhatte, die Funktion im Allgemeinen zu nutzen, jedoch nicht unterschieden nach Empfang bzw. Senden von E-Mails. Aus diesem Grund wurde sowohl die mittlere als auch die hohe Ausprägung der Variablen "Quantität der Nutzung" als Nutzung gewertet. Zu Kategorie 1 wurden aus diesem Grund die Merkmalskombinationen niedrige Nutzungsabsicht und keine Nutzung sowie hohe Nutzungsabsicht und mittlere **und** hohe Quantität der Nutzung gezählt (markiert durch die dunkelgrauen Felder in der Kreuztabelle).

4.4.5. E-Mail-Funktion im Modul PIM (Zeitpunkt t_2)

Für die E-Mail-Funktion im Modul PIM wurde Hypothese 1d (Einfluss der Tippfähigkeit auf die Nutzungsqualität) nicht überprüft, da der für die Ermittlung der Bearbeitungszeit relevante Aufgabenteil (vgl. Kapitel 4.3.2) in nur sehr geringem Umfang Eingaben über die Tastatur beinhaltete. Da die Ausprägung des intrinsischen Nutzens hinsichtlich der E-Mail-Anwendung nur als statischer Wert vorliegt, wurde zudem Hypothese 3b (Einfluss der EOU auf den intrinsischen Nutzen) nicht getestet (vgl. Kapitel 4.3.1).

4.4.5.1. Einflussfaktoren auf die Qualität der Nutzung

Hypothese 1a: Je mehr spezifische Erfahrung ein Individuum mit einer IT hat, desto höher ist seine Qualität der IT-Nutzung.

		Qualität E-Mail (t_2)			Gesamt
		-	o	+	
Erfahrung Schreiben E-Mail (t_2)	-	5	3	2	10
	o	0	0	4	4
Gesamt		5	3	6	14

Neun IP entsprachen hinsichtlich der gezeigten Nutzungsqualität in Abhängigkeit von ihrer Erfahrung mit der E-Mail-Funktion[53] genau der Hypothese.[54] Allerdings

---

[53] Als Erfahrung wurde nur gewertet, wenn die Funktion zum *Schreiben* und nicht nur zum Empfang von E-Mails genutzt wurde.

[54] Zum Zeitpunkt t_2 hatte noch keine IP die Funktion länger als 39 Tage genutzt; somit lagen bezüglich der unabhängigen Variablen Erfahrung nur die Ausprägung niedrig (keine Erfahrung) und mittel vor. Da eine mittlere Erfahrung somit zu diesem Zeitpunkt die höchstmögliche Erfahrungskategorie darstellt, entspricht der Aussage der Hypothese am ehesten ein gemeinsames Auftreten von mittlerer Erfahrung und hoher Nutzungsqualität (vgl. Abschnitt 4.4.2). Aus diesem Grund wurde die Merkmalskombination niedrig (Erfahrung) und niedrig (Nutzungsqualität) sowie die Kombination mittel (Erfahrung) und hoch (Nutzungsqualität) der Kategorie 1 zugeordnet (s. dunkelgrau hinterlegte Felder in der Kreuztabelle).

erzielten auch zwei IP ohne Erfahrung eine hohe Nutzungsqualität. Insgesamt hat sich diese Hypothese jedoch **deutlich bestätigt**.

	Kat. 1	Kat. 2	Kat. 3	Gesamt (A1+A2+A3)
Anzahl (A)	9	3	2	14
				Bewertung (P1 - P3)
Prozent (P)	64	21	14	50
Bestätigung der Hypothese				✓✓

Hypothese 1b: Je mehr allgemeine IT-Kenntnisse ein Individuum hat, desto höher ist seine Qualität der IT-Nutzung.

		Qualität E-Mail (t_2)			Gesamt
		-	o	+	
IT-Kenntnisse	-	4	1	2	7
	o	1	1	1	3
	+	0	1	3	4
	Gesamt	5	3	6	14

In acht Fällen bestätigte sich die Vorhersage der Hypothese genau. Allerdings erzielten auch zwei IP mit geringen IT-Kenntnissen eine hohe Nutzungsqualität. Insgesamt hat sich die Hypothese deshalb in diesem Kontext nur **tendenziell** bestätigt.

	Kat. 1	Kat. 2	Kat. 3	Gesamt (A1+A2+A3)
Anzahl (A)	8	4	2	14
				Bewertung (P1 - P3)
Prozent (P)	57	29	14	43
Bestätigung der Hypothese				✓

Hypothese 1c: Je stärker die IT-Affinität eines Individuums ausgeprägt ist, desto höher ist seine Qualität der IT-Nutzung.

		Qualität E-Mail (t_2)			Gesamt
		-	o	+	
IT-Affinität	-	3	1	2	6
	o	2	0	2	4
	+	0	2	2	4
Gesamt		5	3	6	14

In nur fünf Fällen bestätigte sich die Vorhersage der Hypothese. Zwei IP zeigten trotz niedriger IT-Affinität eine hohe Nutzungsqualität. Die Hypothese hat sich in diesem Szenario **nicht bestätigt.**

	Kat. 1	Kat. 2	Kat. 3	Gesamt (A1+A2+A3)
Anzahl (A)	5	7	2	14
				Bewertung (P1 - P3)
Prozent (P)	36	50	14	**21**
Bestätigung der Hypothese			≫≪	

Hypothese 1e: Je mehr sich ein Individuum auf die Nutzung einer IT vorbereitet hat, desto höher ist seine Qualität der IT-Nutzung.

		Qualität E-Mail (t_2)			Gesamt
		-	o	+	
Vorbereitung	-	1	0	0	1
	o	3	2	1	6
	+	1	1	5	7
Gesamt		5	3	6	14

In acht Fällen bestätigte sich die Vorhersage der Hypothese genau. Allerdings zeigte auch eine IP mit hoher Vorbereitung eine niedrige Nutzungsqualität. Insgesamt hat sich diese Hypothese jedoch **deutlich bestätigt**.

	Kat. 1	Kat. 2	Kat. 3	Gesamt (A1+A2+A3)
Anzahl (A)	8	5	1	14
				Bewertung (P1 - P3)
Prozent (P)	57	36	7	50
Bestätigung der Hypothese				✓✓

4.4.5.2. Einflussfaktoren auf die Einschätzung der Leichtigkeit der Nutzung (EOU)

Hypothese 2a: Je mehr Erfahrung ein Individuum mit einer IT hat, desto höher ist seine EOU.

		EOU E-Mail (t_2)				Gesamt
		k.A.	**-**	**o**	**+**	
Erfahrung Schreiben E-Mail (t_2)	-	1	1	7	1	10
	o	0	0	1	0	1
Gesamt		1	1	8	1	11

Von den zehn IP, deren Aussage verwendet werden konnte, bestätigte sich die Hypothese nur in zwei Fällen. Eine IP zeigte dagegen trotz niedriger Erfahrung eine hohe Nutzungsqualität. Die Hypothese hat sich somit in diesem Szenario **nicht bestätigt**.

	Kat. 1	Kat. 2	Kat. 3	Gesamt (A1+A2+A3)
Anzahl (A)	2	7	1	10
				Bewertung (P1 - P3)
Prozent (P)	20	70	10	10
Bestätigung der Hypothese				≫≪

Hypothese 2b: Je mehr allgemeine IT-Kenntnisse ein Individuum hat, desto höher ist seine EOU.

		EOU E-Mail (t_2)			Gesamt
	k.A.	-	o	+	
IT-Kenntnisse	-	1	1	5	0	7
	o	0	0	3	0	3
	+	0	0	0	1	1
Gesamt	1	1	8	1	11

Zur Überprüfung dieser Hypothese lagen nur elf Merkmalskombinationen vor. Von diesen IP hatte eine zum Zeitpunkt t_2 noch keine Einschätzung der EOU vornehmen können. In fünf der verbleibenden zehn Fälle hat sich die Hypothese bestätigt. Fünf der IP mit geringen IT-Kenntnissen haben die EOU der E-Mail-Funktion jedoch als mittel eingestuft. Insgesamt hat sich die Hypothese in diesem Szenario **deutlich bestätigt**.

	Kat. 1	Kat. 2	Kat. 3	Gesamt (A1+A2+A3)
Anzahl (A)	5	5	0	10
				Bewertung (P1 - P3)
Prozent (P)	50	50	0	50
Bestätigung der Hypothese				✓✓

Hypothese 2c: Je stärker die IT-Affinität eines Individuums ausgeprägt ist, desto höher ist seine EOU.

		EOU E-Mail (t_2)				Gesamt
		k.A.	-	o	+	
IT-Affinität	-	0	1	5	0	6
	o	1	0	2	0	3
	+	0	0	1	1	2
Gesamt		1	1	8	1	11

Von den zehn IP Fällen, die zur Überprüfung dieser Hypothese herangezogen werden konnten, bestätigte sich diese in vier Fällen vollständig. Fünf IP stuften jedoch trotz geringer IT-Affinität die EOU als mittel ein. Die Hypothese hat sich **tendenziell bestätigt**.

	Kat. 1	Kat. 2	Kat. 3	Gesamt (A1+A2+A3)
Anzahl (A)	4	6	0	10
				Bewertung (P1 - P3)
Prozent (P)	40	60	0	40
Bestätigung der Hypothese			✓	

Hypothese 2d: Je mehr sich ein Individuum auf die Nutzung einer IT vorbereitet hat, desto höher ist seine EOU.

		EOU E-Mail (t_2)				Gesamt
		k.A.	-	o	+	
Vorbereitung	-	1	0	0	0	1
	o	0	1	4	1	6
	+	0	0	4	0	4
Gesamt		1	1	8	1	11

4. Ergebnisse

Von den zehn IP, deren Aussagen verwendet wurden, entsprachen vier der Vorhersage der Hypothese. Vier IP mit hoher Vorbereitung bewerteten dagegen die EOU lediglich als mittel. Die Hypothese hat sich insgesamt **tendenziell bestätigt**.

	Kat. 1	Kat. 2	Kat. 3	Gesamt (A1+A2+A3)
Anzahl (A)	4	6	0	10
				Bewertung (P1 - P3)
Prozent (P)	40	60	0	40
Bestätigung der Hypothese			✓	

4.4.5.3. Einflussfaktoren auf den eingeschätzten Nutzen

Hypothese 3a: Je höher die EOU eines Individuums, desto höher ist der eingeschätzte extrinsische Nutzen.

		Extr. Nutzen E-Mail (t_2)				Gesamt
		k.A.	-	o	+	
EOU E-Mail (t_2)	k.A.	1	0	0	0	1
	-	0	0	0	1	1
	o	1	1	2	3	7
	+	0	0	0	1	1
Gesamt		2	1	2	5	10

Die Aussagen von acht IP konnten zur Überprüfung der Hypothese verwendet werden. In nur drei dieser Fälle bestätigte sich die Hypothese genau. Eine IP, die die EOU als gering einstufte, schätzte den extrinsischen Nutzen dagegen als hoch ein. Insgesamt hat sich die Hypothese **tendenziell bestätigt**.

	Kat. 1	Kat. 2	Kat. 3	Gesamt (A1+A2+A3)
Anzahl (A)	3	4	1	8
				Bewertung (P1 - P3)
Prozent (P)	38	50	13	25
Bestätigung der Hypothese			✓	

4.4.5.4. Einflussfaktoren auf die Nutzungsabsicht und die Quantität der Nutzung

Hypothese 4: Je höher die EOU eines Individuums, desto höher ist seine Nutzungsabsicht.

		Nutzungsabsicht E-Mail (t_2)				Gesamt
		k.A.	-	o	+	
EOU E-Mail (t_2)	k.A.	1	0	0	0	1
	-	0	0	0	1	1
	o	1	1	0	6	8
	+	0	0	0	1	1
Gesamt		2	1	0	8	11

Zur Überprüfung der Hypothese konnten die Aussagen von neun IP verwendet werden. In nur einem dieser Fälle bestätigte sich die Hypothese. Dagegen hatten sechs IP, die die EOU als mittel einschätzten, eine hohe Nutzungsabsicht. Die Hypothese hat sich in diesem Szenario **nicht bestätigt**.

	Kat. 1	Kat. 2	Kat. 3	Gesamt (A1+A2+A3)
Anzahl (A)	1	7	1	9
				Bewertung (P1 - P3)
Prozent (P)	11	78	11	0
Bestätigung der Hypothese			≫≪	

Hypothese 5a: Je höher der eingeschätzte extrinsische Nutzen eines Individuums, desto höher ist seine Nutzungsabsicht.

		Nutzungsabsicht E-Mail (t_2)			Gesamt
	k.A.	-	0	+	
Extr. Nutzen E-Mail (t_2) k.A.	2	0	0	0	2
-	0	1	0	0	1
o	0	0	0	3	3
+	0	0	0	7	7
Gesamt	2	1	0	10	13

Bei acht der elf IP, deren Aussagen verwendet wurden, entsprach die Nutzungsabsicht genau der Vorhersage der Hypothese. Drei IP hatten jedoch trotz einer mittleren Einschätzung des extrinsischen Nutzens eine hohe Nutzungsabsicht. Insgesamt hat sich die Hypothese in diesem Szenario **deutlich** bestätigt.

	Kat. 1	Kat. 2	Kat. 3	Gesamt (A1+A2+A3)
Anzahl (A)	8	3	0	**11**
				Bewertung (P1 - P3)
Prozent (P)	73	27	0	**73**
Bestätigung der Hypothese				✓✓

Hypothese 5b: Je höher der eingeschätzte intrinsische Nutzen eines Individuums, desto höher ist seine Nutzungsabsicht.

	Nutzungsabsicht E-Mail (t_2)				Gesamt
	k.A.	-	0	+	
Intr. Nutzen E-Mail -	0	1	0	3	4
o	1	0	0	2	3
+	0	0	0	4	4
Gesamt	1	1	0	9	11

In fünf der zehn Fälle, die zur Überprüfung der Hypothese vorlagen, entsprach die Nutzungsabsicht genau der Vorhersage der Hypothese. Allerdings hatten auch drei IP, die den intrinsischen Nutzen als gering einschätzten, eine hohe Nutzungsabsicht. Die Hypothese hat sich in diesem Szenario **nicht** bestätigt.

	Kat. 1	Kat. 2	Kat. 3	Gesamt (A1+A2+A3)
Anzahl (A)	5	2	3	10
				Bewertung (P1 - P3)
Prozent (P)	50	20	30	**20**
Bestätigung der Hypothese			≫≪	

Hypothese 6: Je höher die Nutzungsabsicht eines Individuums zum Zeitpunkt t_n, desto höher ist seine Quantität der Nutzung zum Zeitpunkt t_{n+1}.

		Quantität E-Mail (t_3)			Gesamt
		-	o	+	
Nutzungsabsicht E-Mail (t_2)	k.A.	1	1	0	2
	-	0	0	1	1
	o	0	0	0	0
	+	0	4	7	11
Gesamt		1	5	8	14

Zur Überprüfung dieser Hypothese konnten zwölf Fälle herangezogen werden. In elf dieser Fälle bestätigte sich die Vorhersage der Hypothese.[55] Die Hypothese hat sich in diesem Szenario **stark bestätigt**.

	Kat. 1	Kat. 2	Kat. 3	Gesamt (A1+A2+A3)
Anzahl (A)	11	0	1	12
				Bewertung (P1 - P3)
Prozent (P)	92	0	8	**83**
Bestätigung der Hypothese			✓✓✓	

---

[55] Wie bereits bei Überprüfung dieser Hypothese zum Zeitpunkt t_1 erläutert, wurde die Quantität der Nutzung der E-Mail-Funktion im Gegensatz zu den anderen beiden betrachteten Anwendungen in die **drei** Kategorien untergliedert: niedrig (-) steht für keine Nutzung, mittel (o) steht für eine Nutzung der Anwendung nur zum *Empfangen* von E-Mails, hoch (+) steht für die Nutzung der Anwendung sowohl zum *Empfangen als auch zum Senden* von E-Mails (vgl. Abschnitt 4.3.1). Die Ausprägung "mittel" der Variablen "Nutzungsabsicht" dagegen bedeutet, dass die IP zum Zeitpunkt der Befragung *vielleicht* vorhatte, die Funktion im Allgemeinen zu nutzen, jedoch nicht unterschieden nach Empfang bzw. Empfang und Senden von E-Mails. Aus diesem Grund wurde sowohl die mittlere als auch die hohe Ausprägung der Variablen "Quantität der Nutzung" als Nutzung gewertet. Zu Kategorie 1 wurden aus diesem Grund die Merkmalskombinationen hohe Nutzungsabsicht und Quantität der Nutzung mittel bzw. hoch gezählt sowie die Kombination niedrige Nutzungsabsicht und keine Nutzung gezählt.

4.4.6. E-Mail-Funktion im Modul PIM (Zeitpunkt t_3)

Da *nach* dem Zeitpunkt t_3 keine Datenaufnahme mehr erfolgte, wurde Hypothese 6 (Einfluss der Nutzungsabsicht zum Zeitpunkt t_n auf die Quantität der Nutzung zum Zeitpunkt t_{n+1}) nicht getestet (vgl. Kapitel 2.5.3). Außerdem wurde auch Hypothese 1d (Einfluss der Tippfähigkeit auf die Nutzungsqualität) und Hypothese 3b (Einfluss des EOU auf den intrinsischen Nutzen) nicht überprüft (vgl. Kapitel 4.3.1, 4.3.2 und 4.4.5).

4.4.6.1. Einflussfaktoren auf die Qualität der Nutzung

Hypothese 1a: Je mehr spezifische Erfahrung ein Individuum mit einer IT hat, desto höher ist seine Qualität der IT-Nutzung.

		Qualität E-Mail (t_3)			Gesamt
		-	o	+	
Erfahrung Schreiben E-Mail (t_3)	-	3	0	3	6
	o	1	2	2	5
	+	0	1	2	3
Gesamt		4	3	7	14

In sieben der Fälle bestätigte sich die Vorhersage der Hypothese. Allerdings zeigten auch drei IP, die keine Erfahrung mit der Funktion hatten, eine hohe Nutzungsqualität. Die Hypothese hat sich in diesem Szenario nur **tendenziell bestätigt**.

	Kat. 1	Kat. 2	Kat. 3	Gesamt (A1+A2+A3)
Anzahl (A)	7	4	3	14
				Bewertung (P1 - P3)
Prozent (P)	50	29	21	29
Bestätigung der Hypothese			✓	

Hypothese 1b: *Je mehr allgemeine IT-Kenntnisse ein Individuum hat, desto höher ist seine Qualität der IT-Nutzung.*

		Qualität E-Mail (t_3)		Gesamt
	-	o	+	
IT-Kenntnisse -	4	1	2	7
o	0	1	2	3
+	0	1	3	4
Gesamt	4	3	7	14

Acht IP entsprachen in Abhängigkeit von ihren IT-Kenntnissen hinsichtlich der gezeigten Nutzungsqualität genau der Vorhersage der Hypothese. Allerdings zeigten auch zwei IP mit geringen IT-Kenntnissen eine hohe Nutzungsqualität. Die Hypothese hat sich aus diesem Grund nur **tendenziell** bestätigt.

	Kat. 1	Kat. 2	Kat. 3	Gesamt (A1+A2+A3)
Anzahl (A)	8	4	2	14
				Bewertung (P1 - P3)
Prozent (P)	57	29	14	43
Bestätigung der Hypothese			✓	

Hypothese 1c: Je stärker die IT-Affinität eines Individuums ausgeprägt ist, desto höher ist seine Qualität der IT-Nutzung.

	Qualität E-Mail (t_3)			Gesamt
	-	o	+	
IT-Affinität -	3	1	2	6
o	1	1	2	4
+	0	1	3	4
Gesamt	4	3	7	14

In sieben Fällen bestätigte sich die Hypothese vollständig. Allerdings zeigten auch zwei IP entgegen der Vorhersage bei niedriger IT-Affinität eine hohe Nutzungsqualität. Die Hypothese hat sich in diesem Szenario nur **tendenziell bestätigt**.

	Kat. 1	Kat. 2	Kat. 3	Gesamt (A1+A2+A3)
Anzahl (A)	7	5	2	14
				Bewertung (P1 - P3)
Prozent (P)	50	36	14	**36**
Bestätigung der Hypothese			✓	

Hypothese 1e: Je mehr sich ein Individuum auf die Nutzung einer IT vorbereitet hat, desto höher ist seine Qualität der IT-Nutzung.

		Qualität E-Mail (t_3)		Gesamt
	-	o	+	
Vorbereitung -	1	0	0	1
o	2	3	1	6
+	1	0	6	7
Gesamt	4	3	7	14

Zehn IP zeigten in Abhängigkeit von ihrer Vorbereitung genau die von der Hypothese vorhergesagte Nutzungsqualität. Eine IP erzielte jedoch trotz hoher Vorbereitung nur eine geringe Nutzungsqualität. Insgesamt hat sich die Hypothese **deutlich bestätigt**.

	Kat. 1	Kat. 2	Kat. 3	Gesamt (A1+A2+A3)
Anzahl (A)	10	3	1	14
				Bewertung (P1 - P3)
Prozent (P)	71	21	7	64
Bestätigung der Hypothese				✓✓

4.4.6.2. Einflussfaktoren auf die Einschätzung der Leichtigkeit der Nutzung (EOU)

Hypothese 2a: Je mehr Erfahrung ein Individuum mit einer IT hat, desto höher ist seine EOU.

		EOU E-Mail (t_3)			Gesamt
		-	o	+	
Erfahrung Schreiben E-Mail (t_3)	-	1	5	0	6
	o	0	2	3	5
	+	0	0	3	3
Gesamt		1	7	6	14

In sechs Fällen bestätigte sich die Hypothese vollständig. Jedoch bewerteten fünf IP trotz fehlender Nutzungserfahrung die EOU als mittel, und drei IP trotz mittlerer Nutzungserfahrung die EOU als hoch. Somit hat sich die Hypothese lediglich **tendenziell bestätigt.**

	Kat. 1	Kat. 2	Kat. 3	Gesamt (A1+A2+A3)
Anzahl (A)	6	8	0	14
				Bewertung (P1 - P3)
Prozent (P)	43	57	0	43
Bestätigung der Hypothese				✓

4. Ergebnisse

Hypothese 2b: Je mehr allgemeine IT-Kenntnisse ein Individuum hat, desto höher ist seine EOU.

		EOU E-Mail (t_3)			Gesamt
		-	o	+	
IT-Kenntnisse	-	1	5	1	7
	o	0	2	1	3
	+	0	0	4	4
Gesamt		1	7	6	14

Sieben IP entsprachen hinsichtlich der Bewertung der EOU in Abhängigkeit von ihren IT-Kenntnissen genau der Vorhersage der Hypothese. Allerdings bewerteten auch fünf IP mit geringen IT-Kenntnissen die EOU als mittel. Eine IP mit geringen IT-Kenntnissen bewertete die EOU sogar als hoch. Insgesamt hat sich die Hypothese **tendenziell bestätigt**.

	Kat. 1	**Kat. 2**	**Kat. 3**	**Gesamt (A1+A2+A3)**
Anzahl (A)	7	6	1	14
				Bewertung (P1 - P3)
Prozent (P)	50	43	7	43
Bestätigung der Hypothese				✓

Hypothese 2c: Je stärker die IT-Affinität eines Individuums ausgeprägt ist, desto höher ist seine EOU.

		EOU E-Mail (t_3)			Gesamt
		-	o	+	
IT-Affinität	-	0	5	1	6
	o	1	1	2	4
	+	0	1	3	4
Gesamt		1	7	6	14

Nur vier IP entsprachen hinsichtlich der Bewertung der EOU genau der Vorhersage der Hypothese. Von den sechs IP mit geringer IT-Affinität bewerteten fünf die EOU als mittel und eine sogar als hoch. Die Hypothese hat sich in diesem Kontext **nicht bestätigt.**

	Kat. 1	Kat. 2	Kat. 3	Gesamt (A1+A2+A3)
Anzahl (A)	4	9	1	14
				Bewertung (P1 - P3)
Prozent (P)	29	64	7	21
Bestätigung der Hypothese				≫≪

Hypothese 2d: Je mehr sich ein Individuum auf die Nutzung einer IT vorbereitet hat, desto höher ist seine EOU.

		EOU E-Mail (t_3)			Gesamt
		-	o	+	
Vorbereitung	-	1	0	0	1
	o	0	4	2	6
	+	0	3	4	7
Gesamt		1	7	6	14

Neun Fälle entsprachen genau der Vorhersage der Hypothese. Die Hypothese hat sich in diesem Szenario **deutlich bestätigt.**

	Kat. 1	Kat. 2	Kat. 3	Gesamt (A1+A2+A3)
Anzahl (A)	9	5	0	14
				Bewertung (P1 - P3)
Prozent (P)	64	36	0	64
Bestätigung der Hypothese				✓✓

4.4.6.3. Einflussfaktoren auf den eingeschätzten Nutzen

Hypothese 3a: Je höher die EOU eines Individuums, desto höher ist der eingeschätzte extrinsische Nutzen.

		Extr. Nutzen E-Mail (t_3)			Gesamt
		-	o	+	
EOU E-Mail (t_3)	-	0	1	0	1
	o	1	1	3	5
	+	0	2	3	5
Gesamt		1	4	6	11

Vier der verfügbaren elf Fälle entsprachen der Vorhersage der Hypothese. Drei IP schätzten bei mittlerer Bewertung der EOU den extrinsischen Nutzen als hoch ein. Insgesamt hat sich die Hypothese **tendenziell bestätigt**.

	Kat. 1	Kat. 2	Kat. 3	Gesamt (A1+A2+A3)
Anzahl (A)	4	7	0	**11**
				Bewertung (P1 - P3)
Prozent (P)	36	64	0	**36**
Bestätigung der Hypothese				✓

4.4.6.4. Einflussfaktoren auf die Nutzungsabsicht

Hypothese 4: Je höher die EOU eines Individuums, desto höher ist seine Nutzungsabsicht.

		Nutzungsabsicht E-Mail (t_3)			Gesamt
		-	o	+	
EOU E-Mail (t_3)	-	0	0	1	1
	o	0	1	6	7
	+	0	0	6	6
Gesamt		0	1	13	14

Von den vorliegenden Fällen wiesen 13 eine hohe Nutzungsabsicht auf. Sieben IP entsprachen hinsichtlich ihrer Nutzungsabsicht genau der Hypothese. Jedoch hatten sechs IP bei mittlerer Einschätzung der EOU und eine IP trotz geringer Bewertung der EOU eine hohe Nutzungsabsicht. Die Hypothese hat sich in diesem Szenario **tendenziell bestätigt**.

	Kat. 1	Kat. 2	Kat. 3	Gesamt (A1+A2+A3)
Anzahl (A)	7	6	1	14
				Bewertung (P1 - P3)
Prozent (P)	50	43	7	43
Bestätigung der Hypothese				✓

Hypothese 5a: Je höher der eingeschätzte extrinsische Nutzen eines Individuums, desto höher ist seine Nutzungsabsicht.

		Nutzungsabsicht E-Mail (t_3)			Gesamt
		-	o	+	
Extr. Nutzen E-Mail (t_3)	-	0	1	0	1
	o	0	0	4	4
	+	0	0	6	6
Gesamt		0	1	10	11

In sechs der elf vorliegenden Fälle bestätigte sich die Hypothese genau. Allerdings hatten vier IP trotz mittlerer Einschätzung des extrinsischen Nutzens eine hohe Nutzungsabsicht. Insgesamt hat sich die Hypothese in diesem Szenario **deutlich bestätigt**.

	Kat. 1	**Kat. 2**	**Kat. 3**	**Gesamt (A1+A2+A3)**
Anzahl (A)	6	5	0	**11**
				Bewertung (P1 - P3)
Prozent (P)	55	45	0	**55**
Bestätigung der Hypothese			✓✓	

Hypothese 5b: Je höher der eingeschätzte intrinsische Nutzen eines Individuums, desto höher ist seine Nutzungsabsicht.

	Nutzungsabsicht E-Mail (t_3)			Gesamt
	-	o	+	
Intr. Nutzen E-Mail -	0	0	4	4
o	0	0	3	3
+	0	0	4	4
Gesamt	0	0	11	11

Alle der verwendbaren Merkmalskombinationen beinhalteten eine hohe Ausprägung der Nutzungsabsicht. In nur vier der vorliegenden elf Fälle bestätigte sich die Vorhersage der Hypothese. Vier IP zeigten trotz geringem intrinsischen Nutzen eine hohe Nutzungsabsicht. Die Hypothese hat sich somit **nicht bestätigt**.

	Kat. 1	Kat. 2	Kat. 3	Gesamt (A1+A2+A3)
Anzahl (A)	4	3	4	11
				Bewertung (P1 - P3)
Prozent (P)	36	27	36	0
Bestätigung der Hypothese				≫≪

4.4.7. Kalenderfunktion im Modul PIM (Zeitpunkt t_3)

Da *nach* dem Zeitpunkt t_3 keine Datenaufnahme mehr erfolgte, wurde Hypothese 6 (Einfluss der Nutzungsabsicht zum Zeitpunkt t_n auf die Quantität der Nutzung zum Zeitpunkt t_{n+1}) für die Kalenderfunktion im Modul PIM nicht getestet (vgl. Kapitel 2.5.3). Zudem wurde Hypothese 1d (Einfluss der Tippfähigkeit auf die Nutzungsqualität) nicht überprüft, da der für die Ermittlung der Bearbeitungszeit relevante Aufgabenteil (vgl. Kapitel 4.3.2) keine Eingaben über die

Tastatur beinhaltete. Da die Ausprägung des intrinsischen Nutzens hinsichtlich der Kalenderanwendung nur als statischer Wert vorliegt, wurde auch Hypothese 3b (Einfluss des EOU auf den intrinsischen Nutzen) nicht getestet (vgl. Kapitel 4.3.1).

4.4.7.1. Einflussfaktoren auf die Qualität der Nutzung

Hypothese 1a: Je mehr spezifische Erfahrung ein Individuum mit einer IT hat, desto höher ist seine Qualität der IT-Nutzung.

		Qualität Kalender (t_3)		Gesamt
		-	o	+	
Erfahrung Kalender (t_3)	-	5	3	2	10
	o	0	0	2	2
	+	0	0	2	2
Gesamt		5	3	6	14

Sieben IP zeigten die entsprechend ihrer Erfahrung prognostizierte Qualität hinsichtlich der Nutzung der Kalenderanwendung. Jedoch erzielten auch zwei IP ohne Nutzungserfahrung eine hohe Nutzungsqualität. Die Hypothese hat sich in diesem Szenario **tendenziell bestätigt**.

	Kat. 1	Kat. 2	Kat. 3	Gesamt (A1+A2+A3)
Anzahl (A)	7	5	2	**14**
				Bewertung (P1 - P3)
Prozent (P)	50	36	14	**36**
Bestätigung der Hypothese				✓

Hypothese 1b: Je mehr allgemeine IT-Kenntnisse ein Individuum hat, desto höher ist seine Qualität der IT-Nutzung.

		Qualität Kalender (t_3)			Gesamt
		-	o	+	
IT-Kenntnisse	-	4	2	1	7
	o	1	1	1	3
	+	0	0	4	4
Gesamt		5	3	6	14

In neun Fällen bestätigte sich die Hypothese vollständig. Allerdings zeigte eine IP trotz geringer IT-Kenntnisse eine hohe Nutzungsqualität. Insgesamt hat sich die Hypothese **deutlich bestätigt**.

	Kat. 1	Kat. 2	Kat. 3	Gesamt (A1+A2+A3)
Anzahl (A)	9	4	1	14
				Bewertung (P1 - P3)
Prozent (P)	64	29	7	57
Bestätigung der Hypothese				✓✓

Hypothese 1c: Je stärker die IT-Affinität eines Individuums ausgeprägt ist, desto höher ist seine Qualität der IT-Nutzung.

		Qualität Kalender (t_3)			Gesamt
		-	o	+	
IT-Affinität	-	3	2	1	6
	o	1	1	2	4
	+	1	0	3	4
Gesamt		5	3	6	14

Sieben Fälle entsprachen genau der Vorhersage der Hypothese. Eine IP zeigte jedoch trotz hoher IT-Affinität eine niedrige Nutzungsqualität, und eine IP zeigte trotz niedriger IT-Affinität eine hohe Nutzungsqualität. Insgesamt hat sich die Hypothese in diesem Szenario deshalb nur **tendenziell bestätigt**.

	Kat. 1	Kat. 2	Kat. 3	Gesamt (A1+A2+A3)
Anzahl (A)	7	5	2	14
				Bewertung (P1 - P3)
Prozent (P)	50	36	14	36
Bestätigung der Hypothese				✓

Hypothese 1e: Je mehr sich ein Individuum auf die Nutzung einer IT vorbereitet hat, desto höher ist seine Qualität der IT-Nutzung.

		Qualität Kalender (t_3)			Gesamt
		-	o	+	
Vorbereitung	-	1	0	0	1
	o	4	0	2	6
	+	0	3	4	7
Gesamt		5	3	6	14

Die Vorhersage der Hypothese bestätigte sich in fünf Fällen. Vier IP dagegen zeigten bei mittlerer Vorbereitung eine niedrige Nutzungsqualität. Die Hypothese hat sich **tendenziell bestätigt**.

	Kat. 1	Kat. 2	Kat. 3	Gesamt (A1+A2+A3)
Anzahl (A)	5	9	0	14
				Bewertung (P1 - P3)
Prozent (P)	36	64	0	36
Bestätigung der Hypothese			✓	

4.4.7.2. Einflussfaktoren auf die Einschätzung der Leichtigkeit der Nutzung (EOU)

Hypothese 2a: Je mehr Erfahrung ein Individuum mit einer IT hat, desto höher ist seine EOU.

		EOU Kalender (t_3)			Gesamt
		-	o	+	
Erfahrung Kalender (t_3)	-	1	5	4	10
	o	0	0	2	2
	+	0	0	2	2
Gesamt		1	5	8	14

In nur drei Fällen bestätigte sich die Hypothese. Von den zehn IP ohne Nutzungserfahrung bewerteten dagegen fünf IP die EOU als mittel und vier sogar als hoch. Die Hypothese hat sich deshalb in diesem Szenario **nicht** bestätigt.

	Kat. 1	Kat. 2	Kat. 3	Gesamt (A1+A2+A3)
Anzahl (A)	3	7	4	14
				Bewertung (P1 - P3)
Prozent (P)	21	50	29	-7
Bestätigung der Hypothese			≫≪	

202

Hypothese 2b: Je mehr allgemeine IT-Kenntnisse ein Individuum hat, desto höher ist seine EOU.

		EOU Kalender (t_3)			Gesamt
		-	o	+	
IT-Kenntnisse	-	1	3	3	7
	o	0	1	2	3
	+	0	1	3	4
Gesamt		1	5	8	14

Fünf IP bewerteten die EOU entsprechend der Vorhersage der Hypothese. Jedoch bewerteten von den sieben IP mit geringen IT-Kenntnissen drei die EOU als mittel und drei sogar als hoch. Die Hypothese hat sich somit **nicht bestätigt.**

	Kat. 1	Kat. 2	Kat. 3	Gesamt (A1+A2+A3)
Anzahl (A)	5	6	3	14
				Bewertung (P1 - P3)
Prozent (P)	36	43	21	14
Bestätigung der Hypothese				≫≪

Hypothese 2c: Je stärker die IT-Affinität eines Individuums ausgeprägt ist, desto höher ist seine EOU.

		EOU Kalender (t_3)			Gesamt
		-	o	+	
IT-Affinität	-	1	2	3	6
	o	0	1	3	4
	+	0	2	2	4
Gesamt		1	5	8	14

4. Ergebnisse

In nur vier Fällen bestätigte sich die Hypothese. Dagegen wurde die EOU auch von drei IP mit geringer und drei IP mit mittlerer IT-Affinität als hoch bewertet. Die Hypothese hat sich **nicht bestätigt**.

	Kat. 1	Kat. 2	Kat. 3	Gesamt (A1+A2+A3)
Anzahl (A)	4	7	3	14
				Bewertung (P1 - P3)
Prozent (P)	29	50	21	7
Bestätigung der Hypothese				≫≪

Hypothese 2d: Je mehr sich ein Individuum auf die Nutzung einer IT vorbereitet hat, desto höher ist seine EOU.

		EOU Kalender (t_3)			Gesamt
		-	o	+	
Vorbereitung	-	0	1	0	1
	o	1	3	2	6
	+	0	1	6	7
Gesamt		1	5	8	14

Neun IP bewerteten die EOU in Abhängigkeit von ihrer Vorbereitung auf die Systemumstellung entsprechend der Hypothese. Diese hat sich somit **deutlich bestätigt**.

	Kat. 1	Kat. 2	Kat. 3	Gesamt (A1+A2+A3)
Anzahl (A)	9	5	0	14
				Bewertung (P1 - P3)
Prozent (P)	64	36	0	64
Bestätigung der Hypothese				✓✓

4.4.7.3. Einflussfaktoren auf den eingeschätzten Nutzen

Hypothese 3a: Je höher die EOU eines Individuums, desto höher ist der eingeschätzte extrinsische Nutzen.

		Extr. Nutzen Kalender (t_3)			Gesamt
		-	o	+	
EOU Kalender (t_3)	-	1	0	0	1
	o	4	1	0	5
	+	2	1	4	7
Gesamt		7	2	4	13

In sechs Fällen entsprach die Einschätzung des extrinsischen Nutzens der Kalendernutzung der Hypothese. Jedoch schätzten auch zwei IP, die die EOU als hoch bewerteten, den extrinsischen Nutzen als gering ein. Die Hypothese hat sich **tendenziell bestätigt.**

	Kat. 1	Kat. 2	Kat. 3	Gesamt (A1+A2+A3)
Anzahl (A)	6	5	2	13
				Bewertung (P1 - P3)
Prozent (P)	46	38	15	31
Bestätigung der Hypothese				✓

4.4.7.4. Einflussfaktoren auf die Nutzungsabsicht

Hypothese 4: Je höher die EOU eines Individuums, desto höher ist seine Nutzungsabsicht.

		Nutzungsabsicht Kalender (t_3)		Gesamt
		-	o	+	
EOU Kalender (t_3)	-	1	0	0	1
	o	4	1	0	5
	+	2	2	4	8
Gesamt		7	3	4	14

In sechs Fällen bestätigte sich die Vorhersage der Hypothese vollständig. Allerdings hatten zwei IP trotz hoher Bewertung der EOU nicht die Absicht, den Kalender in der Zukunft zu nutzen. Die Hypothese hat sich somit in diesem Szenario nur **tendenziell bestätigt**.

	Kat. 1	Kat. 2	Kat. 3	Gesamt (A1+A2+A3)
Anzahl (A)	6	6	2	14
				Bewertung (P1 - P3)
Prozent (P)	43	43	14	29
Bestätigung der Hypothese				✓

Hypothese 5a: Je höher der eingeschätzte extrinsische Nut-
zen eines Individuums, desto höher ist seine Nutzungsab-
sicht.

		Nutzungsabs. Kalender (t$_3$)			Gesamt
		-	o	+	
Extr. Nutzen Kalender (t$_3$)	-	7	0	0	7
	o	0	2	0	2
	+	0	1	3	4
Gesamt		7	3	3	13

In zwölf der 13 verwendbaren Fälle bestätigte sich die Vorhersage der Hypothese.
Diese Hypothese hat sich somit **stark bestätigt**.

	Kat. 1	Kat. 2	Kat. 3	Gesamt (A1+A2+A3)
Anzahl (A)	12	1	0	**13**
				Bewertung (P1 - P3)
Prozent (P)	92	8	0	**92**
Bestätigung der Hypothese			✓✓✓	

Hypothese 5b: Je höher der eingeschätzte intrinsische Nut-
zen eines Individuums, desto höher ist seine Nutzungsab-
sicht.

		Nutzungsabsicht Kalender (t$_3$)			Gesamt
		-	o	+	
Intr. Nutzen Kalender	k.A.	0	1	0	1
	-	4	1	0	5
	o	2	0	1	3
	+	0	1	2	3
Gesamt		6	3	3	12

In sechs der verwendeten elf Fälle bestätigte sich die Vorhersage der Hypothese.
Diese hat sich in diesem Szenario **deutlich bestätigt**.

	Kat. 1	Kat. 2	Kat. 3	Gesamt (A1+A2+A3)
Anzahl (A)	6	5	0	11
				Bewertung (P1 - P3)
Prozent (P)	55	45	0	55
Bestätigung der Hypothese				✓✓

4.4.8. Zusammenfassung der Ergebnisse des Hypothesentests

	Unabhängige Variable	**Abhängige Variable**
H1a	Erfahrung (t_n)	Nutzungsqualität (t_n)
H1b	IT-Kenntnisse	Nutzungsqualität (t_n)
H1c	IT-Affinität	Nutzungsqualität (t_n)
H1d	Tippfähigkeit	Nutzungsqualität (t_n)
H1e	Vorbereitung	Nutzungsqualität (t_n)
H2a	Erfahrung (t_n)	Leichtigkeit der Nutzung (EOU) (t_n)
H2b	IT-Kenntnisse	Leichtigkeit der Nutzung (EOU) (t_n)
H2c	IT-Affinität	Leichtigkeit der Nutzung (EOU) (t_n)
H2d	Vorbereitung	Leichtigkeit der Nutzung (EOU) (t_n)
H3a	Leichtigkeit der Nutzung (EOU) (t_n)	Extrinsischer Nutzen (t_n)
H3b	Leichtigkeit der Nutzung (EOU) (t_n)	Intrinsischer Nutzen (t_n)
H4	Leichtigkeit der Nutzung (EOU) (t_n)	Nutzungsabsicht (t_n)
H5a	Extrinsischer Nutzen (t_n)	Nutzungsabsicht (t_n)
H5b	Intrinsischer Nutzen (t_n)	Nutzungsabsicht (t_n)
H6	Nutzungsabsicht (t_n)	Nutzung (t_{n+1})

Tabelle 4.14.: Aufgestellte Hypothesen

Anwendung	KI			E-Mail			Kalender
Zeitpunkt	t_1	t_2	t_3	t_1	t_2	t_3	t_3
H1a	•	≫≪	≫≪	•	✓✓	✓	✓
H1b	•	✓	≫≪	•	✓	✓	✓✓
H1c	•	✓	≫≪	•	≫≪	✓	✓
H1d	•	✓✓	✓✓✓	•	•	•	•
H1e	•	✓	✓	•	✓✓	✓✓	✓
H2a	•	✓	✓✓	•	≫≪	✓	≫≪
H2b	•	≫≪	≫≪	•	✓✓	✓	≫≪
H2c	•	≫≪	≫≪	•	✓	≫≪	≫≪
H2d	•	✓	✓	•	✓	✓✓	✓✓
H3a	•	≫≪	✓	•	✓	✓	✓
H3b	•	≫≪	✓✓	•	•	•	•
H4	•	≫≪	✓	•	≫≪	✓	✓
H5a	✓✓✓	✓✓✓	✓✓✓	✓✓✓	✓✓	✓✓	✓✓✓
H5b	≫≪	≫≪	≫≪	✓✓✓	≫≪	≫≪	✓✓
H6	✓✓✓	✓✓✓	•	✓✓	✓✓✓	•	•

Tabelle 4.15.: Ergebnisse der ersten Bewertung der aufgestellten Hypothesen

•	nicht überprüft
≫≪	nicht bestätigt
✓	tendenziell bestätigt
✓✓	deutlich bestätigt
✓✓✓	stark bestätigt

Tabelle 4.16.: Legende zu Tabelle 4.15

5. Diskussion

In Abschnitt 5.1 werden die Ergebnisse der Auswertung der Kreuztabellen aus Kapitel 4.4 interpretiert. Zunächst werden in Abschnitt 5.1.1 *getrennt für die drei betrachteten Funktionen* (Eingabe der Analyse im Modul KI sowie E-Mail- und Kalenderanwendung im Modul PIM) *die durch Auswertung der Kreuztabellen festgestellten Zusammenhänge der einzelnen Hypothesen analysiert.* Zur Erhöhung der internen Validität (vgl. Abschnitt 3.1.3.1) der Erkenntnisse (Dube und Pare, 2003) werden die gewonnenen Erkenntnisse *Zitaten der IP gegenüber gestellt,* die kausale Aussagen zu den jeweils betrachteten Zusammenhängen der Hypothesen beinhalten. Basierend auf den Erkenntnissen dieser Datentriangulation (Dube und Pare, 2003) wird eine *endgültige Bewertung* der in Kapitel 2.5 aufgestellten *Hypothesen* vorgenommen und das Zutreffen der einzelnen Hypothesen hinsichtlich *Unterschieden zu den drei betrachteten Zeitpunkten t_1, t_2 und t_3 untersucht.* Anschließend erfolgt in Abschnitt 5.1.2 eine *funktionsübergreifende Analyse,* in der die festgestellten Zusammenhänge bezüglich der einzelnen Anwendungen miteinander verglichen, Unterschiede herausgearbeitet und den Ergebnissen früherer Forschungsarbeiten gegenüber gestellt werden.

Darauf aufbauend werden Implikationen der gewonnenen Erkenntnisse für Wissenschaft (Abschnitt 5.2) und Praxis (Abschnitt 5.3) dargelegt, Limitationen aufgezeigt (Abschnitt 5.4) und Hinweise auf weitere Forschungsarbeiten zur Weiterführung der Untersuchungen gegeben (Abschnitt 5.5).

5.1. Interpretation der Ergebnisse und abschließende Beurteilung der aufgestellten Hypothesen

5.1.1. Analyse getrennt nach Funktionen

5.1.1.1. Modul KI (Funktion zum Eingeben der Analyse)

Einflussfaktoren auf die Qualität der Nutzung

Die festgestellten *Unterschiede* zwischen den IP in der Qualität der Nutzung, d.h. hinsichtlich der Zeit, die bei Aufgabe 1 von den IP benötigt wurde, um die vorgegebene Analyse in das Modul einzugeben, waren relativ gering bei dieser Funktion.[56] Zum Zeitpunkt t_2 erzielten neun IP eine mittlere Nutzungsqualität, zum Zeitpunkt t_3 zehn IP (vgl. Abbildung 4.1 bzw. Tabelle 4.10 in Kapitel 4.3.2).

Der Output dieser Funktion wird von den IP zwingend benötigt. Aus diesem Grund nutzten alle IP (mit Ausnahme der drei IP, die diese Tätigkeit durch eine Sekretärin erledigen ließen) die Funktion seit Einführung des neuen Onlinesystems. Das Konstrukt *Erfahrung* (gemessen über die Nutzungsdauer in Tagen) variierte deshalb bei den einzelnen IP zu den jeweils betrachteten Zeitpunkten nur gering. *Festgestellte Unterschiede der Nutzungsqualität zwischen den IP* können deshalb nicht über dieses Konstrukt erklärt werden. Hypothese 1a hat sich aus diesem Grund sowohl zu t_2 als auch zu t_3 **nicht** bestätigt.

Unterschiede hinsichtlich der Nutzungsqualität innerhalb der Gruppe können bei dieser Funktion nur durch solche Faktoren erklärt werden, bezüglich derer sich die IP hinsichtlich ihrer Ausprägungen (deutlicher) *unterschie-*

---

[56]Die Kreuztabellen, auf die sich dieser Abschnitt bezieht, finden sich in Kapitel 4.4.2.1 und 4.4.3.1.

den: die IT-Kenntnisse, die IT-Affinität, die Tippfähigkeit und die Vorbereitung.

Zum Zeitpunkt t_2 zeigte sich, dass *IT-Kenntnisse* (Hypothese 1b) und *IT-Affinität* (Hypothese 1c) einen schwachen Einfluss auf die *Nutzungsqualität* ausüben. Zur anfänglichen Orientierung in dem neuen System sind diese Eigenschaften somit hilfreich.

> *"Leute, die grundsätzlich PC-Erfahrung haben und Windows haben und schon mal in irgendeiner Weise etwas bei Amazon bestellt haben, wissen intuitiv, wie so eine Dateneingabe funktioniert"* (IP 12).

Der Einfluss bestand zum Zeitpunkt t_3 nicht mehr. Da sich die IP nun zunehmend in dem neuen System auskannten, mussten sie sich nicht mehr intuitiv in dem System orientieren, sondern *wussten*, an welcher Stelle der Benutzeroberfläche sich benötigte Felder für die Dateneingabe befinden. IP mit höheren IT-Kenntnissen und höherer IT-Affinität hatten dadurch zu dem späteren Zeitpunkt keinen erkennbaren Vorteil mehr und unterschieden sich hinsichtlich der Nutzungsqualität nicht mehr von IP mit geringeren Ausprägungen hinsichtlich dieser Eigenschaften.

Dagegen verstärkte sich der Einfluss der *Tippfähigkeit* (Hypothese 1d) vom Zeitpunkt t_2 zum Zeitpunkt t_3 auf die *Nutzungsqualität*. Eine Erklärung hierfür ist, dass zum Zeitpunkt t_2, als das System noch nicht so lange genutzt wurde, für die Nutzungsqualität (d.h. die benötigte Bearbeitungszeit) v.a. relevant war, wie gut sich eine IP innerhalb des Systems zurecht fand, d.h. die benötigten Felder zur Dateneingabe fand. Zum späteren Zeitpunkt t_3, zu dem die IP sich bereits gut in dem System auskannten, ergaben sich Unterschiede hinsichtlich der Bearbeitungszeit innerhalb der Gruppe v.a. durch die unterschiedliche Tippfähigkeit, d.h. die Schnelligkeit, mit der die IP die vorgegebenen Daten in die Felder der Anwendung eingeben konnten.

> *"Bis auf die großen Finger (beim Tippen) klappt alles gut"* (IP 4).

"[..] durch Tippfehler [..]. Das liegt an mir, das liegt nicht am System"
(IP 1).

Zu beiden Zeitpunkten bestand ein leichter Einfluss der *Vorbereitung* (Hypothese 1e) auf die *Nutzungsqualität* der KI; d.h. IP, die Schulungen und/oder die Lernmaterialien genutzt hatten, hatten tendenziell eine bessere Orientierungsfähigkeit im System und benötigten dadurch kürzere Bearbeitungszeiten.

"Ich habe dann drei, vier "Aha"-Effekte mitgenommen (in der Schulung), [..] wo man dann auch gesehen hat: OK, so funktioniert das"
(IP 9).

Durch ihre Vorbereitung auf die Nutzung des neuen Onlinesystems in Form von Schulungen und Lernmedien hatten die IP spezifische Kenntnisse bezüglich des Systems erworben. Während die IT-Kenntnisse und IT-Affinität nur zur anfänglichen Orientierung in dem System nützlich waren, blieb der Vorteil durch eine bessere Vorbereitung erhalten, d.h. IP mit einer besseren Vorbereitung benötigten tendenziell auch zum späteren Zeitpunkt eine geringere Zeit zur Dateneingabe und zeigten damit eine höhere Nutzungsqualität bezüglich dieser Funktion.

Einflussfaktoren auf die Einschätzung der Leichtigkeit der Nutzung (EOU)

Keine IP schätzte die EOU der Funktion zum Eingeben von Analysen im Modul KI als gering ein, d.h. alle IP bewerteten die EOU als mittel oder hoch.[57]

---

[57]Die Kreuztabellen, auf die sich dieser Abschnitt bezieht, finden sich in den Kapiteln 4.4.2.2 und 4.4.3.2.

"Die Oberfläche ist klasse. Die ist nicht nur für mich, sondern auch für Neue schnell verständlich" (IP 6).

"Es ist nicht schwerer. Also, es ist von der Benutzerfreundlichkeit sogar leichter" (IP 5).

Ein Einfluss der *Erfahrung* auf die *Bewertung der EOU* (Hypothese 2a) zeigte sich zu beiden Zeitpunkten.

"Was jetzt hier bei diesem System ist, ist dass ich noch ungeübter bin als im alten System [..] aber das gibt sich" (IP 6).

Zum Zeitpunkt t_2 bewerteten auch zwei IP *ohne* Nutzungserfahrung die EOU als hoch. Dies zeigt, dass es noch weitere Faktoren gibt, die neben spezifischer Nutzungserfahrung einen Einfluss auf die Bewertung der EOU ausüben.

Zum Zeitpunkt t_3 ist jedoch klar erkennbar, dass mit zunehmender Erfahrung auch die Bewertung des EOU gestiegen ist. Statt sechs bewerteten nun zehn der IP die EOU als hoch, acht von diesen hatten eine hohe Nutzungserfahrung.

"Wenn man sich länger damit beschäftigt, ist das auch verständlich" (IP 13).

"'Beim ersten Mal war es wesentlich schwieriger als jetzt" (IP 11).

IT-Kenntnisse (Hypothese 2b) und *IT-Affinität* (Hypothese 2c) zeigten zu keinem der beiden Zeitpunkte einen Einfluss auf die *Bewertung der EOU* der Funktion. Dies lässt sich dadurch erklären, dass es sich um eine Spezialanwendung handelt, die wenig Ähnlichkeiten zu IT-Anwendungen aufweist, die in anderen Kontexten genutzt werden. Aus diesem Grund werden allgemeine IT-Vorkenntnisse nicht als Vorteil bei der Nutzung dieser Anwendung empfunden. Außerdem wird die EOU dieser Funktion als hoch genug empfunden, um für die Nutzung nicht auf allgemeine IT-Kenntnisse angewiesen zu sein.

> *"Ich glaube, das ist mit unserem Programm recht einfach. Da muss man ja kein Computerspezialist sein, um das hinzukriegen"* (IP 10).

Interessant ist jedoch, dass diese Eigenschaften zum früheren Zeitpunkt t_2 einen leichten Einfluss auf die benötigte Bearbeitungsgeschwindigkeit, d.h. die erzielte Nutzungsqualität zeigten. Obwohl diese Eigenschaften somit bei der Nutzung der Funktion zum früheren Zeitpunkt zu einer Verbesserung der Leistung führten, nahmen IP mit einer höheren Ausprägung diese nicht als Vorteil wahr.

Ein Einfluss der *Vorbereitungen in Form von Schulungen oder Nutzung der Lernmedien* auf die *Bewertung der EOU* (Hypothese 2d) bestätigte sich zu beiden Zeitpunkten tendenziell. Durch die Vorbereitung hatten die IP spezifisches Wissen erworben, das ihnen bei der Bedienung der Anwendung hilfreich war. Aus diesem Grund fühlten sie sich sicherer hinsichtlich der Bedienung der Funktion und schätzten die EOU höher ein.

> *"Ich habe vielleicht eine halbe Stunde [..] Kundendaten da hineingehämmert. [..] Nachdem ich bei der Meinung angelangt war, dass ich da keine Probleme haben werde, habe ich es dann [..] gelassen"* (IP 9).

> *"Das Übungssystem habe ich einmal mit dem (IT Coach) zusammen gemacht [..]. Und dann habe ich gesehen, das bekomme ich hin"* (IP 6).

Ein wichtiger weiterer Einflussfaktor auf die *Bewertung der EOU* der Funktion im Modul KI wurde von den IP genannt, der nicht in dem ex-ante aufgestellten Bezugsrahmen enthalten war: Das Modul KI ist ähnlich aufgebaut wie das vorherige Vertriebssystem. Dadurch empfanden die IP ihre Erfahrungen mit dem Vorgängersystem als hilfreich bei der Nutzung der neuen Anwendung.

"Also ich finde es leicht [..] Das ist schon ziemlich gut vergleichbar (mit dem alten System)" (IP 6).

"Das war also sehr leicht zu erlernen, wenn man die Vorkenntnisse gehabt hat, es war ja angepasst an das vorherige Programm" (IP 8).

"Von der KI her ist das auch nichts Besonderes. Es sind eigentlich genau dieselben Funktionen wie im alten System, nur anders aufgebaut" (IP 13).

"[..] Wenn jemand einfach rein geworfen wird und das machen müsste, dann kann ich mir schon vorstellen, dass der Training braucht [..]. Wenn da aber jemand im Vorfeld schon damit gearbeitet hat, mit dem alten System, dann ist das relativ einfach" (IP 7).

Der Aspekt der Erfahrung mit dem Vorgängersystem hatte somit einen wichtigen Einfluss auf die Bewertung der EOU des Moduls KI des neu eingeführten Onlinesystems. Der Einfluss des Faktors *Kompatibilität der Anwendung mit früheren IT-Erfahrungen*[58] auf die EOU wurde aus diesem Grund als Hypothese 2e in den ex-ante aufgestellten Bezugsrahmen aufgenommen.

Einflussfaktoren auf den eingeschätzten Nutzen

Die *Bewertung der EOU* zeigte zum Zeitpunkt t_2 keinen Einfluss auf den *eingeschätzten extrinsischen Nutzen* der Nutzung der Funktion (Hypothese 3a).[59]

---

[58] Karahanna et al. (2006, S. 787) definieren das Konstrukt "Kompatibilität mit früherer Erfahrung" als "a fit between the target technology and a variety of users' past encounters with technology". Sie zeigen, dass dieser Aspekt einen positiven Einfluss auf die EOU hat.

[59] Die Kreuztabellen, auf die sich dieser Abschnitt bezieht, finden sich in den Kapiteln 4.4.2.3 und 4.4.3.3.

Zum Zeitpunkt t_3 weist die Kreuztabelle auf einen leichten Zusammenhang hin, zu diesem Zeitpunkt hat sich Hypothese 3a tendenziell bestätigt. Der Zusammenhang kommt jedoch dadurch zustande, dass mehr IP zu diesem Zeitpunkt die EOU hoch bewerteten. Diese IP hatten jedoch *auch schon zum Zeitpunkt t_2* den extrinsischen Nutzen als hoch bewertet. Die Bewertung des extrinischen Nutzens war also keine Folge der Bewertung der EOU und steht somit mit dieser in **keinem** kausalen Zusammenhang. Hypothese 3a ist somit für das Modul KI auch zum Zeitpunkt t_3 als **nicht zutreffend** zu bewerten.

Zum Zeitpunkt t_2 ist anhand der Analyse der Kreuztabellen kein Einfluss der *Bewertung der EOU* auf den *eingeschätzten intrinsischen Nutzen* erkennbar (Hypothese 3b). Allerdings wiesen die IP in den Interviews explizit auf diesen Zusammenhang hin:

> "*In den letzen Wochen oder in den ersten Wochen nach der Systemumstellung war natürlich der Spaßfaktor bei Minus, inzwischen holt er auf. (Jetzt ist er) bei kurz vor gleichgezogen vielleicht. Der Spaßfaktor hängt bei mir damit zusammen, wie ich das Ganze begreife. [..] Das ist eine Eingewöhnungssache*" (IP 11).

> "*Ansonsten, wenn ich ganz normal damit arbeite, dann muss ich sagen, es macht Spaß. Es ist halt auch schön übersichtlich aufgebaut, ich muss nicht lange suchen*" (IP 2).

Die EOU übte somit zum Zeitpunkt t_2 einen Einfluss auf den intrinsischen Nutzen aus, auch wenn dieser Zusammenhang bei Auswertung der entsprechenden Kreuztabelle nicht deutlich hervortritt. Die Hypothese ist somit auch zu diesem Zeitpunkt als bestätigt anzusehen.

Zum Zeitpunkt t_3 ist der Zusammenhang auch anhand der Auswertung der Kreuztabelle erkennbar, die Hypothese hat sich deutlich bestätigt.

"Es ist vielleicht einfach ein bisschen einfacher und dadurch macht es natürlich auch ein bisschen mehr Spaß als vorher" (IP 10).

Der Einfluss der EOU auf den intrinsischen Nutzen ist bei dieser Funktion somit zu beiden Zeitpunkten als bestätigt anzusehen.

Von den IP wird ein weiterer Einflussfaktor auf den *intrinsischen Nutzen* der Nutzung der Funktion genannt: Die Art der Tätigkeit bzw. die *Aufgabe*, die mit der entsprechenden Funktion ausgeführt wird, beeinflusst den Spaß, der bei der Nutzung der Anwendung empfunden wird:

"Mir macht es keinen Spaß, aber das liegt daran, dass ich grundsätzlich solche Sachen (Dateneingaben) als stupide empfinde. Die sind nicht so kreativ" (IP 12).

"Die Analyse mache ich, weil es gemacht werden muss. Es ist manchmal sehr zeitaufwändig die einzugeben, je nachdem, wieviel an Daten in die Analyse müssen. [..] Das mache ich nicht unbedingt gern [..], das muss ich aber machen. [..] Das liegt eher an der Aufgabe, denn Analysen eingeben ist nicht meine Lieblingstätigkeit. [..] Das liegt nicht am System, das System gibt ja eigentlich schon alles vor" (IP 8).

Die Art der Aufgabe stellt somit einen Einflussfaktor auf die Einschätzung des intrinsischen Nutzens einer Anwendung dar. Der Zusammenhang wird als Hypothese 3c in den Bezugsrahmen aufgenommen.

Einflussfaktoren auf die Nutzungsabsicht und die Quantität der Nutzung

Die Bewertung der EOU zeigte zum Zeitpunkt t_2 keinen Einfluss auf die *Nutzungsabsicht* (Hypothese 4).[60] Zum Zeitpunkt t_3 weist die Kreuztabelle dagegen auf einen schwachen Zusammenhang zwischen diesen beiden Variablen hin. Dieser ist jedoch analog zu dem Einfluss der EOU auf den extrinsischen Nutzen bei dieser Funktion zu interpretieren: Die IP mit einer hohen Nutzungsabsicht hatten diese auch schon zum Zeitpunkt t_2, als sie die EOU noch geringer einschätzten. Die hohe Nutzungsabsicht zum Zeitpunkt t_3 steht somit in keinem kausalen Zusammenhang zur hohen Bewertung der EOU zu diesem Zeitpunkt, d.h. wurde nicht durch diese verursacht. Die Hypothese ist aus diesem Grund auch zum Zeitpunkt t_3 zu **verwerfen**.

Es zeigte sich ein deutlicher Zusammenhang zwischen der Einschätzung des *extrinsischen* Nutzens und der *Nutzungsabsicht* dieser Anwendung (Hypothese 5a). Der Einfluss bestätigte sich mit 100 Punkten zu allen drei untersuchten Zeitpunkten t_1, t_2 und t_3 deutlich und ist der stärkste aller untersuchten Zusammenhänge.

"Die KI führt mich zu einem Ziel, zu dem Beratungsergebnis. Alles andere ist Spielerei" (IP 6).

"Man muss das System ausnutzen, sonst hat man keine Möglichkeit, dem Kunden irgendetwas zu präsentieren und dann auch sein Geld zu verdienen. [..] Wenn man das System nicht ausnutzt, dann hat man nicht die Möglichkeit, irgendetwas beim Kunden abzuschließen" (IP 14).

---

[60]Die Kreuztabellen, auf die sich dieser Abschnitt bezieht, finden sich in den Kapiteln 4.4.1, 4.4.2.4 und 4.4.3.4.

Der *intrinsische* Nutzen übte dagegen zu allen drei Zeitpunkten keinen Einfluss auf die *Nutzungsabsicht* dieses Moduls aus (Hypothese 5b).

> *"Ich sehe es eher als Arbeitspferd das Ganze. [..]. Eine Software muss mir keinen Spaß machen, sondern muss schnell und effizient Ergebnisse liefern"* (IP 9).

Der Einfluss der *Nutzungsabsicht* auf die *Quantität der Nutzung* (Hypothese 6) ist in beiden untersuchten Szenarios deutlich erkennbar: Zum Zeitpunkt t_2 verhielten sich alle IP entsprechend ihrer Nutzungsabsicht zum Zeitpunkt t_1. Zum Zeitpunkt t_3 wich eine IP vom zum Zeitpunkt t_2 beabsichtigten Verhalten ab: Entgegen der geäußerten Absicht, die Funktion nicht zu nutzen, nutzte diese IP die Funktion zum Zeitpunkt t_3 doch. Grund hierfür war, dass die Sekretärin im Urlaub war und die IP die entsprechenden Eingaben aus diesem Grund selbst vornehmen musste. Insgesamt ist zu konstatieren, dass die IP hinsichtlich des Moduls, dessen Output sie zwingend für ihre tägliche Arbeit benötigen, klare Absichten hinsichtlich der Nutzung haben und sich entsprechend dieser auch verhalten.

Modellanpassung auf Basis der Ergebnisinterpretation

In den Abbildungen 5.1, 5.2 und 5.3 sind die Bewertungen der ex-ante aufgestellten Hypothesen anhand der Ergebnisse aus Kapitel 4.4 und der qualitativen Interpretation dieser Ergebnisse in diesem Abschnitt in einem für jeden Zeitpunkt angepassten Bezugsrahmen graphisch dargestellt. Die mit "(Q)" gekennzeichneten Hypothesen wurden anhand der qualitativen Analyse neu aufgestellt bzw. entgegen der Auswertung der Kreuztabellen als zutreffend bewertet. Bei diesen Zusammenhängen ist keine Aussage über die Stärke möglich. Hypothesen, die sich anhand der Kreuztabellen und/oder der qualitativen Analyse in diesem Abschnitt nicht bestätigt haben, sind durch einen gestrichelten Pfeil dargestellt. Die Zusammenhänge der anderen Hypothesen entsprechen hinsichtlich der Stärke des Zutreffens den Ergebnissen der Analyse der Kreuztabellen aus Kapitel 4.4.

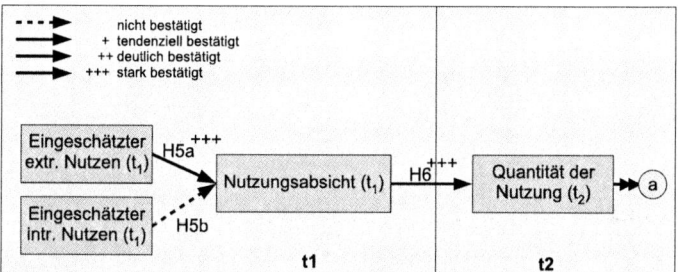

Abbildung 5.1.: Einflussfaktoren auf die Quantität der Nutzung der Funktion zum Eingeben von Analysen im Modul KI (Zeitpunkt t_1)

221

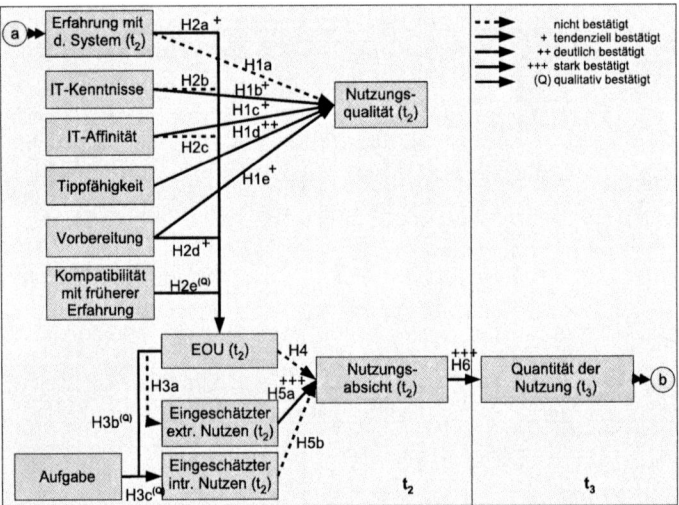

Abbildung 5.2.: Einflussfaktoren auf die Quantität und Qualität der Nutzung der Funktion zum Eingeben von Analysen im Modul KI (Zeitpunkt t_2)

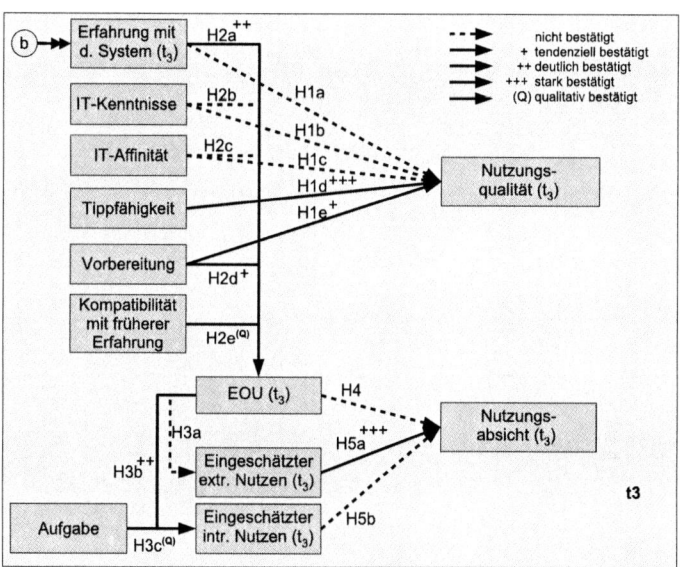

Abbildung 5.3.: Einflussfaktoren auf die Quantität und Qualität der Nutzung der Funktion zum Eingeben von Analysen im Modul KI (Zeitpunkt t_3)

5.1.1.2. E-Mail-Funktion im Modul PIM

Einflussfaktoren auf die Qualität der Nutzung

Die benötigte Zeit zum Bearbeiten der E-Mail, d.h. die Nutzungsqualität bei Aufgabe 2, variierte deutlich zwischen den einzelnen IP: Zu beiden Zeitpunkten erzielten nur drei IP eine *mittlere* Nutzungsqualität, d.h. benötigten eine Bearbeitungszeit, die um weniger als 20 Prozent vom Gruppendurchschnitt entfernt ist (vgl. Kapitel 4.3.2, Abbildung 4.1 und Tabelle 4.10).[61]

Der Einfluss der *Erfahrung*, die die IP mit dem Schreiben von E-Mails im Modul PIM bereits hatten, auf die *Nutzungsqualität* (Hypothese 1a) zeigte sich zu beiden Zeitpunkten. Zum Zeitpunkt t_2 erzielten alle vier IP, die bereits Erfahrung hatten, eine hohe Nutzungsqualität, so dass hier ein Zusammenhang erkennbar ist.

"[..] wie ich aus der Kundenakte diese E-Mail-Adresse bekomme. Das habe ich noch nie gemacht. [..] Ich denke mal, wenn man das täglich oder öfter macht, dann ist das ganz normal, dass man das dann schneller hinkriegt. [..] Für alle Dinge, die ich vorher noch nie gemacht habe, brauche ich natürlich länger, weil ich erstmal suchen und gucken muss" (IP 2).

"Mit der E-Mail [..], wenn ich das täglich machen würde, da wäre ich doppelt oder dreifach so schnell" (IP 7).

Zum Zeitpunkt t_3 ist ebenfalls zu beobachten, dass IP mit höherer Erfahrung tendenziell besser abschnitten. Allerdings deutet die Tatsache, dass auch IP *ohne* Erfahrung eine mittlere bzw. hohe Nutzungsqualität erzielten, dar-

---

[61] Die Kreuztabellen, auf die sich dieser Abschnitt bezieht, finden sich in den Kapiteln 4.4.5.1 und 4.4.6.1.

auf hin, dass andere Faktoren ebenfalls einen Einfluss auf die Nutzungsqualität ausüben.

Zu beiden Zeitpunkten zeigte sich tendenziell ein Einfluss der *IT-Kenntnisse* (Hypothese 1b) auf die *Nutzungsqualität*. Mit einer Ausnahme zum Zeitpunkt t_2 hatten alle IP, die eine niedrige Nutzungsqualität zeigten, geringe IT-Kenntnisse. Dass allerdings auch IP mit geringen IT-Kenntnissen eine hohe Nutzungsqualität erzielten, deutet ebenso wie bei dem Aspekt der Nutzungserfahrung darauf hin, dass IT-Kenntnisse eine Eigenschaft sind, die die Nutzungsqualität erhöhen, dass jedoch eine hohe Nutzungsqualität auch ohne hohe IT-Kenntnisse erzielt werden kann. Der Einfluss der IT-Kenntnisse kann dadurch erklärt werden, dass die E-Mail-Anwendung im Modul PIM vom Aufbau und von der Funktionsweise mit gängigen E-Mail-Programmen vergleichbar ist. IP mit höheren IT-Kenntnissen hatten mehr Erfahrung in der Nutzung von Software-Anwendungen; diese allgemeinen Vorkenntnisse verschafften ihnen bei der Bedienung dieser Anwendung einen leichten Vorteil.

Ein Einfluss der *IT-Affinität* auf die Nutzungsqualität (Hypothese 1c) besteht nur zum Zeitpunkt t_3. Der Zusammenhang hat sich jedoch zu diesem Zeitpunkt anhand der Auswertung der Kreuztabellen nur knapp bestätigt, zum Zeitpunkt t_2 dagegen knapp *nicht* bestätigt. Der Unterschied hinsichtlich der Stärke des Zusammenhangs ist somit zwischen den beiden Zeitpunkten gering. Die IP, die eine niedrige Nutzungsqualität aufwiesen, hatten zum größten Teil eine geringe IT-Affinität. Die IP mit hoher IT-Affinität erzielten dagegen zum größten Teil eine hohe Nutzungsqualität. Es zeigten jedoch auch IP mit geringer und mittlerer IT-Affinität eine hohe Nutzungsqualität.

Ein Einfluss der *Vorbereitung* auf die *Nutzungsqualität* (Hypothese 1e) ist zu beiden Zeitpunkten deutlich erkennbar: Fast alle IP, die eine hohe Nutzungsqualität erzielten, hatten sich gut auf die Systemumstellung vorbereitet. Dadurch hatten sie eine bessere Orientierungsfähigkeit im System und benötigten kürzere Bearbeitungszeiten. IP mit schlechterer Vorbereitung erzielten dagegen eine mittlere oder niedrige Nutzungsqualität.

"Das (Lernvideo) fand ich richtig klasse, da es ja wirklich Schritt für Schritt mit Ton erklärt wird. [..] Und dann kann man auch nichts mehr falsch machen" (IP 10).

Einflussfaktoren auf die Einschätzung der Leichtigkeit der Nutzung (EOU)

Die EOU der E-Mail-Funktion wurde von fast allen IP als mittel bzw. hoch eingeschätzt.[62]

"Was wir hier bekommen von der Anwendungssoftware, ist so logisch aufgebaut, dass ich keine Angst davor habe. Wenn ich eins und eins zusammenzählen kann, dann kann ich so ein Ding bedienen" (IP 4).

Zu t_2 hatte nur eine der elf IP, deren Aussage verwendet werden konnte, bereits *Erfahrung* mit der Funktion. Aus dem Grund konnten hier keine Zusammenhänge hinsichtlich der *Bewertung der EOU* analysiert und Hypothese 2a anhand der Kreuztabelle nicht bestätigt werden.

Zum Zeitpunkt t_3 ist ein Einfluss der Erfahrung auf die Bewertung der EOU erkennbar, die Hypothese 2a hat sich tendenziell bestätigt. IP mit höherer Erfahrung schätzten die EOU tendenziell höher, IP mit geringerer Erfahrung dagegen tendenziell geringer ein.

"Bei der E-Mail mit Sicherheit unsicherer [..], weil ich das noch nie gemacht habe" (IP 2).

---

[62]Die Kreuztabellen, auf die sich dieser Abschnitt bezieht, finden sich in den Kapiteln 4.4.5.2 und 4.4.6.2.

"Wenn ich es (E-Mail eingeben) noch einmal machen würde, dann wäre ich wahrscheinlich gleich drin, da kann man sich unheimlich schnell dran gewöhnen. Also ich denke, das geht relativ schnell" (IP 7).

Die qualitativen Aussagen deuten darauf hin, dass auch zum Zeitpunkt t_2 ein Einfluss der Erfahrung auf die EOU bestand. Die Hypothese 2a wird deshalb auch zum Zeitpunkt t_2 als bestätigt angesehen.

Zum Zeitpunkt t_2 zeigten *IT-Kenntnisse* (Hypothese 2b) und *IT-Affinität* (Hypothese 2c) einen Einfluss auf die *Bewertung der EOU*: IP mit höheren Ausprägungen bezüglich dieser Eigenschaften bewerteten die EOU tendenziell höher. Zu diesem früheren Zeitpunkt hatten die IP die Funktion zum größten Teil noch nicht genutzt, d.h. hatten keine Erfahrung mit ihr. Es erscheint plausibel, dass aus diesem Grund die allgemeinen IT-bezogenen Kenntnisse als erleichternd hinsichtlich der Bedienung der Funktion empfunden wurden und dadurch einen positiven Einfluss auf die Bewertung der EOU ausübten. Der Einfluss der IT-Affinität kann durch eine geringe Hemmung gegenüber neuen IT-Anwendungen erklärt werden, die sich positiv auf die Bewertung der EOU auswirkt. IP 5 hat eine hohe IT-Affinität und hohe IT-Kenntnisse:

"Beim PIM macht man ja nicht solche gravierenden Sachen, die auf anderen Sachen basieren, empfinde ich jetzt so. Also, mal schnell eine E-Mail schreiben oder so, das ist ja kein Hit" (IP 5).

Zu t_3 verringerte sich jedoch der Einfluss der IT-Kenntnisse leicht; auch IP mit geringen bzw. mittleren IT-Kenntnissen schätzten die EOU hoch ein. Der Einfluss der IT-Affinität auf die Bewertung der EOU war zum Zeitpunkt t_3 nicht mehr vorhanden. Beide Effekte können durch eine Zunahme der spezifischen Kenntnisse erklärt werden: Diese wurden zum späteren Zeitpunkt t_3 verstärkt als Basis für die Bewertung der EOU herangezogen, und weniger die allgemeinen IT-

Kenntnisse. Dadurch verlor auch die allgemeine Einstellung gegenüber IT, d.h. die IT-Affinität an Einfluss auf die Bewertung der EOU.

Ein Einfluss der *Vorbereitungen* in Form von Schulungen oder Nutzung der Lernmedien zeigte sich zu beiden Zeitpunkten tendenziell auf die *Bewertung der EOU* der E-Mail-Anwendung (Hypothese 2d): IP mit einer besseren Vorbereitung empfanden die Bedienung tendenziell leichter als IP mit einer geringeren Vorbereitung.

"Ich habe das Übungsprogramm noch nie gemacht, also da war ich noch nie drin und deswegen weiß ich auch jetzt gar nicht unbedingt, welche Möglichkeiten es da überall gibt und was man damit alles machen kann" (IP 2).

Einflussfaktoren auf den eingeschätzten Nutzen

Die quantitativen Ergebnisse deuten zu beiden Zeitpunkten auf einen schwachen Einfluss der *Bewertung der EOU* auf die Einschätzung des *extrinsischen Nutzens* hin (Hypothese 3a).[63] Bei genauerer Betrachtung zeigt sich jedoch, dass die Anzahl der IP, die den extrinsischen Nutzen hoch einschätzten, zwischen dem Zeitpunkt t_2 und t_3 fast gleich blieb. Dagegen stieg die Anzahl der IP, die den EOU als hoch bewerteten, deutlich von t_2 zu t_3. Die hohe Einschätzung des extrinsischen Nutzens war somit auch schon vor der höheren Bewertung des EOU vorhanden und ist nicht zum Zeitpunkt t_3 als Folge dieser zu interpretieren. Die Hypothese wird aus diesem Grund zu beiden Zeitpunkten zu **verworfen**.

Da die Einschätzung des *intrinsischen Nutzens* hinsichtlich der E-Mail-Funktion nur als statische Größe erfasst werden konnte, wurde Hypothese 3b bei dieser Funktion nicht untersucht.

---

[63]Die Kreuztabellen, auf die sich dieser Abschnitt bezieht, finden sich in den Kapiteln 4.4.5.3 und 4.4.6.3.

Einflussfaktoren auf die Nutzungsabsicht und die Quantität der Nutzung

Bei der E-Mail-Funktion zeigte sich deutlich, dass die Nutzung dieser Funktion freiwillig war: Zum Zeitpunkt t_1 hatte sich die Hälfte der 14 IP noch nicht mit der Funktion auseinander gesetzt und konnte keine Einschätzung des erwarteten Nutzens bzw. der Nutzungsabsicht angeben.[64] Auch zum Zeitpunkt t_2 hatten sich zwei IP immer noch nicht mit der Funktion beschäftigt.

Ein Einfluss der *EOU* auf die *Nutzungsabsicht* (Hypothese 4) konnte zum Zeitpunkt t_2 nicht bestätigt werden. Die quantitativen Daten weisen zum Zeitpunkt t_3 auf einen Einfluss der EOU auf die Nutzungsabsicht hin. Bei näherer Analyse der Kreuztabelle ist jedoch zu sehen, dass die hohe Nutzungsabsicht bei den IP auch schon zum Zeitpunkt t_2 vorhanden war, als sie die EOU als mittel bewerteten. Zum späteren Zeitpunkt t_3 bewerteten mehr IP die EOU als hoch. Die sich dadurch ergebenden Merkmalskombinationen (hohe Bewertung der EOU und hohe Nutzungsabsicht) führen zu einer Bestätigung von Hypothese 4. Die hohe Nutzungsabsicht steht jedoch nicht in einem kausalen Zusammenhang mit der hohen Bewertung der EOU. Aus diesem Grund ist Hypothese 4 auch zum Zeitpunkt t_3 zu **verwerfen**.

Deutlich erkennbar ist, dass die Einschätzung des *extrinsischen Nutzens* zu allen Zeitpunkten einen starken bzw. deutlichen Einfluss auf die *Nutzungsabsicht* ausübt (Hypothese 5a): (Extrinsische) Vorteile durch die Nutzung der E-Mail-Anwendung in PIM gegenüber einer anderen E-Mail-Anwendung sehen die IP v.a. in der gemeinsamen Datenbank mit dem Modul KI: Werden bei Eingabe der Analyse im Modul KI auch die E-Mail-Adressen der Kunden erfasst, werden diese automatisch in das Adressbuch der E-Mail-Anwendung im Modul PIM übernommen. In unternehmensinternen E-Mails können des Weiteren Links zu Kundendaten enthalten sein, die durch einen Klick im Modul KI direkt aufge-

---

[64]Die Kreuztabellen, auf die sich dieser Abschnitt bezieht, finden sich in den Kapiteln 4.4.4, 4.4.5.4 und 4.4.6.4.

rufen werden können, wenn die E-Mail mit der E-Mail-Funktion im Modul PIM abgerufen wird. Diese Verknüpfung der beiden Module wird explizit als Grund der Nutzung genannt:

> '"[..] Weil der Vorteil da ist, dass man direkt Zugriff hat auf die Verträge. Da ist eine Verknüpfung da. Diese Verknüpfungen funktionieren dann nicht, wenn ich die Weiterleitung auf meine private E-Mail-Adresse mache" (IP 6).

> '"Wenn ich in der KI irgendetwas ändere, ist es automatisch auch in PIM geändert. Und dann eben auch die E-Mail-Adresse. [..] Als es vorgestellt wurde, [..] habe ich gleich gesagt, okay, also sobald das da ist, sobald PIM geht, lösche ich bei mir Outlook" (IP 12).

Der Einfluss des extrinsischen Nutzens auf die Nutzungsabsicht ist durchgängig zu allen drei Zeitpunkten zu beobachten. Die Abschwächung von t_1 zu t_2 und t_3 ist dadurch zu erklären, dass sich zum Zeitpunkt t_1 v.a. solche IP schon mit der Funktion auseinander gesetzt hatten, die den extrinsischen Nutzen hoch einschätzten. Zum Zeitpunkt t_2 und t_3 hatten dagegen auch einige IP eine hohe Nutzungsabsicht, die den extrinsischen Nutzen mittel einschätzten.

Zu t_1 besteht ein starker Einfluss des eingeschätzten *intrinsischen Nutzens* auf die *Nutzungsabsicht* (Hypothese 5b). Dieser Einfluss ist jedoch ab t_2 nicht mehr vorhanden, d.h. zu den Zeitpunkten t_2 und t_3 wird die Nutzungsabsicht allein durch den extrinsischen Nutzen bestimmt. Folgende Erklärung erscheint hierfür plausibel: Zum Zeitpunkt t_1 hatten sich viele IP noch nicht mit dem neuen System beschäftigt.

> "Ich weiß so gut wie gar nichts [..] über das neue System" (IP 2 zum Zeitpunkt t_1).

Vier der fünf IP, die sich zum Zeitpunkt t_1, d.h. vor der Einführung des neuen Onlinesystems bereits mit der E-Mail-Funktion beschäftigt hatten, schätzten den intrinsischen Nutzen hoch ein und hatten auch eine hohe Nutzungsabsicht. Dies spricht dafür, dass sich v.a. solche IP bereits frühzeitig mit der freiwilligen E-Mail-Funktion auseinander gesetzt hatten, die den intrinsischen Nutzen der Nutzung dieser Funktion als hoch einschätzten. Aus diesem Grund findet Hypothese 3b zum Zeitpunkt t_1 eine starke Bestätigung.

Zum Zeitpunkt t_2 hatten sich auch die IP, die den intrinsischen Nutzen geringer einschätzen, mit der Funktion auseinander gesetzt. Auch diese hatten nun vor, die Funktion in der Zukunft zu nutzen, so dass dadurch zu diesem Zeitpunkt und auch zum Zeitpunkt t_3 kein Einfluss des eingeschätzten intrinsischen Nutzen mehr erkennbar ist. Manche IP betonten sogar explizit, dass der intrinsische Nutzen für sie keinen Grund für eine Nutzung darstellt:

> "*Da muss man immer ein bisschen aufpassen, wenn es Spaß macht, da drin zu arbeiten. Dann sitzt man wahrscheinlich länger dran, wie wenn man sagt, okay, ich nutze es jetzt beruflich*" (IP 7).

Der Zusammenhang zwischen der *Nutzungsabsicht* und der *Quantität der Nutzung* (Hypothese 6) bestätigte sich in beiden untersuchten Szenarios deutlich bzw. stark. Die über die Kreuztabellen ermittelte Stärke des Zusammenhangs erhöhte sich von t_1 zu t_2. Allerdings liegen die Beurteilungswerte nicht weit auseinander (71 Prozentpunkte zu t_1 und 83 Prozentpunkte zu t_2), so dass der tatsächliche Unterschied nicht gravierend ist.

In den Abbildungen 5.4, 5.5 und 5.6 sind die Bewertungen der ex-ante aufgestellten Hypothesen anhand der Ergebnisse aus Kapitel 4.4 und der qualitativen Interpretation dieser Ergebnisse in diesem Abschnitt in einem für jeden Zeitpunkt angepassten Bezugsrahmen graphisch dargestellt. Die mit "(Q)" gekennzeichneten Hypothesen wurden anhand der qualitativen Analyse neu aufgestellt bzw. entgegen der Auswertung der Kreuztabellen als zutreffend bewertet. Bei diesen Zusammenhängen ist keine Aussage über die Stärke möglich. Hypothesen, die sich anhand der Kreuztabellen und/oder der qualitativen Analyse in diesem Abschnitt nicht bestätigt haben, sind durch einen gestrichelten Pfeil dargestellt. Die Zusammenhänge der anderen Hypothesen entsprechen hinsichtlich der Stärke des Zutreffens den Ergebnissen der Analyse der Kreuztabellen aus Kapitel 4.4.

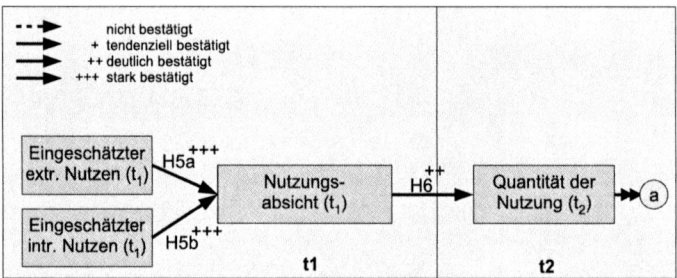

Abbildung 5.4.: Einflussfaktoren auf die Quantität der Nutzung der E-Mail-Funktion im Modul PIM (Zeitpunkt t_1)

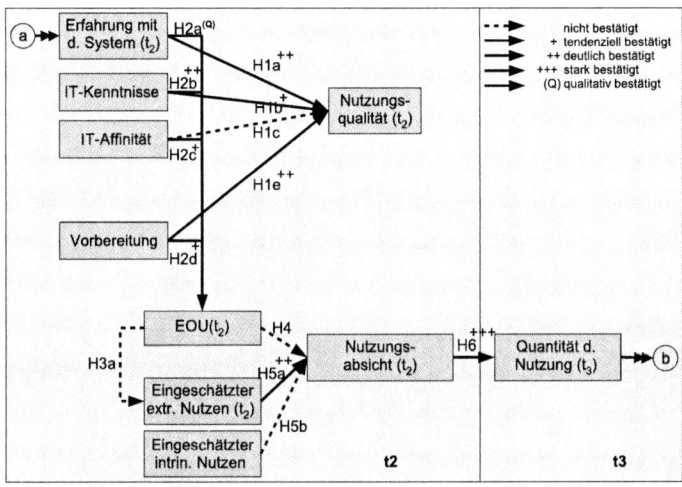

Abbildung 5.5.: Einflussfaktoren auf die Quantität und Qualität der Nutzung der E-Mail-Funktion im Modul PIM (Zeitpunkt t_2)

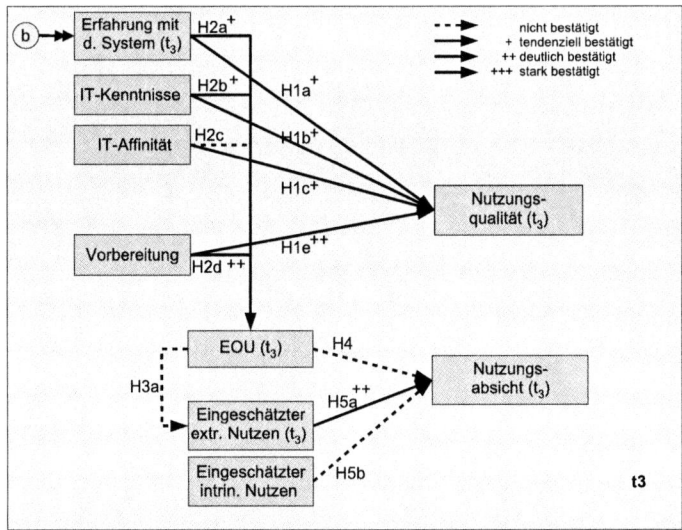

Abbildung 5.6.: Einflussfaktoren auf die Quantität und Qualität der Nutzung der E-Mail-Funktion im Modul PIM (Zeitpunkt t_3)

5.1.1.3. Kalenderfunktion im Modul PIM

Einflussfaktoren auf die Qualität der Nutzung

Die benötigten Zeiten zur Eingabe des Termins in die Kalenderanwendung im Modul PIM wichen bei den IP zum (einzigen) Beobachtungszeitpunkt t_3 deutlich voneinander ab (vgl. Kapitel 4.3.2, Abbildung 4.1 und Tabelle 4.10). Nur drei IP erzielten eine *mittlere* Nutzungsqualität, d.h. benötigten eine Bearbeitungszeit, die um weniger als 20 Prozent vom Gruppendurchschnitt entfernt ist (vgl. Kapitel 4.3.2, Abbildung 4.1 und Tabelle 4.10).

Die *Erfahrung* übte einen Einfluss auf die *Nutzungsqualität* aus (Hypothese 1a):[65] Alle IP, die die Kalenderanwendung bereits genutzt hatten, zeigten eine hohe Nutzungsqualität, während alle IP, die eine niedrige Nutzungsqualität aufwiesen, keine Nutzungserfahrung hatten. Jedoch zeigten auch IP ohne Nutzungserfahrung eine hohe Nutzungsqualität.

Ebenfalls zeigte sich ein Einfluss der *IT-Kenntnisse* auf die *Nutzungsqualität* (Hypothese 1b): Alle IP mit hohen IT-Kenntnissen zeigten eine hohe Nutzungsqualität, und fast alle IP, die eine niedrige Nutzungsqualität erzielten, hatten geringe IT-Kenntnisse.

Analog ist der Zusammenhang zwischen *IT-Affinität* und *Nutzungsqualität* (Hypothese 1c). Hier ist der Zusammenhang jedoch schwächer, da auch eine IP mit hoher IT-Affinität eine niedrige Nutzungsqualität aufwies.

Ein Einfluss der *Vorbereitung* auf die *Nutzungsqualität* (Hypothese 1e) ist ebenfalls erkennbar: Keine der IP mit hoher Vorbereitung zeigte eine niedrige Nutzungsqualität, und die IP mit schlechter Vorbereitung liegt im niedrigen Bereich

---

[65] Die Kreuztabellen, auf die sich dieser Abschnitt bezieht, finden sich in Kapitel 4.4.7.1.

der Nutzungsqualität. Jedoch zeigten IP mit mittlerer Vorbereitung sowohl eine niedrige als auch eine hohe Nutzungsqualität.

Insgesamt lässt sich somit konstatieren, dass alle vier Faktoren einen Einfluss auf die Nutzungsqualität ausübten. Die Ergebnisse deuten darauf hin, dass es sich um Substitute handelt: Einige IP zeigten beispielsweise trotz geringer Erfahrung eine mittlere oder hohe Nutzungsqualität. Es erscheint plausibel, dass diese IP den Mangel an spezifischen Nutzungskenntnissen durch allgemeines IT-Wissen oder durch eine gute Vorbereitung ausgleichen konnten.

Einflussfaktoren auf die Einschätzung der Leichtigkeit der Nutzung (EOU)

Die EOU der Kalenderanwendung wurde wie auch die der anderen beiden betrachteten Funktionen von fast allen IP als mittel bis hoch eingeschätzt.[66]

Alle IP, die die Kalenderanwendung bereits genutzt hatten, d.h. bei denen *Erfahrung* vorlag, bewerteten die *EOU* als hoch (Hypothese 2a). Nur IP ohne Nutzungserfahrung stuften die EOU als mittel bzw. gering ein. Der Zusammenhang wird auch von den IP bestätigt:

> "*Schon etwas Neues [..], schon ein bisschen unsicher. Wo gebe ich den Termin ein, das wäre mir jetzt schon wieder zu kompliziert*" (IP 11).

Allerdings stuften auch vier IP ohne Nutzungserfahrung die EOU als *hoch* ein. Dies spricht dafür, dass auch andere Faktoren unabhängig von der Nutzungserfahrung einen Einfluss auf die Bewertung der EOU ausüben. Die Analyse zeigt jedoch, dass ein Einfluss der Erfahrung auf die Bewertung der EOU vorhanden

---

[66]Die Kreuztabellen, auf die sich dieser Abschnitt bezieht, finden sich in Kapitel 4.4.7.2.

ist. Die Hypothese wird aus diesem Grund entgegen der Bewertung der entsprechenden Kreuztabelle als bestätigt angesehen.

Ebenfalls ist ein Einfluss der *IT-Kenntnisse* auf die *Bewertung der EOU* erkennbar (Hypothese 2b): Bis auf eine Ausnahme bewerteten alle IP mit hohen IT-Kenntnissen die EOU als hoch. IP 5 hat hohe IT-Kenntnisse. Sie empfindet die Nutzung als leicht:

> *"Beim PIM macht man ja nicht solche gravierenden Sachen, die auf anderen Sachen basieren, empfinde ich jetzt so. [..] Mal schnell im Kalender einen Termin eintragen, das ist auch kein Hit"* (IP 5).

Vier der sechs IP, die die EOU als mittel oder gering bewerteten, hatten dagegen geringe IT-Kenntnisse. Die Analyse zeigt somit, dass ein Einfluss vorhanden ist, auch wenn dieser anhand der Bewertung der Kreuztabelle nicht aufgezeigt wurde. Die Hypothese wird aufbauend auf diesen Überlegungen entgegen der Bewertung der entsprechenden Kreuztabelle doch als bestätigt angesehen.

Ein Einfluss der *IT-Affinität* auf die *Bewertung der EOU* (Hypothese 2c) ist anhand der Bewertung der entsprechenden Kreuztabelle nicht erkennbar, und auch die Aussagen der Interviews deuten nicht auf einen entsprechenden Zusammenhang hin.

Deutlich zeigt sich jedoch, dass IP mit einer besseren *Vorbereitung* die *EOU* höher und IP mit geringerer Vorbereitung die EOU schlechter bewerteten (Hypothese 2d).

> *"Nach den Schulungen [..] habe ich mir gedacht: Ja, ok, es kann ja nicht so schwer sein"* (IP 10).

Die Daten deuten darauf hin, dass die drei Faktoren Erfahrung, IT-Kenntnisse und Vorbereitung gemeinsam einen Einfluss auf die Bewertung der EOU der Kalenderanwendung ausüben: Eine hohe Bewertung kann entweder durch Nutzungs-erfahrung **oder** durch hohe IT-Kenntnisse **oder** durch eine gute Vorbereitung bedingt werden.

Die IP wiesen auf einen weiteren Faktor hin, der die *Bewertung der EOU* be-einflusst: IP, die *Erfahrung mit einer anderen elektronischen Kalenderanwendung* hatten, empfanden die Nutzung der Kalenderanwendung im Modul PIM als leich-ter, d.h. bewerteten die EOU höher. Dies erklärt sich dadurch, dass sich solche Anwendungen in der Funktionsweise ähneln. Dadurch fanden sich IP mit ent-sprechenden Vorkenntnissen in der Kalenderanwendung im Modul PIM leichter zurecht.

> "*Habe ich noch nie gemacht. In dem Kalender (im Modul PIM) zu-mindest nicht. Aber wenn man im Outlook gearbeitet hat, denke ich, ist der Kalender (im Modul PIM) auch nicht so schwierig*" (IP 8).

> "*Am sichersten [..] bei der Termineingabe. Weil ich das täglich [..] mache (in Outlook) und es fast identisch ist (zu Outlook)*" (IP 7).

Der Einfluss des Faktors *Kompatibilität der Anwendung mit früheren IT-Erfahrungen*[67] auf die EOU wird deshalb als Hypothese 2e in den Bezugsrahmen aufgenommen.

Einflussfaktoren auf den eingeschätzten Nutzen

Der Einfluss der *Bewertung der EOU* auf die *Einschätzung des extrinsischen Nut-zens* (Hypothese 3a) hat sich anhand der Kreuztabellen tendenziell bestätigt.[68] Alle IP, die den extrinsischen Nutzen hoch einschätzten, bewerteten auch die EOU hoch. Die Verteilung der Merkmalskombinationen deutet jedoch darauf hin, dass

---

[67]Dieses Konstrukt wurde auch als Einflussfaktor auf die EOU des Moduls KI konzeptualisiert, vgl. Abschnitt 5.1.1.1.
[68]Die Kreuztabelle, auf die sich dieser Abschnitt bezieht, findet sich in Kapitel 4.4.7.3.

eine hohe Ausprägung der EOU zwar eine notwendige, aber keine hinreichende Voraussetzung für eine hohe Einschätzung des extrinsischen Nutzens bei dieser Funktion darstellt. So schätzten zwei IP, die die EOU als hoch bewerteten, den extrinsischen Nutzen der Anwendung als gering ein.

Da die Einschätzung des *intrinsischen Nutzens* hinsichtlich der Kalenderfunktion nur als statische Größe erfasst werden konnte, wurde Hypothese 3b bezüglich dieser Funktion nicht untersucht.

Einflussfaktoren auf die Nutzungsabsicht

Alle IP mit hoher *Nutzungsabsicht* bewerteten die *EOU* als hoch (Hypothese 4).[69] Jedoch bewerteten auch IP mit *geringer* Nutzungsabsicht die EOU als mittel und hoch. Das Ergebnis weist somit auf einen Einfluss in Form einer notwendigen, aber nicht hinreichenden Voraussetzung hin, d.h. nur solche IP, die die EOU als hoch bewerteten, zeigten eine hohe Nutzungsabsicht, aber nicht alle IP, die die EOU als hoch bewerteten, hatten eine hohe Nutzungsabsicht.

Deutlich wird die *Nutzungsabsicht* durch die Einschätzung des *extrinsischen Nutzens* (Hypothese 5b) bestimmt: Alle IP, die den extrinsischen Nutzen als gering einschätzten, beabsichtigten nicht, den Kalender zu nutzen; dagegen schätzten alle IP mit hoher Nutzungsabsicht den extrinsischen Nutzen als hoch ein.

Beispielsweise IP 3, IP 6 und IP 12 schätzten den extrinsischen Nutzen der Nutzung der Kalenderanwendung als gering ein:

> "*Im Kalender bisher noch nichts Konkretes gemacht.[..] Ich denke, dass ich mit dem auch gar nicht arbeiten werde, [..] weil ich darin keinen Sinn sehe*" (IP 3).

---

[69]Die Kreuztabelle, auf die sich dieser Abschnitt bezieht, findet sich in Kapitel 4.4.7.4.

"In dem Benachrichtigungsprogramm, da kann ich in den Kalender Termine setzen, die dann von den Mitarbeitern bestätigt werden können. So, jetzt habe ich vier Mitarbeiter, brauche ich das nicht. Also ich bin mit meinen Leuten so in Kontakt, da werde ich denen nicht noch Briefchen schicken" (IP 6).

"Ich denke, er (der Papierkalender) hat mehr Vielfalt. [..] Ich schaue in meinen Kalender und ich sehe, Hans Müller war jetzt schon vier Mal geplant und jedes Mal ist er ausgefallen. Dann überlege ich mir natürlich, ob ich den noch ein fünftes Mal anrufen will. Wenn das aber alles digital ist, dann kriege ich das so nicht mit" (IP 12).

IP 4 dagegen sah den Vorteil einer leichteren Terminabsprache mit Mitarbeitern durch Nutzung der Kalenderanwendung:

"'Wenn jeder in das System reingehen kann, und er sagt, dass er einen Termin möchte und er sieht, dass der schon blockiert ist, hat das ja auch nur Vorteile" (IP 4).

Der eingeschätzte *intrinsische Nutzen* übte ebenfalls einen deutlichen Einfluss auf die *Nutzungsabsicht* (Hypothese 5b) aus, dieser war jedoch etwas schwächer als der des extrinsischen Nutzens. IP 10 freute sich beispielsweise darauf, die Kalenderanwendung zur Verabredung mit befreundeten Kollegen zu verwenden:

"Ich freue mich auch auf das Neue [..] mit dem PIM [..]. Dass man sich da vielleicht einfach schnell mal eben was hin- und herschickt oder "kannst du dann und dann" [..], weil wir in der Gruppe schon auch mittlerweile zum Teil richtig gute Freunde geworden sind" (IP 10).

Der Einfluss des intrinsischen Nutzens auf die Absicht, die Kalenderanwendung zu nutzen, ist so zu erklären, dass diese Anwendung die einzige der drei betrachteten ist, zu der eine praktikable nicht-elektronische Alternative existiert. IP, die keinen Spaß an der Nutzung dieser Anwendung hatten, konnten stattdessen einen Kalender in Papierform nutzen, der ihnen ähnliche extrinsische Vorteile bietet. Aus diesem Grund zeigte der intrinsische Nutzen bei dieser Anwendung einen Einfluss auf die Nutzungsabsicht.

Als weiterer wichtiger Einflussfaktor auf die *Nutzungsabsicht* wurde von den IP die fehlende Synchronisationsmöglichkeit mit einem mobilen Gerät genannt: Die VB vereinbarten Termine häufig im Kundengespräch, d.h. in einer Situation, in der sie den PC nicht dabei hatten. Um in diesen Situationen einen Überblick über ihre Termine zu haben zu können, war somit bei Nutzung der Kalenderanwendung im Modul PIM für die Terminverwaltung eine zusätzliche mobile (elektronische) Lösung erforderlich. Bei Systemeinführung und auch bis Abschluss der Fallstudie war es aufgrund der noch fehlenden Schnittstelle jedoch noch nicht *möglich*, Daten aus einer mobilen Lösung wie einem PDA mit der Kalenderanwendung zu synchronisieren, d.h. eine Übertragung von Terminen in die Kalenderanwendung im Modul PIM musste manuell erfolgen.

> *"Wenn die Möglichkeit da ist, dass ich das mit meinem PDA austauschen kann, [..] dann werde ich einfach das System bei der DVAG nutzen. Nur bis dahin wäre es für ich eine doppelte Arbeit. Nein, deswegen habe ich es nicht gemacht"* (IP 7).

> *"Das habe ich aber überhaupt nicht konsequent durchgehalten [..]. Das ist dann eigentlich doppelte Arbeit und das ist Blödsinn. [..] Wenn die Synchronisation mit PIM möglich ist, [..] dann habe ich sie (die Daten) automatisch drauf (in der Kalenderanwendung), dann muss ich sie aber auch nur einmal eingeben"* (IP 10).

Die fehlende Synchronisationsmöglichkeit war für einige IP der Grund, aus dem sie die Kalenderanwendung im Modul PIM nicht einsetzten. Dies wurde unter dem Aspekt *erleichternde Nutzungsumstände* bzw. *erleichternde Be-*

dingungen[70] als zusätzlicher Einflussfaktor auf die Nutzungsabsicht bezüglich der Kalenderanwendung in den Bezugsrahmen aufgenommen (Hypothese 5c).

Da die Untersuchung des Bezugsrahmens für die Kalenderanwendung nur zum Zeitpunkt t_3 erfolgte, wurde Hypothese 6 nicht überprüft.

In Abbildung 5.7 ist die Bewertung der ex-ante aufgestellten Hypothesen anhand der Ergebnisse aus Kapitel 4.4 und der qualitativen Interpretation dieser Ergebnisse in diesem Abschnitt in einem für die Kalenderanwendung zum Zeitpunkt t_3 angepassten Bezugsrahmen graphisch dargestellt. Die mit "(Q)" gekennzeichneten Hypothesen wurden anhand der qualitativen Analyse neu aufgestellt bzw. entgegen der Auswertung der Kreuztabellen als zutreffend bewertet. Bei diesen Zusammenhängen ist keine Aussage über die Stärke möglich. Hypothesen, die sich anhand der Kreuztabellen und/oder der qualitativen Analyse in diesem Abschnitt nicht bestätigt haben, sind durch einen gestrichelten Pfeil dargestellt. Die Zusammenhänge der anderen Hypothesen entsprechen hinsichtlich der Stärke des Zutreffens den Ergebnissen der Analyse der Kreuztabellen aus Kapitel 4.4.

---

[70]Das Konstrukt *erleichternde Bedingungen* definieren Thompson et al. (1991) als "Objective factors in the environment that observers agree make an act easy to accomplish". Venkatesh et al. (2003) operationalisieren das Konstrukt u.a. durch die Kompatibilität, die die zu nutzende IT mit anderen genutzten Anwendungen aufweist. Die Ergebnisse ihrer Studie zeigen einen Einfluss des Aspektes auf das Ausmaß der Nutzung.

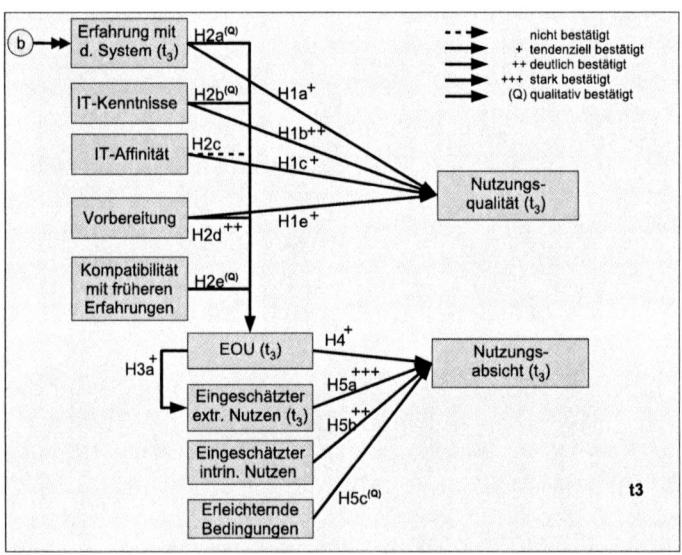

Abbildung 5.7.: Einflussfaktoren auf die Quantität und Qualität der Nutzung der Kalenderfunktion im Modul PIM (Zeitpunkt t_3)

5.1.2. Funktionsübergreifende Analyse und Gegenüberstellung mit der Literatur

In diesem Abschnitt werden die Ergebnisse, die für die einzelnen IT-Anwendungen gewonnenen wurden, miteinander verglichen. Zur Erhöhung der Validität werden die Erkenntnisse der existierenden Literatur gegenüber gestellt (Dube und Pare, 2003).

5.1.2.1. Einflussfaktoren auf die Qualität der Nutzung

Bei den freiwilligen Anwendungen bestand eine höhere Varianz bezüglich der Quantität der Nutzung (s. Abschnitt 5.1.2.4), und damit auch eine höhere Varianz bezüglich der spezifischen Nutzungserfahrung. *Unterschiede in der Nutzungsqualität* zwischen den Individuen konnten bei den freiwilligen Anwendungen aus diesem Grund auf Unterschiede in der Erfahrung zurückgeführt werden: Je mehr Erfahrung die Individuen mit der Nutzung der freiwilligen Anwendungen hatten, desto eher zeigten sie eine hohe Nutzungsqualität.[71]

Aus den Ergebnissen kann abgeleitet werden, dass eine höhere Nutzung zu kürzeren Bearbeitungszeiten, d.h. zu einer höheren Effizienz der Nutzung führt. Dies wird durch Betrachtung der *absoluten Bearbeitungszeiten* (vgl. Kapitel 4.3.2, Tabelle 4.9) bestätigt: Die durchschnittliche absolute Bearbeitungszeit sank bei Aufgabe 1 von t_2 zu t_3 (Eingabe der Analyse in das Modul KI) von 1247,79 auf 983,86 Sekunden, dies entspricht einer Verbesserung bzw. Zeitreduktion von ca. 20 Prozent. Bei Aufgabe 2 (Eingabe der E-Mail) sank die durchschnittliche Bearbeitungszeit von 128,79 auf 90,93 Sekunden; dies entspricht einer Reduktion von ca. 30 Prozent.[72] Als Ergebnis kann somit festgehalten werden, dass mit höherer

---

[71]Bei dem Modul KI konnte ein solcher Einfluss wie bereits erläutert nicht nachgewiesen werden, da die meisten IP ein ähnliches Ausmaß an Erfahrung hatten und eine ähnliche, d.h. mittlere Nutzungsqualität zeigten.

[72]Bei der Kalenderanwendung konnte ein entsprechender Vergleich nicht vorgenommen werden, da die Nutzungsqualität einmal zum Zeitpunkt t_3 erfasst wurde.

Erfahrung c.p. eine kürzere Bearbeitungszeit benötigt wird. Lag im Vergleich zu den anderen Individuen eine höhere Erfahrung vor, wurde c.p. eine hohe Nutzungsqualität erzielt, d.h. die Bearbeitungsgeschwindigkeit war um mehr als 20 Prozent höher als die des Gruppendurchschnitts. Da bei den freiwilligen Anwendungen größere Unterschiede hinsichtlich der Nutzungserfahrung vorlagen (vgl. Abschnitt 5.1.2.4), zeigten sich somit auch größere Unterschiede in der absoluten Bearbeitungsgeschwindigkeit, d.h. die einzelnen benötigten Bearbeitungszeiten zeigten eine größere Streuung um die durchschnittliche Bearbeitungszeit der Gruppe.

Neben der Erfahrung zeigten weitere Faktoren einen Einfluss auf die Nutzungsqualität der drei betrachteten Anwendungen:

Die Daten weisen darauf hin, dass ein Zusammenhang zwischen den *IT-Kenntnissen* und der Nutzungsqualität v.a. dann besteht, wenn die Anwendung für die Nutzer neuartig und damit kein oder wenig spezifisches Wissen vorhanden ist. Sowohl für die E-Mail-Anwendung als auch für das Modul KI zeigten die IT-Kenntnisse zum Zeitpunkt t_2 einen Einfluss auf die Nutzungsqualität. Beim Modul KI war der Einfluss zum Zeitpunkt t_3 jedoch nicht mehr vorhanden: Zu diesem Zeitpunkt hatten die meisten IP bereits eine hohe Nutzungserfahrung mit dem Modul KI (d.h. nutzten die Anwendung mindestens 40 Tage) und hatten dadurch spezifisches Anwendungswissen aufgebaut. Dadurch stellten allgemeine Vorkenntnisse keinen Vorteil mehr dar. Bei der E-Mail- und der Kalenderfunktion zeigte sich jedoch auch zum Zeitpunkt t_3 noch ein Einfluss der IT-Kenntnisse auf die erzielte Nutzungsqualität. Bei diesen beiden freiwillig genutzten Anwendungen war die Nutzungserfahrung zu diesem Zeitpunkt deutlich geringer ausgeprägt als beim Modul KI, eine hohe Erfahrung lag nur bei drei bzw. zwei IP vor (vgl. Tabelle 4.8). Die spezifischen Kenntnisse waren somit noch nicht in so hohem Maße vorhanden, dadurch hatten IP mit höheren IT-Kenntnissen noch einen Vorteil bei der Bedienung.

Es wurde postuliert, dass *IT-affinere* Individuen mehr Interesse daran haben, fremdartige IT zu benutzen und dass dies die Bearbeitungsgeschwindigkeit positiv beeinflusst. Ein Einfluss der IT-Affinität ist zum Zeitpunkt t_2 bei dem Modul KI beobachtbar, dieser ist jedoch zum Zeitpunkt t_3 nicht mehr vorhanden. Dies lässt sich folgendermaßen begründen: Zu dem späteren Zeitpunkt hatten sich die meisten IP bereits mit der Funktion über einen längeren Zeitraum auseinander gesetzt; die Funktion wurde dadurch nicht mehr als fremdartig empfunden. Die Eigenschaft der IT-Affinität übte dadurch keinen Einfluss mehr auf die Bearbeitungsgeschwindigkeit aus. Bei der E-Mail- und Kalenderanwendung im Modul PIM ist der Einfluss der IT-Affinität zum Zeitpunkt t_3 noch beobachtbar. Dies kann durch die geringere Nutzungserfahrung erklärt werden, die die meisten IP zu diesem Zeitpunkt mit diesen freiwillig genutzten Anwendungen im Vergleich zum Modul KI hatten. Warum sich bei der E-Mail-Anwendung jedoch zum Zeitpunkt t_2 kein Einfluss der IT-Affinität auf die Bearbeitungszeiten bzw. die Nutzungsqualität zeigte, kann anhand der vorliegenden Daten nicht geklärt werden.

Der Einfluss der *Tippfähigkeit* auf die Nutzungsqualität wurde aufgrund der Aufgabenstellungen nur bei dem Modul KI untersucht. Die Stärke des Einflusses nahm von Zeitpunkt t_2 zu t_3 zu. Eine gute Tippfähigkeit kann für ein Individuum v.a. dann zum Vorteil werden, wenn es keine Probleme mit der Navigation innerhalb der Anwendung hat, d.h. nicht lange dafür benötigt, benötigte Felder zur Dateneingabe zu finden. Es ist davon auszugehen, dass sich die Orientierungsfähigkeit innerhalb der Oberfläche des Moduls KI bei den IP zwischen t_2 und t_3 verbesserte. Vorteile einer höheren Tippfähigkeit konnten sich aus diesem Grund zum späteren Zeitpunkt besser entfalten.

Ein Einfluss der *Vorbereitungen* auf die Nutzungsqualität zeigte sich bei allen untersuchten Anwendung zu allen Zeitpunkten. Besonders deutlich trat dieser Effekt bei der E-Mail-Anwendung hervor. Durch Vorbereitungen in Form von Teilnahme an Schulungen oder Nutzung von Lernmedien wurde spezifisches Wissen hinsichtlich der Nutzung der Anwendungen erworben. Dieses stellte auch zum späteren Zeitpunkt t_3 noch einen Vorteil hinsichtlich der benötigten Bearbeitungszeit dar, d.h. IP mit einer besseren Vorbereitung benötigten (tendenziell) kürzere Bearbeitungszeiten.

Zusammenfassend ist festzuhalten, dass allgemeine IT-Kenntnisse und IT-Affinität v.a. in frühen Nutzungsstadien einen positiven Einfluss auf die Bearbeitungsgeschwindigkeit ausüben. Spezifische Kenntnisse - durch Nutzungserfahrung oder durch Vorbereitung - zeigen dagegen auch zu späteren Zeitpunkten einen Einfluss. Dies bedeutet, dass jeder Nutzer unabhängig von persönlichen Eigenschaften eine hohe Nutzungsqualität erzielen kann, wenn er durch Nutzung von Lernmedien, Teilnahme an Schulungen und Nutzung der Anwendung spezifische Anwendungskenntnisse aufbaut. Da noch keine Forschungsarbeit Einflussfaktoren auf die Qualität der IT-Nutzung untersucht hat, können diese Erkenntnisse nicht den Ergebnissen früherer Studien gegenüber gestellt werden.

5.1.2.2. Einflussfaktoren auf die Einschätzung der Leichtigkeit der Nutzung (EOU)

Die EOU, d.h. die Anwenderfreundlichkeit der Funktionen des neuen Onlinesystems, wurde fast durchgängig als mittel bis hoch eingestuft.

Ein Einfluss der *Erfahrung* auf die Bewertung der EOU wurde bei allen Anwendungen deutlich.[73] Lag Erfahrung vor, wurde die EOU der Anwendungen tendenziell als hoch bewertet. Eine direkte Untersuchung des Einflusses der Erfahrung auf die Bewertung der EOU wurde bisher noch in keiner Forschungsarbeit vorgenommen. Venkatesh und Davis (1996) und Venkatesh (2000) konzeptualisierten

---

[73]Bei der E-Mail- und der Kalenderanwendung zeigte sich dieser Einfluss z.T. erst nach der qualitativen Analyse.

den Aspekt bei der Untersuchung der Bewertung der EOU lediglich als Moderator. Mathieson et al. (2001) und Karahanna et al. (2006) untersuchten jedoch verwandte Aspekte und zeigten, dass die Kompatibilität einer IT-Anwendung mit früheren Erfahrungen bzw. relevantes Wissen einen positiven Einfluss auf die Bewertung der EOU ausübt. Die Erkenntnisse dieser Arbeit stimmen mit diesen Arbeiten überein. Es zeigte sich jedoch, dass auch IP ohne Erfahrung die EOU z.T. als hoch bewerteten. Dies macht deutlich, dass weitere Faktoren, wie beispielsweise das Ausmaß der Vorbereitungen, einen Einfluss auf diesen Aspekt ausüben.

Ein Unterschied zeigte sich hinsichtlich des Einflusses der *IT-Kenntnisse* auf die EOU: Bei dem Modul KI ist zu beiden Zeitpunkten kein Zusammenhang erkennbar. Dies kann dadurch erklärt werden, dass es sich um eine Spezialanwendung handelt, für die allgemeine IT-Kenntnisse nicht als hilfreich angesehen und deshalb nicht als Basis für die Bewertung der EOU herangezogen wurden.[74] Bei der E-Mail-Funktion schwächte sich der Einfluss der IT-Kenntnisse auf die EOU von t_2 zu t_3 ab: Es erscheint plausibel, dass der Einfluss allgemeiner IT-Kenntnisse auf die Bewertung der EOU schwächer wird, wenn die spezifischen Anwendungskenntnisse zunehmen, da diese dann als Basis der Bewertung verwendet werden. Bei der Kalenderanwendung zeigte sich zum Zeitpunkt t_3 (nach qualitativer Analyse) ein Einfluss der IT-Kenntnisse auf die EOU. Da diese Anwendung zu diesem Zeitpunkt insgesamt noch recht wenig von den IP genutzt wurde, wurden mangels spezifischer Kenntnisse von den IP die allgemeinen IT-Kenntnisse als Basis für die Bewertung der EOU herangezogen. Venkatesh und Davis (1996) und Venkatesh (2000) zeigten, dass v.a. in frühen Nutzungsstadien die EOU von Individuen danach eingeschätzt wird, wie sicher sie sich allgemein im Umgang mit IT fühlen, d.h. unabhängig von konkreten Systemeigenschaften. Mit zunehmender spezifischer Erfahrung mit einer Anwendung spielt dieser Aspekt immer weniger eine Rolle, da die EOU basierend auf den spezifischen Erfahrungen bewertet wird.

---

[74]Auffällig ist jedoch, dass die IT-Kenntnisse zum Zeitpunkt t_2 beim Bearbeiten von Aufgabe 1 im Modul KI einen positiven Einfluss auf die erzielten Bearbeitungszeiten hatten. Dieser real existierende Vorteil wurde somit von den IP nicht wahrgenommen.

Die Ergebnisse der Fallstudie stimmen mit dieser Erkenntnis überein. Sie deuten jedoch darauf hin, dass dieser Zusammenhang nur für Anwendungen gilt, in denen allgemeine IT-Kenntnisse von den Nutzern als hilfreich angesehen werden. Bei Funktionen, die stark unternehmens- oder aufgabenspezifisch sind, ist dies weniger der Fall als bei Anwendungen, die Ähnlichkeiten mit Anwendungen aufweisen, die auch im privaten Kontext eingesetzt werden (wie beispielsweise die E-Mail- oder die Kalenderanwendung).

Ein Einfluss der *IT-Affinität* auf die Bewertung der EOU war nur tendenziell zum Zeitpunkt t_2 bei der E-Mail-Anwendung beobachtbar; in allen anderen Szenarios zeigte dieser Aspekt keinen Einfluss. Es wurde postuliert, dass Individuen mit einem größeren Interesse bzw. einer größeren Offenheit im Umgang mit IT Anwendungen diese c.p. als einfacher zu benutzen empfinden. Individuen scheinen die Bewertung der EOU jedoch stärker auf (allgemeine oder spezifische) Anwendungs*kenntnisse* zu basieren. IT-Affinität, d.h. Interesse an der IT-Nutzung, scheint hierfür dagegen kaum ausschlaggebend zu sein. Dies steht im Widerspruch zu der Arbeit von Venkatesh (2000), die in frühen Nutzungsstadien einen negativen Einfluss der Ängstlichkeit bezüglich der Nutzung von IT auf die Bewertung der EOU einer Anwendung aufzeigte.

Ein Einfluss der *Vorbereitungen* in Form von Schulungen oder Nutzung von Lernmedien zeigte sich zu allen Zeitpunkten für alle Anwendungen auf die Bewertung der EOU. Bei den freiwilligen Anwendungen im Modul PIM war dieser Einfluss zum Zeitpunkt t_3 deutlich ausgeprägt, ansonsten ist dieser Einfluss tendenziell beobachtbar. Vorbereitung hat damit nicht nur einen Einfluss auf die Nutzungsqualität, sondern auch auf die Einschätzung von Individuen, inwieweit ihnen die Nutzung der einzelnen Anwendungen Schwierigkeiten bereitet bzw. leicht fällt. Der Einfluss ist über zwei Aspekte erklärbar: Zum einen erleichtert das Wissen, das die Individuen über Vorbereitung erlangen, tatsächlich die Nutzung einer IT-Anwendung und wird dementsprechend auch von den Nutzern so empfunden. In frühen Nutzungsphasen kann der Einfluss zudem über die entstehende Selbstwirksamkeit begründet werden: Individuen fühlen sich durch Schulungen und Nutzung von Lernmedien besser auf die Nutzung der IT-Anwendung vorbereitet und erwarten deshalb c.p. weniger Schwierigkeiten bei der Nutzung. Ein positiver Einfluss der Selbstwirksamkeit auf die EOU wurde bereits in den Arbeiten von Venkatesh und Davis (1996) und Venkatesh (2000) gezeigt.

Bei der betrachteten Funktion im Modul KI und bei der Kalenderanwendung zeigte sich zudem ein Einfluss der Vorkenntnisse auf die Bewertung der EOU, die durch Nutzung ähnlicher Anwendungen in der Vergangenheit erworben worden waren. Solche Vorkenntnisse bestanden beim Modul KI durch das vor der Umstellung genutzte Vertriebssystem, und bei der Kalenderanwendung durch andere, z.T. zum Zeitpunkt der Fallstudie noch verwendete andere elektronische Kalenderanwendungen.[75] Dieser Aspekt wurde als *Kompatibilität der Anwendung mit früheren Erfahrungen* in den Bezugsrahmen aufgenommen. Ein Einfluss der Kompatibilität der Anwendung mit früheren IT-Erfahrungen auf die EOU wurde bereits von Karahanna et al. (2006) nachgewiesen.

Insgesamt ist zu konstatieren, dass allgemeine IT-Kenntnisse und spezifisches Wissen nicht nur einen Einfluss auf die Nutzungsqualität ausüben, sondern von den Individuen auch als erleichternd hinsichtlich der Nutzung der entsprechenden Anwendung empfunden werden. IT-Kenntnisse scheinen jedoch nur dann einen Einfluss auf die Bewertung der EOU auszuüben, wenn die entsprechende Anwendung nicht in hohem Ausmaß unternehmensspezifisch ist. IT-Affinität dagegen zeigt auf die Bewertung der EOU kaum einen Einfluss.

---

[75]Bei der E-Mail-Anwendung wurde dieser Aspekt nicht explizit genannt; es ist jedoch davon auszugehen, dass alle IP bei der Nutzung der E-Mail-Anwendung im Modul PIM von früheren Erfahrungen mit anderen E-Mail-Anwendungen profitierten, d.h. dass sie die Nutzung dieser Anwendung als bedeutend schwerer empfunden hätten, wenn sie keine entsprechenden Vorkenntnisse gehabt hätten.

5.1.2.3. Einflussfaktoren auf den eingeschätzten Nutzen

Die EOU zeigte nur bei der Kalenderanwendung zum Zeitpunkt t_3 tendenziell einen Einfluss auf die Einschätzung des *extrinsischen Nutzens*; in allen anderen Szenarios dagegen spielte dieser Aspekt diesbezüglich keine Rolle. Dies kann dadurch begründet werden, dass die EOU bei allen betrachteten Anwendungen generell als relativ hoch eingeschätzt wurde, d.h. keine IP empfand die Nutzung der Anwendungen als große Herausforderung. Die Benutzbarkeit wurde somit als Selbstverständlichkeit erachtet und wurde bei der Einschätzung des extrinsischen Nutzens kaum berücksichtigt. Das Ergebnis steht somit in Widerspruch zu der Aussage des TAM (Davis, 1986; Davis, 1989) und nachfolgenden Arbeiten, die einen Einfluss der EOU auf den extrinsischen Nutzen nachweisen konnten. Es ist jedoch möglich, dass dieser Zusammenhang beobachtbar gewesen wäre, wenn einige IP ernsthafte Schwierigkeiten darin gesehen hätten, die intendierten extrinsischen Vorteile mithilfe der IT-Anwendungen zu erreichen.

Die EOU zeigte dagegen beim Modul KI (die einzige Anwendung, bei der dieser Zusammenhang getestet werden konnte) einen deutlichen Einfluss auf den eingeschätzten *intrinsischen Nutzen*. Je schwieriger die Bedienung einer IT-Anwendung empfunden wird, desto geringer ist der Spaß, den die Individuen bei der Nutzung empfinden, bzw. im negativen Fall kann die Nutzung sogar Stress und Frustration auslösen. Dieser Einfluss wurde bereits von Davis et al. (1992), Igbaria et al. (1996) und van der Heijden (2004) gezeigt und stimmt somit mit bereits abgesicherten Erkenntnissen überein. Da der intrinsische Nutzen bei dieser Funktion jedoch keinen Einfluss auf die Nutzungsabsicht ausübte (vgl. Abschnitt 5.1.2.4), bestand kein indirekter Einfluss der EOU auf die Nutzungsabsicht bzw. die Nutzung.

Bei der betrachteten Funktion im Modul KI zeigte sich anhand der qualitativen Analyse ein weiterer Einflussfaktor auf die Einschätzung des intrinsischen Nutzens, und zwar die Art der zu erfüllenden *Aufgabe*. Diese, d.h. das Eingeben der Analyse, wurde von vielen als langweilig bzw. anstrengend und damit negativ bewertet. Dadurch zeigte sich, dass die Funktionalitäten bzw. der Aufbau einer IT-Anwendung selbst nicht der ausschlaggebende Aspekt für die Einschätzung des intrinsischen Nutzens der IT-Nutzung sein müssen. Dieser Aspekt wurde in den betrachteten Forschungsarbeiten der IT-Akzeptanz bisher noch nicht als Einflussfaktor auf die Einschätzung des intrinsischen Nutzens der IT-Nutzung konzeptualisiert.

5.1.2.4. Einflussfaktoren auf die Nutzungsabsicht und die Nutzung

Die Daten zeigten bei allen Anwendungen einen deutlichen bzw. starken Einfluss des eingeschätzten *extrinsischen Nutzens* auf die *Nutzungsabsicht*. Es wurde bereits in vielen Forschungsarbeiten belegt, dass bei produktivitätsorientierten Anwendungen das Ausmaß, zu dem arbeitsbezogene Vorteile mit der IT-Nutzung verbunden werden, ausschlaggebend für eine Nutzungsentscheidung sind (Davis et al., 1989; Davis et al., 1992; Taylor und Todd, 1995b; Venkatesh und Davis, 2000; Venkatesh et al., 2003; van der Heijden, 2004). Dieser Zusammenhang hat sich in der vorliegenden Arbeit sowohl für die freiwillig als auch für die gezwungenermaßen genutzten Anwendungen bestätigt.

Interessant ist der Zusammenhang zwischen dem *intrinsischen Nutzen* und der Nutzungsabsicht: Dessen Einschätzung zeigte bei dem gezwungenermaßen genutzten Modul KI keinerlei Einfluss auf die Nutzungsabsicht.[76] Bei den freiwilligen Anwendungen war dagegen ein Einfluss beobachtbar: Bei der E-Mail-Anwendung spielte dieser Aspekt für eine frühzeitige Nutzungsentscheidung eine Rolle: Zum Zeitpunkt t_2 hatten sich v.a. IP mit einem hohen intrinsischen Nutzen bereits mit der Anwendung auseinander gesetzt und zeigten eine hohe

---

[76]Die *EOU* wirkte sich somit auch nicht indirekt über den eingeschätzten Nutzen auf die Nutzungsabsicht bzw. Nutzung aus, da kaum ein Einfluss auf den extrinsischen Nutzen bestand und der intrinsische Nutzen bei dem Modul KI keinen Einfluss auf die Nutzungsabsicht zeigte.

Nutzungsabsicht für die Zukunft. Viele IP nutzten zu diesem Zeitpunkt jedoch noch andere E-Mail-Anwendungen. Zum späteren Zeitpunkt hatten sich auch IP, die den intrinsischen Nutzen nicht als hoch einschätzten, aus extrinsischen Nutzenüberlegungen heraus dafür entschieden, die Anwendung zu nutzen. Aus diesem Grund war zu diesem Zeitpunkt kein Zusammenhang mehr zwischen dem intrinsischen Nutzen und der Nutzungsabsicht beobachtbar. Bei der Kalenderanwendung dagegen bestand zum späteren Zeitpunkt t_3 noch ein Zusammenhang zwischen intrinsischem Nutzen und Nutzungsabsicht. Dies kann, wie bereits erläutert, dadurch erklärt werden, dass es sich im Gegensatz zu den beiden anderen Funktionen um eine Anwendung handelt, zu der eine praktikable nicht-elektronische Alternative besteht. Der angestrebte extrinsische Nutzen kann somit, wenn der intrinsische Nutzen als gering eingeschätzt wird, auch auf anderem Wege erzielt werden.

Die Ergebnisse deuten darauf hin, dass der eingeschätzte intrinsische Nutzen einen umso stärkeren Einfluss auf die Nutzungsentscheidung ausübt, je mehr die Nutzung der entsprechenden IT-Anwendung als freiwillig empfunden wird: Er spielt dann eine Rolle, wenn das Individuum eine Möglichkeit sieht, sich entsprechend dieser Einschätzung verhalten zu können, *ohne* auf die Erreichung der extrinsischen Vorteile verzichten zu müssen. Bei gezwungenermaßen genutzten Anwendungen ist die Nicht-Nutzung i.d.R. mit extrinsischen Nachteilen verbunden (z.B. im Rahmen der Fallstudie mit Umsatzverlusten, da die IP ohne Nutzung des Moduls KI ihren Kunden keine Angebote erstellen können). Die Ergebnisse früherer Forschungsarbeiten, die zeigten, dass die Einschätzung des intrinsischen Nutzens bei produktivitätsorientierten Systemen im Vergleich zur Einschätzung der extrinsischen Vorteile eine untergeordnete Rolle hinsichtlich der Nutzungsentscheidung spielt (Davis et al., 1992; van der Heijden, 2004), haben sich somit auch in dieser Arbeit bestätigt. Sie können dahingehend spezifiziert werden, dass der Aspekt v.a. bei solchen produktivitätsorientierten Systemen eine geringe Rolle spielt, die gezwungenermaßen genutzt werden. Bei freiwillig genutzten produktivitätsorientierten Anwendungen ist der Einfluss des Aspektes auf die Nutzungsabsicht jedoch deutlich erkennbar.

Die *EOU* übte nur in geringem Maße einen Einfluss auf die Nutzungsabsicht aus: Lediglich bei der Kalenderanwendung war zum Zeitpunkt t_3 ein geringer Einfluss erkennbar, in allen anderen Szenarios zeigte sich dagegen kein Zusammenhang. Die EOU zeigte auch in früheren Forschungsarbeiten einen schwächeren Einfluss als der eingeschätzte extrinsische Nutzen auf die Nutzungsabsicht. Es wurde gezeigt, dass der Einfluss vollständig verschwand, wenn Individuen bereits Erfahrung mit einer neuen IT-Anwendung hatten und mit der Bedienung vertraut waren (Davis et al., 1989). Übereinstimmend mit diesen Ergebnissen ist der beobachtete Zusammenhang in der vorliegenden Arbeit: Die IP sehen die EOU bereits direkt nach der Einführung des neuen Onlinesystems als so hoch an, dass sie die Nutzung der Anwendungen als problemlos einschätzten. Aus diesem Grund zogen sie diesen Aspekt nicht mehr in ihre Nutzungsentscheidung mit ein, d.h. es gab keine IP, die aufgrund von antizipierten Problemen bei der Bedienung erwägte, eine der Anwendungen nicht zu nutzen.

Bei der Kalenderanwendung zeigte sich zudem ein Einfluss *erleichternder Bedingungen* auf die Nutzungsabsicht: Mehrere IP hatten nicht vor, die Anwendung zu nutzen, da keine Synchronisationsmöglichkeit mit einer mobilen Anwendung wie einem PDA gegeben war. Der Aspekt wurde bereits in früheren Forschungsarbeiten (Taylor und Todd, 1995b; Venkatesh, 2000; Mathieson et al., 2001; Venkatesh et al., 2003) konzeptualisiert (vgl. Abschnitt 2.3.2.4) und als Einflussfaktor auf die Nutzungsabsicht bestätigt (Venkatesh et al., 2003).[77]

---

[77]Bei der Funktion im Modul KI und bei der E-Mail-Anwendung konnte anhand der Interviewaussagen kein Einfluss dieses Aspektes auf die Nutzungsabsicht festgestellt werden. Es ist davon auszugehen, dass dieser Aspekt von den Nutzern nur als Einflussfaktor auf die Nutzungsabsicht wahrgenommen und bei einer Befragung erwähnt wird, wenn diesbezüglich ein Problem besteht, d.h. wenn bestimmte Umstände eine ansonsten intendierte Nutzung erschweren bzw. verhindern. Dies war sowohl bei der Funktion im Modul KI als auch bei der E-Mail-Anwendung nicht der Fall.

In allen Szenarios, in denen der Zusammenhang untersucht werden konnte, zeigte sich ein deutlicher bzw. starker Einfluss der *Nutzungsabsicht* zum Zeitpunkt t_n auf die *Quantität der Nutzung* zum Zeitpunkt t_{n+1}. Es wurde somit gezeigt, dass Individuen nicht nur bei der gezwungenermaßen, sondern auch bei den freiwillig genutzten Anwendungen eine klare Vorstellung davon haben, ob sie eine Anwendung nutzen wollen oder nicht und verhalten sich - sobald sie eine Entscheidung diesbezüglich getroffen haben - auch entsprechend. Der gefundene Zusammenhang steht in Übereinstimmung mit den Ergebnissen früherer Forschungsarbeiten (Davis et al., 1989; Davis et al., 1992; Taylor und Todd, 1995b; Taylor und Todd, 1995a; Venkatesh und Davis, 2000; Mathieson et al., 2001; Venkatesh et al., 2003).

5.2. Implikationen für die Wissenschaft

Der Beitrag dieser Arbeit für Forschung und Wissenschaft ist in folgenden Punkten zu sehen:

1. Diese Arbeit stellt einen *ersten Ansatz zur Untersuchung der Qualität der IT-Nutzung* durch Mitarbeiter in Unternehmen dar. Bisherige Forschungsarbeiten haben ausschließlich die *Quantität* der Nutzung betrachtet und postuliert bzw. implizit angenommen, dass eine hohe Quantität der Nutzung automatisch zu einer erfolgreichen Nutzung führt. Wie in Kapitel 2.4 aufgezeigt, wurde in mehreren Forschungsarbeiten bereits gefordert, dass neben der Quantität der Nutzung auch die Art und Weise der Nutzung durch Mitarbeiter berücksichtigt werden muss, um Erfolgsauswirkungen von IT-Implementierungen hinreichend erklären zu können (Marakas und Hornik, 1996; Mathieson et al., 2001; Chin und Marcolin, 2001; Schwarz et al., 2004). Diese Aufforderung wurde in der vorliegenden Arbeit aufgegriffen: Aufbauend auf Literatur zur Durchführung von Tests der Gebrauchstauglichkeit von Software (vgl. Abschnitt 2.3.3.2) wurde das Konstrukt der

Qualität der IT-Nutzung als Effizienz und Effektivität der Nutzung definiert. Darauf aufbauend wurden Operationalisierungen zur Messung dieses Konstruktes entwickelt und Einflussfaktoren auf dieses aufgedeckt. Es zeigte sich, dass die Nutzungserfahrung einen Einfluss auf die Qualität der Nutzung ausübt. Dies wurde untersucht, indem aus der Quantität der Nutzung *bis zu* dem jeweiligen Untersuchungszeitpunkt die Ausprägung des Konstruktes Erfahrung ermittelt und diese der gezeigten Nutzungsqualität gegenüber gestellt wurde. Des Weiteren zeigte sich, dass Vorbereitung in Form von Teilnahme an Schulungen oder Nutzung von Lernmedien und Eigenschaften der Mitarbeiter wie allgemeine IT-Kenntnisse, IT-Affinität und Tippfähigkeit einen Einfluss auf die Qualität der IT-Nutzung ausüben. Es wurde ein Bezugsrahmen erarbeitet, der die Nutzungsqualität und deren Einflussfaktoren in das in früheren Forschungsarbeiten bereits vielfach bestätigte TAM (Davis, 1986) integriert.

2. In früheren Forschungsarbeiten wurde das Nutzungsverhalten i.d.R. nur schriftlich über Angaben der Individuen erhoben. Dies wurde - wie in Kapitel 2.3.2.6 aufgezeigt - häufig kritisiert (Straub et al., 1995; Jeyaraj et al., 2006), da diese Angaben nicht als genaues Maß der tatsächlichen Nutzung angesehen werden können (Davis et al., 1989). In der vorliegenden Arbeit wurde aus diesem Grund die Nutzungsqualität durch *direkte Beobachtung* der Individuen und durch *Aufzeichnung mit einer Kamera* erfasst. Durch diese bisher noch nicht verwendete Methode der Datenerhebung konnte der Aspekt der Qualität der Nutzung objektiv erfasst werden.

3. Nur wenige Arbeiten der IT-Akzeptanzforschung (Venkatesh, 2000; Venkatesh und Davis, 2000; Venkatesh et al., 2003) haben bisher eine *dynamische Betrachtung* der abhängigen und unabhängigen Variablen vorgenommen, d.h. das Untersuchungsmodell zu mehreren Zeitpunkten untersucht. Das Modell wurde zu insgesamt *drei verschiedenen Zeitpunkten* untersucht: kurz vor der Systemeinführung sowie zu zwei Zeitpunkten nach

der Systemeinführung (s. Kapitel 4.2.2). Dieser modelltheoretische Ansatz ermöglichte folgende Analysen:

- Es konnten Änderungen der Stärke der Zusammenhänge festgestellt werden. Insbesondere zeigte sich, dass der Einfluss der IT-Kenntnisse und der IT-Affinität auf die Qualität der Nutzung (beim Modul KI) bzw. auf die Bewertung der EOU (bei der E-Mail-Anwendung) mit der Zeit abnahm. Dies wurde durch eine Zunahme der spezifischen Nutzungserfahrung erklärt, die den Einfluss dieser Aspekte zum späteren Untersuchungszeitpunkt substituierte.

- Die Nutzungsabsicht zu einem Zeitpunkt t_n konnte der Quantität der Nutzung zu einem späteren Zeitpunkt t_{n+1} gegenübergestellt werden.

- Schon vor Einführung des neuen Systems wurden Einflussfaktoren auf die Nutzungsabsicht untersucht und dem Nutzungsverhalten nach Systemeinführung gegenüber gestellt. Hierdurch konnte aufgezeigt werden, dass die geringere Nutzung der freiwilligen E-Mail-Anwendung kurz nach der Systemeinführung v.a. dadurch verursacht wurde, dass sich die Mitarbeiter mit dieser im Vorfeld der Einführung deutlich weniger befassten als mit der Anwendung, deren Nutzung gezwungenerweise erfolgte. Dadurch waren ihnen die extrinsischen Vorteile dieser Anwendung nicht bewusst, was sich in einer geringeren Nutzungsabsicht und dadurch auch Nutzung kurz nach der Systemeinführung äußerte.

4. Der aus der Literatur bekannte Unterschied (s. Kapitel 2.3.2.3) zwischen IT-Nutzung, die auf freiwilliger Basis bzw. gezwungenerweise erfolgt (Leonard-Barton und Deschamps, 1988; Agarwal und Prasad, 1997; Karahanna et al., 1999; Venkatesh und Davis, 2000; Venkatesh et al., 2003) wurde aus einer neuen Perspektive beleuchtet: Es wurde aufgezeigt, dass *Zwang* sich nicht nur aus Druck von Vorgesetzten, sondern auch *implizit aus den Anforderun-*

gen einer Aufgabe ergeben kann, die ohne die entsprechende IT-Anwendung nicht bearbeitet werden kann. Die Qualität und Quantität der Nutzung wurden sowohl bei freiwilliger als auch gezwungener Nutzung erfasst und *Unterschiede herausgearbeitet*: Zwang führt, wie bereits erläutert, dazu, dass Mitarbeiter sich frühzeitig vor bzw. bei Einführung einer IT-Anwendung mit dieser auseinandersetzen. Eine freiwillig genutzte Anwendung wird aus diesem Grund kurz nach der Einführung viel weniger eingesetzt als eine Anwendung, deren Nutzung gezwungenerweise erfolgt. Die freiwillige E-Mail-Anwendung wurde jedoch zum späteren Zeitpunkt t_3 ebenfalls von fast allen Mitarbeitern eingesetzt, da sie den extrinsischen Nutzen dieser Anwendung nun erkannt und dementsprechend beschlossen hatten, die Anwendung einzusetzen. Es zeigte sich jedoch, dass bei Zwang die Quantität der Nutzung innerhalb einer Nutzergruppe deutlich homogener ist. Dies führt zu geringen Unterschieden in der Nutzungserfahrung, und dadurch bedingt zeigen Individuen bei solchen Anwendungen geringere Unterschiede in der Qualität der Nutzung als bei freiwillig genutzten Anwendungen.

5.3. Implikationen für die Praxis

Unternehmen investieren substantielle Beträge in die Implementierung von IT. Wie in Kapitel 2.2.3.1 dargelegt wurde, gehen mit diesen Investitionen jedoch nicht zwangsläufig gewünschte Produktivitätssteigerungen einher. Als eine wichtige Voraussetzung für die Realisierung von Erfolgsauswirkungen wurde in Forschungsarbeiten die tatsächliche Nutzung der implementierten IT identifiziert, d.h. es wurde aufgezeigt, dass implementierte IT nur dann positive Auswirkungen für das Unternehmen entfalten kann, wenn sie durch die Mitarbeiter auch eingesetzt wird (vgl. Abschnitt 2.2.3.2).

Die vorliegende Arbeit weist Unternehmen auf einen weiteren wichtigen Faktor hin, der einen Einfluss auf potenzielle Produktivitätssteigerungen durch die

Implementierung von IT ausübt: Die *Qualität bzw. Effizienz der Nutzung der IT durch die Mitarbeiter.* Es wurde gezeigt, dass bezüglich des untersuchten Aspektes der Bearbeitungsgeschwindigkeit z.t. erhebliche Unterschiede zwischen Mitarbeitern bestehen. Auch wenn der entsprechende Zusammenhang im Rahmen dieser Arbeit nicht explizit untersucht wurde, ist davon auszugehen, dass sich diese Unterschiede der Nutzungsqualität auf die Produktivität auswirken: Je mehr Zeit ein Mitarbeiter für die Bearbeitung einer Aufgabe mithilfe einer IT-Anwendung benötigt, desto schlechter ist seine Effizienz und desto geringer ist seine Produktivität. Bezogen auf die Fallstudie bedeutet dies beispielsweise, dass eine IP, die länger benötigt, um die Kundendaten einer aufgenommenen Analyse in das Modul KI einzugeben, c.p. weniger Zeit für weitere Kundengespräche hat und dadurch weniger Umsatz generieren kann als eine IP, die eine höhere Nutzungsqualität aufweist. Allgemein betrachtet benötigen Mitarbeiter mit einer schlechteren Nutzungsqualität länger, um Aufgaben mithilfe einer IT-Anwendung zu erfüllen und erbringen dadurch in der gleichen Arbeitszeit weniger Leistung. Dem Unternehmen entstehen dadurch Kosten, da diese Mitarbeiter in der gleichen Zeit mehr Aufgaben erfüllen könnten, die einen Wert für das Unternehmen mit sich bringen. Unternehmen sollten somit ein großes Interesse daran haben, die Qualität der Nutzung von IT durch Mitarbeiter zu berücksichtigen und auch zu fördern.

Persönliche Eigenschaften der Mitarbeiter wie IT-Affinität oder IT-Kenntnisse sind für Unternehmen wenig beeinflussbar. Jedoch zeigen die Ergebnisse, dass eine hohe Nutzungsqualität auch durch gute Vorbereitung in Form von Teilnahme an Schulungen oder Nutzung von Lernmedien sowie durch den Aufbau von Nutzungserfahrung erzielt werden kann. Mitarbeiter mit hohen IT-Kenntnissen bzw. hoher IT-Affinität erzielen z.T. auch ohne spezifisches Anwendungswissen eine hohe Nutzungsqualität. Es sollte deshalb durch geeignete Maßnahmen sichergestellt werden, dass *v.a. Mitarbeiter, die weniger IT-affin sind bzw. geringere allgemeine IT-Kenntnisse haben, spezifisches Wissen hinsichtlich der Nutzung von benötigten IT-Anwendungen aufbauen.* Bei Einführung einer neuen IT-Anwendung sollte deshalb sichergestellt werden, dass v.a. diese Mitarbeiter an Schulungen teilnehmen bzw. Lernmaterialien nutzen. Eine geeignete Möglichkeit, die Notwendigkeit eines Trainings hinsichtlich der Nutzung einer IT-Anwendung für einzelne Mitarbeiter zu bewerten, stellt ein kurzer *Leistungstest* dar. Sind diese Mitarbeiter - anders als im Rahmen der Fallstudie - weisungsgebunden, erscheint es durchaus als sinnvoll, die Teilnahme an entsprechenden Schulungen verpflichtend zu machen, wenn dieser Test einen entsprechenden Bedarf aufzeigt. Dies verdeutlicht das folgende Zitat einer IP, die selbst eine hohe IT-Affinität und hohe IT-Kenntnisse aufweist:

> "*Ich weiß, dass es [..] genug Leute gibt, die das verdammt nötig haben, [..] Kollegen, die meiner Schätzung nach eher so ein bisschen zurückhaltend sind, was Technik angeht. Und dass für die das geeignet ist. Nur das Dumme ist, dass es die oft nicht erreicht. [..] Dass manche so avers sind, dass die dann einfach diese Schwelle nicht überschreiten, die sie eigentlich mal beschreiten müssten, einfach mal in die ganzen Angebote rein zu gucken. Das ist schade [..]. Ich glaube, die müssen nur mal über eine gewisse Schwelle drüber und dann trauen sie sich auch viel mehr an die Geschichten ran und werden von selber dann besser. [..] Denen sollte man helfen, notfalls auch mit sanftem Druck, über diese Angstschwelle zu kommen. Sobald die überschritten ist, wird vieles dann von allein laufen*" (IP 9).

Der zweite Ansatzpunkt für Unternehmen, die Nutzungsqualität der Mitarbeiter zu erhöhen, stellt eine *Erhöhung der Quantität der Nutzung* der entsprechenden IT-Anwendungen und damit der Erfahrung der Mitarbeiter dar. Es wurde gezeigt, dass sich eine höhere Nutzungserfahrung positiv auf die Bearbeitungsgeschwindigkeit, d.h. auf die Nutzungsqualität auswirkt. Unternehmen sollten aus diesem Grund die Nutzung neu implementierter IT-Anwendungen fördern. Eine Möglichkeit hierzu stellt *Zwang* zur Nutzung dar, der, wie gezeigt, die Quantität der Nutzung v.a. kurz nach der Systemeinführung deutlich erhöht. Des

Weiteren zeigte sich im Rahmen der Fallstudie, wie auch bereits in früheren Forschungsarbeiten bestätigt wurde (Davis et al., 1989; Davis et al., 1992; Taylor und Todd, 1995b; Venkatesh und Davis, 2000; Venkatesh et al., 2003; van der Heijden, 2004), dass die Einschätzung der extrinsischen Vorteile für Mitarbeiter der ausschlaggebende Grund ist, eine IT-Anwendung zu nutzen bzw. nicht zu nutzen. Unternehmen sollten ihren Mitarbeitern deshalb v.a. dann, wenn die Nutzung freiwillig erfolgt, *die extrinsischen Vorteile der Nutzung der implementierten IT-Anwendungen deutlich machen.* Setzen sich die Mitarbeiter mit den IT-Anwendungen auseinander und erkennen, dass deren Nutzung für sie mit extrinsischen Vorteilen verbunden ist, werden sie die Anwendungen auch auf freiwilliger Basis nutzen (Agarwal und Prasad, 1997). Die extrinsischen Vorteile der Nutzung können durch Belohnungen, z.B. in Form von Prämien, erhöht und dadurch die Quantität und schließlich auch die Qualität der Nutzung weiter gesteigert werden.

Schließlich erwies sich die *Tippfähigkeit* der Mitarbeiter als ein nicht zu unterschätzender Aspekt hinsichtlich der erzielten Bearbeitungsgeschwindigkeit. Sind regelmäßig größere Datenmengen in eine IT-Anwendung einzugeben, kann es für Unternehmen zur Erhöhung der Effizienz durchaus sinnvoll sein, ihren Mitarbeitern Kurse zur Verbesserung der Tippfähigkeit anzubieten.

5.4. Limitationen

Hinsichtlich der Generalisierbarkeit, d.h. hinsichtlich der Übertragbarkeit der Erkenntnisse auf andere situative Kontexte sind Einschränkungen zu beachten (Eisenhardt, 1989; Dube und Pare, 2003). Die externe Validität ist ein generelles Problem von Fallstudien (vgl. Kapitel 3.1.3.1) und stellt auch eine wichtige Limitation der vorliegenden Arbeit dar.

Um im Rahmen der empirischen Erhebung Einflussfaktoren auf das bisher kaum untersuchte Konstrukt der Nutzungsqualität von IT-Anwendungen aufdecken zu können, war es notwendig, sich tiefgreifend mit dem Forschungsgegenstand auseinanderzusetzen. Aus diesem Grund wurden nur 14 Studienteilnehmer über einen Zeitraum von 3 Monaten beobachtet und interviewt. Dies ermöglichte den Aufbau einer reichhaltigen Datenbasis zur Untersuchung der Qualität der IT-Nutzung. Statistische Messverfahren, die zur Untersuchung von Stichprobenerhebungen normalerweise eingesetzt werden, konnten jedoch aufgrund dieser kleinen Stichprobe nicht angewendet werden. Es konnte keine Analyse vorgenommen werden, inwieweit die konzeptualisierten Einflussfaktoren auf die Nutzungsqualität unabhängig voneinander sind. Die festgestellten Zusammenhänge sind nicht mit der Aussagekraft normalerweise eingesetzter statistischer Zusammenhangsmaße vergleichbar. Auch konnte keine Aussage hinsichtlich der Zuverlässigkeit der Ergebnisse in Form von statistischen Signifikanzniveaus (Bortz, 2005, S. 113) getroffen werden. Auf Basis der qualitativen Interviewaussagen konnte eine erste Validierung der Erkenntnisse vorgenommen werden. Eine Verallgemeinerung der Ergebnisse über den betrachteten Fall hinaus kann jedoch auf Basis der vorliegenden Daten nicht vorgenommen werden.

Mit dem Ziel der theoretischen Replikation wurde der Kontextfaktor der Freiwilligkeit der Nutzung variiert: Es wurden sowohl die Nutzung einer gezwungenermaßen als auch zweier freiwillig genutzter Anwendungen untersucht. Durch Variation der Untersuchungszeitpunkte wurden so insgesamt sieben verschiedene Szenarios untersucht. Die Rahmenbedingungen dieser Szenarios wurden homogen gehalten, um eine Vergleichbarkeit der Ergebnisse zu gewährleisten. Es ist jedoch nicht auszuschließen, dass folgende *Kontextfaktoren einen Einfluss auf die gewonnenen Ergebnisse* hatten:

- Die Aufgaben, die zur Ermittlung der Nutzungsqualität in den Feldexperimenten gestellt wurden, waren relativ leicht lösbar. Es ist denkbar, dass sich in Szenarios, in denen durch die Studienteilnehmer komplexere Aufgaben zu lösen sind, die beobachteten Zusammenhänge verändern.

- Die EOU wurde von fast allen Studienteilnehmern als ausreichend bewertet, um die Anwendungen problemlos nutzen zu können. Es ist denkbar, dass sich der Zusammenhang zwischen EOU und dem eingeschätzten extrinsischen Nutzen bzw. der Nutzungsabsicht bestätigt hätte, wenn die IT-Anwendungen als weniger benutzerfreundlich eingeschätzt worden wären.

Eine weitere Einschränkung betrifft die *Bewertung der Nutzungsqualität*: Die Ausprägungen der Nutzungsqualität sind von dem gewählten Maß bzw. dessen Berechnung abhängig. Als Maß wurde die Abweichung der benötigten Bearbeitungszeit eines Individuums zur durchschnittlichen Bearbeitungszeit der Gruppe verwendet. Der Vorteil der ermittelten Größe liegt in der Vergleichbarkeit der Ergebnisse für die drei unterschiedlichen IT-Anwendungen. Zudem ist durch die Anzahl an Ausprägungen in den einzelnen Kategorien (niedrig, mittel, hoch) deutlich erkennbar, wie dicht die einzelnen Bearbeitungszeiten beieinander liegen. Diese Maßgröße wurde in bisherigen Forschungsarbeiten jedoch noch nicht verwendet. Ein anderer, beispielsweise verteilungsbezogener Bewertungsmaßstab (Bortz, 2005) hätte zu anderen Ergebnissen hinsichtlich der Ausprägungen der Nutzungsqualität geführt. Die Relation von besseren zu schlechteren Ausprägungen der Nutzungsqualität hätte sich jedoch nicht geändert, da eine kürzere Bearbeitungszeit immer eine bessere Nutzungsqualität darstellt.

5.5. Ausblick

Ziel der Arbeit war es, den Aspekt der Qualität der IT-Nutzung zu konzeptualisieren und Einflussfaktoren auf diesen aufzudecken. Dieses Ziel wurde erreicht. Da es sich um einen bisher fast vollständig vernachlässigten Aspekt im Rahmen der

Akzeptanzforschung handelt, bieten sich für weiterführende Forschungsarbeiten eine Vielzahl von Möglichkeiten:

- Um statistische Analysen durchführen zu können und eine erweiterte Verallgemeinerbarkeit der Aussagen bezüglich einer definierten Grundgesamtheit zu erlangen, sollte eine *Vergrößerung der Stichprobe* angestrebt werden. Im Rahmen dieser Studie wurde nur eine kleine Stichprobe untersucht, um bei gegebenen zeitlichen Limitationen die Nutzungsqualität aller Studienteilnehmer im natürlichen Umfeld, d.h. am normal genutzten Arbeitsplatz erfassen zu können. Die Aufzeichnung des Nutzungsverhaltens mit einer Kamera bei persönlicher Anwesenheit der Verfasserin dieser Arbeit stellte dabei einen hohen zeitlichen Aufwand dar. In quantitativen Forschungsdesigns wird eine große Stichprobe i.d.R. durch Fragebogenerhebungen erreicht (vgl. Kapitel 3.1.2.1). Diese Vorgehensweise erscheint jedoch zur Untersuchung der Nutzungsqualität von IT-Anwendungen nicht geeignet, da nicht zu erwarten ist, dass die Individuen selbst eine realistische Einschätzung ihrer Nutzungsqualität vornehmen können. Ineffizienzen sind ihnen nicht unbedingt bewusst, z.B. kennen sie keine schnelleren Bearbeitungswege bzw. können keine Vergleiche zu Kollegen ziehen. Angaben der Nutzer erscheinen somit zur Erfassung der Nutzungsqualität nicht geeignet. Zwei alternative Formen der objektiven Erfassung der Nutzungsqualität sind denkbar, die zu einer Reduktion des Zeitbedarfs je Studienteilnehmer führen und dadurch die Untersuchung einer größeren Stichprobe ermöglichen:

  - Im Rahmen von Laborexperimenten kann die Nutzungsqualität einer größeren Anzahl von Individuen gleichzeitig mithilfe von Usability-Testsoftware erfasst wird. Diese Methode der Datenerhebung bringt jedoch den Verlust des natürlichen Arbeitskontextes der beobachteten Individuen mit sich, es stellt sich das Problem der externen Validität der unter "künstlichen Bedingungen" gewonnenen Ergebnisse.

– Alternativ könnte die Nutzungsqualität der Individuen am gewohnten Arbeitsplatz mithilfe zuvor installierter Usability-Testsoftware erfasst werden. Es ist jedoch fraglich, inwieweit ein Unternehmen, der Betriebsrat bzw. die Mitarbeiter einer solchen "Überwachung" des Arbeitsverhaltens zustimmen würden.

• Die *Effektivität der Nutzung*, definiert als Grad der Aufgabenerfüllung, wurde als zweiter Aspekt der Nutzungsqualität konzeptualisiert (vgl. Kapitel 2.5.1.1). Dieser Indikator zeigte im Rahmen der Fallstudie jedoch keine Varianz, und somit konnten auch keine Einflussfaktoren auf ihn untersucht werden. Die Untersuchung der Nutzungsqualität sollte deshalb auf Anwendungskontexte erweitert werden, in denen auch eine Varianz der Effektivität der Nutzung zu erwarten ist. Dies ist bei einer höheren Komplexität der gestellten Testaufgaben zu erwarten: Je größer der Schwierigkeitsgrad der zu bearbeitenden Aufgaben, desto wahrscheinlicher ist es, dass Mitarbeiter die Aufgaben teilweise nicht (vollständig) bearbeiten können und damit die Effektivität der Aufgabenbearbeitung variiert.

• Der Aspekt der *Quantität der Nutzung* sollte, wenn die Rahmenbedingungen dies zulassen, z.B. durch Computer-Log-Files *objektiv erfasst* werden. Basierend auf den erfassten Daten könnten auch die Ausprägungen des Konstruktes der Erfahrung genauer bestimmt werden. Auch hier stellt sich jedoch das Problem, inwieweit ein Unternehmen, der Betriebsrat bzw. die Mitarbeiter mit einer Erfassung der entsprechenden Daten einverstanden wären.

• Die *Ausprägungen der Nutzungsqualität* könnten aus den *absoluten Bearbeitungszeiten* und nicht aus dem Verhältnis zum Gruppendurchschnitt abgeleitet werden. Hierdurch könnten individuelle Verbesserungen der einzelnen Mitarbeiter im Zusammenhang mit Änderungen der Erfahrung genauer untersucht werden.

5. Diskussion

- In der vorliegenden Arbeit wurde nur die Bearbeitungszeit erfasst, jedoch nicht näher analysiert, wie bzw. wodurch die jeweilige zeitliche Verzögerung bei Individuen mit einer geringeren Bearbeitungsgeschwindigkeit genau verursacht wurde, d.h. was diese Personen in der zusätzlich benötigten Zeit machten. Eine längere Bearbeitungszeit kann beispielsweise durch Suchen auf der Benutzeroberfläche, durch Nachdenken, durch andere Bearbeitungswege oder durch Fehler und deren Korrektur verursacht werden. Die genauere Untersuchung der Gründe der Verzögerungen bietet bessere Ansatzpunkte, diesen entgegen zu wirken. In weiteren Forschungsarbeiten sollten deshalb die *direkten Ursachen längerer Bearbeitungszeiten, d.h. die Art des Abweichens vom kritischen Bearbeitungspfad* (vgl. Kapitel 2.3.3.2) näher analysiert werden.

- Es ist denkbar, dass die Art des Zwangs zur IT-Nutzung einen Einfluss auf die untersuchten Zusammenhänge ausübt. In der durchgeführten Fallstudie wurden nur die Auswirkungen von Zwang untersucht, der durch die Aufgabenstellung bedingt wurde. Die Untersuchung der Qualität der IT-Nutzung sollte auf Szenarios erweitert werden, in denen Zwang *aufgrund von Vorgaben oder Druck von Vorgesetzten* besteht.

- Im Rahmen der Fallstudie wurde gezeigt, dass *Vorkenntnisse* in Form von Erfahrungen mit ähnlichen IT-Anwendungen einen Einfluss auf die Bewertung der EOU haben. In einer weiteren Arbeit könnte untersucht werden, welchen Einfluss dieser Aspekt auf die Nutzungsqualität hat.

- Schließlich, und dieser Aspekt schließt den Bogen zu den Ursprüngen der Akzeptanzforschung, sollte das beobachtete IT-Nutzungsverhalten *in Bezug zu Erfolgsgrößen auf Ebene der untersuchten Geschäftsprozesse* gesetzt werden. Dies verdeutlicht ein Beispiel aus der durchgeführten Fallstudie: Eine IP nutzte die Anwendung KI z.T. für die Erstellung von Angeboten aus rein intrinsischen Motiven, d.h. weil ihr die Berechnung von Angeboten Spaß machte. Die Angebote wurden jedoch z.T. später keinem Kunden unterbreitet. Die Angebotserstellung war somit nicht produktiv, auch wenn die IT-Nutzung effizient erfolgte. Es wird somit deutlich, dass weitere Faktoren beachtet werden müssen, um Auswirkungen der IT-Nutzung auf Erfolgsgrößen erklären zu können.

6. Zusammenfassung

Das Ziel der vorliegenden Arbeit war es, den Aspekt der Qualität der IT-Nutzung durch Mitarbeiter in Unternehmen zu untersuchen.

Um eine Untersuchung der Qualität der IT-Nutzung vornehmen zu können, mussten zunächst *Operationalisierungen* für dieses Konstrukt erarbeitet werden. Diese wurden aus Maßgrößen abgeleitet, die für Untersuchungen der Anwenderfreundlichkeit von Software-Anwendungen genutzt werden:

- Als erste Maßgröße wurde die Effektivität der Nutzung festgelegt, definiert als Grad der Erfüllung einer Aufgabe, die mithilfe einer Software bearbeitet wird.

- Als zweite Maßgröße wurde die Effizienz der Nutzung konzeptualisiert, definiert als das Ausmaß an Zeit, das ein Nutzer zur Bearbeitung einer bestimmten Aufgabenstellung benötigt.

Aufbauend auf diesen Operationalisierungen wurde die *Beantwortung folgender Forschungsfragen* angestrebt:

1. Welche Faktoren bedingen Unterschiede in der Qualität der Nutzung von IT-Anwendungen durch Unternehmensmitarbeiter?

2. Welchen Einfluss übt der Aspekt der Freiwilligkeit bzw. der Zwang zur Nutzung dieser IT-Anwendungen auf die Nutzungsqualität und deren Determinanten aus?

6. Zusammenfassung

Hinsichtlich der *ersten Forschungsfrage* wurden folgende Erkenntnisse erarbeitet: Unterschiede in der Qualität der IT-Nutzung zwischen Mitarbeitern werden zum einen durch *spezifische Kenntnisse* bezüglich der Nutzung der entsprechenden IT-Anwendung verursacht. Je mehr solcher spezifischen Kenntnisse ein Mitarbeiter hat, desto höher wird seine Nutzungsqualität sein. Spezifische Kenntnisse können zum einen durch Vorbereitung auf die Nutzung der Anwendung durch Teilnahme an Schulungen oder Nutzung von Lernmedien erworben werden. Des Weiteren können spezifische Kenntnisse durch Nutzungserfahrung aufgebaut werden. Je mehr eine Anwendung genutzt wird, desto höher ist die Erfahrung des Individuums, und desto besser ist seine Nutzungsqualität. Die Nutzungsqualität wird außerdem durch *Eigenschaften der Mitarbeiter* beeinflusst, die nicht in direktem Zusammenhang mit der Nutzung einer konkreten IT-Anwendung stehen: Es zeigte sich, dass IT-Kenntnisse und IT-Affinität v.a. in frühen Nutzungsphasen einen Einfluss auf die Nutzungsqualität ausüben, d.h. für die Nutzung fremdartiger Anwendungen hilfreich sind. Mit einer Zunahme spezifischer Kenntnisse verringert sich jedoch deren Einfluss. Sind große Datenmengen über die Tastatur in eine Anwendung einzugeben, übt außerdem die Tippfähigkeit einen starken Einfluss auf die erzielte Bearbeitungsgeschwindigkeit aus. Der Einfluss zeigte einen umso größeren Einfluss, je besser die Individuen mit der Anwendung vertraut waren. Folgende Erklärung erscheint hierfür plausibel: Finden sich Nutzer auf der Benutzeroberfläche nicht zurecht, werden Verzögerungen v.a. durch die Suche benötigter Eingabefelder verursacht. Ist die Orientierungsfähigkeit auf der Benutzeroberfläche dagegen gegeben, haben v.a. solche Individuen einen Vorteil hinsichtlich der benötigten Bearbeitungszeit, die Daten schneller in die entsprechenden Felder einer IT-Anwendung eingeben können.

Hinsichtlich der *zweiten Forschungsfrage* wurden folgende Erkenntnisse gewonnen: Zwang zur Nutzung bestand im Rahmen dieser Fallstudie bezüglich einer Anwendung dahingehend, dass die Individuen auf deren Output angewiesen waren, um ihre tägliche Arbeit erledigen zu können. Zwang zur IT-Nutzung wurde dementsprechend nicht, wie in früheren Forschungsarbeiten konzeptualisiert

(Agarwal und Prasad, 1997; Karahanna et al., 1999; Venkatesh und Davis, 2000; Venkatesh et al., 2003), durch Druck von Vorgesetzten verursacht, sondern bestand aufgrund der zu erfüllenden Aufgabenstellung. Bei den freiwillig genutzten IT-Anwendungen zeigten sich größere Unterschiede in der Quantität der Nutzung. Dadurch bestanden zwischen den Mitarbeitern größere Unterschiede hinsichtlich der Nutzungserfahrung. Diese führten dazu, dass größere Unterschiede hinsichtlich der Nutzungsqualität zwischen den einzelnen Mitarbeitern bestanden: Die Mitarbeiter mit höherer Nutzungserfahrung zeigten eine deutlich höhere Nutzungsqualität als Mitarbeiter mit einer geringeren Nutzungserfahrung. Bei Zwang setzten dagegen Mitarbeiter eine IT-Anwendung in relativ gleichem Ausmaß ein. Dadurch bestanden geringere Unterschiede in der Nutzungserfahrung, und es zeigten sich geringere Unterschiede in der Nutzungsqualität. Zwang zur Nutzung führt dann zu einer höheren Nutzungsqualität, *wenn* die entsprechende Anwendung bei Freiwilligkeit in geringerem Ausmaß genutzt und die Mitarbeiter dadurch geringere Nutzungserfahrung aufweisen. Die Ergebnisse zeigen jedoch, dass IT-Anwendungen auch auf freiwilliger Basis in hohem Ausmaß genutzt werden, wenn die Mitarbeiter extrinsische Vorteile mit deren Nutzung erkennen.

Es ist festzuhalten, dass die Qualität der Nutzung einen sehr wichtigen Aspekt des produktiven Einsatzes von IT in Unternehmen darstellt. Durch die Berücksichtigung dieses Aspektes in der vorliegenden Arbeit wurde die "Black Box" im Wirkungszusammenhang zwischen der Implementierung einer IT und deren Erfolgsauswirkungen auf Prozess- bzw. Unternehmensebene (vgl. Kapitel 2.2.3.1) ein deutliches Stück weiter geöffnet, als dies bei ausschließlicher Berücksichtigung der Quantität der Nutzung der Fall war. Es ist zu wünschen, dass sich viele weitere Forschungsarbeiten mit diesem Aspekt auseinandersetzen und es dadurch Unternehmen ermöglichen, aus ihren IT-Implementierungen einen möglichst großen Nutzen zu erzielen.

A. Interviewleitfäden

Interviewleitfaden 1

1. IT-Kenntnisse

   - Seit wann beschäftigen Sie sich mit Computern?

   - Lesen Sie Fachzeitschriften?

   - Wie gut kennen Sie sich mit Computern aus?

   - Werden Sie im Unternehmensumfeld oder Freundeskreis häufig hinsichtlich technischer Probleme um Hilfe gebeten?

2. IT-Affinität

   - Wie sehr interessieren Sie sich für Computer?

   - Wie gerne beschäftigen Sie sich mit Computern in Ihrer Freizeit?

   - Macht es Ihnen Spaß, sich mit neuen Technologien zu beschäftigen?

3. Vorbereitung

   - In welchem Umfang haben Sie bereits die angebotenen Lernmedien als Vorbereitung auf die Nutzung des neuen Onlinesystems genutzt?

   - In welchem Ausmaß haben Sie schon an Training hinsichtlich des neuen Onlinesystems teilgenommen?

4. Eingeschätzter extrinsischer Nutzen des neuen Onlinesystems

- Was wissen Sie über das neue Onlinesystem?

- Welche Vor- und Nachteile beruflicher Art sehen Sie durch die Nutzung der Module KI und PIM?

- Halten Sie die Nutzung der Module KI und PIM für sinnvoll?

- Inwieweit haben Sie das Gefühl, dass Sie von der Nutzung der Module KI und PIM profitieren werden?

- Inwieweit denken Sie, dass die Nutzung Ihre Arbeitsergebnisse verbessern wird?

5. Eingeschätzter intrinsischer Nutzen des neuen Onlinesystems

- Inwieweit denken Sie, dass Sie die Nutzung des neuen Onlinesystems interessant finden werden?

- Inwieweit denken Sie, dass Ihnen die Nutzung der Module KI und PIM Spaß machen wird?

- Inwieweit denken Sie, dass Sie die Nutzung der Module KI und PIM als anstrengend oder stressig empfinden werden?

6. Nutzungsabsicht

- Inwieweit haben Sie vor, das Modul KI zu nutzen, wenn das neue Onlinesystem eingeführt ist?

- Inwieweit haben Sie vor, das Modul PIM zu nutzen, wenn das neue Onlinesystem eingeführt ist?

Interviewleitfaden 2

1. Vorbereitung nach dem erstem Gespräch

   - In welchem Umfang haben Sie nach dem letzten Gespräch die angebotenen Lernmedien als Vorbereitung auf die Nutzung des neuen Onlinesystems genutzt?

   - In welchem Ausmaß haben Sie nach dem letzten Gespräch an Training hinsichtlich des neuen Onlinesystems teilgenommen?

2. Quantität der Nutzung seit Einführung

   - In welchem Umfang nutzen Sie die Module KI und PIM?

   - Benutzen Sie noch Parallelsysteme (z.B. Outlook, Excel-Tabellen etc.)?

3. Nutzungsabsicht

   - Planen Sie, Ihre Nutzung der Module PIM und KI in der Zukunft zu verändern?

   - Wenn ja, was sind die Gründe?

4. Eingeschätzter extrinsischer Nutzen des neuen Systems

   - Welche Vor- und Nachteile beruflicher Art sehen Sie durch die Nutzung der Module KI und PIM?

   - Halten Sie die Nutzung der Module KI und PIM für sinnvoll?

   - Inwieweit haben Sie das Gefühl, dass Sie von der Nutzung profitieren?

   - Inwieweit denken Sie, dass die Nutzung der Module KI und PIM Ihre Arbeitsergebnisse verbessert?

5. Eingeschätzter intrinsischer Nutzen des neuen Onlinesystems

- Macht Ihnen die Nutzung des Systems Spaß?

- Finden Sie die Nutzung der Module KI und PIM interessant?

- Empfinden Sie die Nutzung als anstrengend oder stressig?

- Beschäftigen Sie sich gerne mit den Modulen KI und PIM?

- Benutzen Sie die Module KI und PIM, auch wenn damit keine unmittelbaren Vorteile beruflicher Art verbunden sind?

6. Eingeschätzte Leichtigkeit der Nutzung

- Wie leicht fällt Ihnen die Nutzung des neuen Systems?

- Inwieweit fühlen Sie sich fähig, die Module KI und PIM in der erforderlichen Weise nutzen zu können?

- Inwieweit empfinden Sie die Nutzung der Module KI und PIM als klar und verständlich?

- Ermöglicht das System Ihrer Meinung nach eine intuitive Nutzung?

- Inwieweit empfinden Sie die Module KI und PIM beim Erlernen als schwierig zu verstehen?

7. Zwang

- Inwieweit empfinden Sie die Nutzung der verschiedenen Module als freiwillig?

- Ist die Bearbeitung bestimmter Aufgaben ohne das System gar nicht möglich?

- Inwieweit erwartet die DVAG, dass bestimmte Funktionen genutzt werden? Wenn ja, wie wichtig ist es Ihnen, diesen Wünschen zu entsprechen?

Interviewleitfaden 3

1. Quantität der Nutzung seit Einführung

   - In welchem Umfang nutzen Sie die Module KI und PIM?

   - Benutzen Sie noch Parallelsysteme (z.B. Outlook, Excel-Tabellen etc.)?

2. Nutzungsabsicht

   - Planen Sie, Ihre Nutzung der Module PIM und KI in der Zukunft zu verändern?

   - Wenn ja, was sind die Gründe?

3. Eingeschätzter extrinsischer Nutzen des neuen Systems

   - Welche Vor- und Nachteile beruflicher Art sehen Sie durch die Nutzung der Module KI und PIM?

   - Halten Sie die Nutzung der Module KI und PIM für sinnvoll?

   - Inwieweit haben Sie das Gefühl, dass Sie von der Nutzung der Module KI und PIM profitieren?

   - Inwieweit denken Sie, dass die Nutzung Ihre Arbeitsergebnisse verbessert?

4. Eingeschätzter intrinsischer Nutzen des neuen Onlinesystems

   - Macht Ihnen die Nutzung des Systems Spaß?

   - Finden Sie die Nutzung der Module KI und PIM interessant?

   - Empfinden Sie die Nutzung der Module KI und PIM als anstrengend oder stressig?

- Beschäftigen Sie sich gerne mit dem neuen System?

- Benutzen Sie die Module KI und PIM, auch wenn damit keine unmittelbaren Vorteile beruflicher Art verbunden sind?

5. Eingeschätzte Leichtigkeit der Nutzung

- Wie leicht fällt Ihnen die Nutzung der Module KI und PIM?

- Inwieweit fühlen Sie sich fähig, die Module KI und PIM in der erforderlichen Weise zu nutzen?

- Inwieweit empfinden Sie die Nutzung der Module KI und PIM als klar und verständlich?

- Ermöglicht das System Ihrer Meinung nach eine intuitive Nutzung?

- Inwieweit empfinden Sie die Module KI und PIM beim Erlernen als schwierig zu verstehen?

Literatur

Agarwal, R. und E. Karahanna (2000). Time Flies when You're Having Fun: Cognitive Absorption and Beliefs about Information Technology. *MIS Quarterly 24*(4), 665–694.

Agarwal, R. und J. Prasad (1997). The Role of Innovation Characteristics and Perceived Voluntariness in the Acceptance of Information Technologies. *Decision Sciences 28*(3), 557–582.

Ajzen, I. (1985). From Intentions to Actions: A Theory of Planned Behavior. In J. Kuhl und J. Beckmann (Eds.), *Action Control - From Cognition to Behavior*, 11–39. Berlin u. a.: Springer Verlag.

Ajzen, I. (1991). The Theory of Planned Behavior. *Organizational Behavior and Human Decision Processes 50*, 179–211.

Atteslander, P. (2003). *Methoden der empirischen Sozialforschung*. Berlin: Erich Schmidt Verlag.

Auer, C. (2004). *Performance Measurement für das Customer Relationship Management*. Wiesbaden: Deutscher Universitätsverlag.

Bacharach, B. (1989). Organizational Theories: Some Criteria for Evaluation. *Academy of Management Review 14*(4), 496–550.

Backhaus, K., B. Erichson, W. Plinke und R. Weiber (2006). *Multivariate Analysemethoden*. Berlin u.a.: Springer Verlag.

Bandura, A. (1977). Self-Efficacy: Toward a Unifying Theory of Behavioral Change. *Psychological Review 84*(2), 191–215.

Bandura, A. (1986). *Social Foundations of Thought and Action*. Englewood Cliffs, NJ: Prentice Hall.

Bauer, H. H., T. E. Haber, T. Reichardt und M. Bökamp (2006). Akzeptanz von Location Based Services - Eine empirische Untersuchung. *Wissenschaftliche Arbeitspapiere des Instituts für Marktorientierte Unternehmensführung* (W 096).

Bauer, H. H., A. Schüle und T. Reichardt (2005). Location Based Services in Deutschland - Eine qualitative Marktanalyse auf Basis von Experteninterviews. *Wissenschaftliche Arbeitspapiere des Instituts für Marktorientierte Unternehmensführung* (W 095).

Benbasat, I., D. K. Goldstein und M. Mead (1987). The Case Research Strategy in Studies of Information Systems. *MIS Quarterly 11*(3), 369–386.

Benbasat, I. und R. W. Zmud (1999). Empirical Research in Information Systems: The Practice of Relevance. *MIS Quarterly 23*(1), 3–16.

Bortz, J. (2005). *Statistik für Human- und Sozialwissenschaftler*. Heidelberg: Springer Medizin Verlag.

Brehm, L., A. H. Heinzl und M. L. Markus (2001). Tailoring ERP Systems: A Spectrum of Choices and their Implications. In *Proceedings of the 34th Hawaii International Conference on System Sciences (HICSS)*, Hawaii.

Brief, A. P. und R. J. Aldag (1977). The Intrinsic-Extrinsic Dichotomy: Toward Conceptual Clarity. *Academy of Management Review 2*(3), 496–500.

Brown, B. (2000). The Artful Use of Groupware: An Ethnographic Study of How Lotus Notes is Used in Practice. *Behaviour and Information Technology 19*(4), 263–273.

Brynjolfsson, E. (1993). The Productivity Paradox of Information Technology. *Communications of the ACM 36*(12), 67–77.

Brynjolfsson, E. und L. M. Hitt (1996). Paradox Lost? Firm-Level Evidence on the Returns of Information Systems Spending. *Management Science 42*(4), 541–558.

Brynjolfsson, E. und L. M. Hitt (1998). Beyond the Productivity Paradox. *Communications of the ACM 41*(8), 49–55.

Brynjolfsson, E. und L. M. Hitt (2003). Computing Productivity: Firm-Level Evidence. *Review of Economics and Statistics 85*(4), 793–808.

Burton-Jones, A. und G. S. Hubona (2005). Individual Differences and Usage Behavior: Revisiting a Technology Acceptance Model Assumption. *The DATABASE for Advances in Information Systems 36*(2), 58–77.

Card, S. K., T. P. Moran und A. Newell (1980). The Keystroke-Level Model for User Performance Time with Interactive Systems. *Communications of the ACM 23*(7), 396–410.

Cargan, L. (2007). *Doing Social Research*. Lanham, Md. u.a.: Rowman and Littlefield Publishers.

Cavaye, A. L. M. (1996). Case Study Research: A Multi-Faceted Research Approach for IS. *Information Systems Journal 6*(3), 227–242.

Chin, W. W. und B. Marcolin (2001). The Future of Diffusion Research. *The DATABASE for Advances in Information Systems 32*(3), 7–12.

Cohen, W. M. und D. A. L. Levinthal (1990). Absorptive Capacity: A New Perspective on Learning and Innovation. *Administrative Science Quarterly 35*, 128–152.

Compeau, D. R. und C. A. Higgins (1995a). Application of Social Cognitive Theory to Training for Computer Skills. *Information Systems Research 6*(2), 118–143.

Compeau, D. R. und C. A. Higgins (1995b). Computer Self-Efficacy: Development of a Measure and Initial Test. *MIS Quarterly 19*(2), 189–211.

Damanpour, F. (1991). Organizational Innovation: A Meta-Analysis of Effects of Determinants and Moderators. *Academy of Management Journal 34*(3), 555–590.

Davis, F. D. (1986). *A Technology Acceptance Model for Empirically Testing New End-User Information Systems: Theory and Results*. Dissertation, Massachusetts Institute of Technology.

Davis, F. D. (1989). Perceived Usefulness, Perceived Ease of Use, and User Acceptance of Information Technology. *MIS Quarterly 13*(3), 319–340.

Davis, F. D., R. Bagozzi und P. Warshaw (1992). Extrinsic and Intrinsic Motivation to Use Computers in Workplace. *Journal of Applied Social Psychology 22*(14), 1111–1132.

Davis, F. D., R. P. Bagozzi und P. R. Warshaw (1989). User Acceptance of Computer Technology: A Comparison of Two Theoretical Models. *Management Science 35*(8), 982–1003.

Deci, E. L. (1975). *Intrinsic Motivation.* New York: Plenum Press.

Deci, E. L. und R. M. Ryan (1985). *Intrinsic Motivation and Self-Determination in Human Behavior.* New York: Plenum Press.

Dedrick, J., V. Gurbaxani und K. L. Kraemer (2003). Information Technology and Economic Performance: A Critical Review of the Empirical Evidence. *ACM Computing Surveys 35*(1), 1–28.

Dehning, B. und V. J. Richardson (2002). Returns on Investments in Information Technology: A Research Synthesis. *Journal of Information Systems 16*(1), 7–30.

Devaraj, S. und R. Kohli (2003). Performance Impacts of Information Technology: Is Actual Usage the Missing Link? *Management Science 49*(3), 273–289.

Dibbern, J. (2004). *The Sourcing of Application Software Service - Empirical Evidence of Cultural, Industry and Functional Differences.* Information Age Economy. Heidelberg: Physica-Verlag.

Dibbern, J., J. Winkler und A. H. Heinzl (2008). Explaining Variations in Client Extra Costs between Software Projects Offshored to India. *MIS Quarterly 32*(2), in Kürze erscheinend.

Dube, L. und G. Pare (2003). Rigor in Information Systems Positivist Case Research: Current Practices, Trends, and Recommendations. *MIS Quarterly 27*(4), 597–635.

DVAG (2006). *Geschäftsbericht.* Frankfurt am Main.

Eisenhardt, K. M. (1989). Building Theories from Case Study Research. *Academy of Management Review 14*(4), 532–550.

Fichman, R. G. (1992). Information Technology Diffusion: A Review of Empirical Research. In *Proceedings of the 13th International Conference on Information Systems (ICIS)*, Dallas.

Fishbein, M. und I. Ajzen (1975). *Belief, Attitude, Intention and Behavior: An Introduction to Theory and Research.* Reading, Mass: Addison-Wesley.

Frey, B. S. (1997). On the Relationship between Intrinsic and Extrinsic Work Motivation. *International Journal of Industrial Organization 15*, 427–439.

Ghani, J. A. und S. P. Deshpande (1994). Task Characteristics and the Experience of Optimal Flow in Human-Computer Interaction. *Journal of Psychology 128*(4), 381–391.

Goodhue, D. L. (1995). Understanding User Evaluation of Information Systems. *Management Science 41*(12), 1827–1844.

Goodhue, D. L. und R. L. Thompson (1995). Task-Technology Fit and Individual Performance. *MIS Quarterly 19*(2), 213–236.

Güttler, W. (2003). *Die Adoption des Electronic Commerce im deutschen Einzelhandel.* Electronic Commerce. Lohmar-Köln: Josef Eul Verlag.

Güttler, W. und A. H. Heinzl (2003). Die Adoption des Electronic Commerce im deutschen Einzelhandel. *Zeitschrift für Betriebswirtschaft, Ergänzungsheft 1*, 79–102.

Hartwick, J. und H. Barki (1994). Explaining the Role of User Participation in Information System Use. *Management Science 40*(4), 440–465.

Heinrich, L. J., A. Heinzl und F. Roithmayr (2007). *Wirtschaftsinformatik - Einführung und Grundlegung.* München, Wien: Oldenbourg Verlag.

Heinrich, L. J., A. H. Heinzl und F. Roithmayr (2004). *Wirtschaftsinformatik-Lexikon.* München, Wien: Oldenbourg Verlag.

Heinzl, A. H. (1992). *Die Ausgliederung der betrieblichen Datenverarbeitung.* Stuttgart: Poeschel Verlag.

Heinzl, A. H. (1996). *Die Evolution der betrieblichen DV-Abteilung - Eine lebenszyklustheoretische Analyse.* Heidelberg: Physica-Verlag.

Hillebrand, B., R. A. W. Kok und W. G. Biemans (2001). Theory-Testing Using Case Studies. *Industrial Marketing Management 30*(8), 651–657.

Hinz, D. J. und J. Malinowski (2006). Assessing the Risks of IT Infrastructure - A Personal Network Perspective. In *Proceedings of the 39th Hawaii International Conference on System Sciences (HICSS)*, Hawaii.

Holsti, O. R. (1969). *Content Analysis for the Social Sciences and Humanities*. Reading, Mass. u.a.: Addison-Wesley.

Igbaria, M., S. Parasuraman und J. J. Baroudi (1996). A Motivational Model of Microcomputer Usage. *Journal of Management Information Systems 13*(1), 127–143.

ISO:9241-11:1999 (1999). http://www.iso.org.

James, H. S. J. (2005). Why did you do that? An Economic Examination of the Effect of Extrinsic Compensation on Intrinsic Motivation and Performance. *Journal of Economic Psychology 26*(4), 549–566.

Jeyaraj, A., J. W. Rottman und M. C. Lacity (2006). A Review of the Predictors, Linkages, and Biases in IT Innovation Adoption Research. *Journal of Information Technology 21*, 1–23.

Johnston, W. J., M. P. Leach und A. H. Liu (1999). Theory Testing Using Case Studies in Business-to-Business Research. *Industrial Marketing Management 28*(3), 201–213.

Jordan, P. W. (2001). *An Introduction to Usability*. London, Philadelphia: Taylor and Francis.

Karahanna, E., R. Agarwal und C. M. Angst (2006). Reconceptualizing Compatibility Beliefs in Technology Acceptance Research. *MIS Quarterly 30*(4), 781–804.

Karahanna, E., D. W. Straub und N. L. Chervany (1999). Information Technology Adoption Across Time: A Cross-Sectional Comparison of Pre-Adoption and Post-Adopton Beliefs. *MIS Quarterly 23*(2), 183–213.

Kelley, M. R. (1994). Productivity and Information Technology: The Elusive Connection. *Management Science 40*(11), 1406–1425.

Kieser, A. (1995). *Organisationstheorien*. Stuttgart: Kohlhammer Verlag.

Kieser, A. und P. Walgenbach (2007). *Organisation*. Stuttgart: Schäeffer-Poeschel Verlag.

Klein, H. K. und M. D. Myers (1999). A Set of Principles for Conducting and Evaluating Interpretative Field Studies in Information Systems. *MIS Quarterly 23*(1), 67–93.

Klein, K. J., F. Dansereau und R. J. Hall (1994). Levels Issues in Theory Development, Data Collection, and Analysis. *Academy of Management Review 19*(2), 195–229.

Kohli, R. und S. Devaraj (2003). Measuring Information Technology Payoff: A Meta-Analysis of Structural Variables in Firm-Level Empirical Research. *Information Systems Research 14*(2), 127–145.

Krüger, W. (1990). Organisatorische Einführung von Anwendungssystemen. In K. Kurbel und H. Strunz (Eds.), *Handbuch Wirtschaftsinformatik.* Stuttgart: Schäeffer-Poeschel Verlag.

Kwon, T. H. und R. W. Zmud (1987). Unifying the Fragmented Models of Information Systems Implementation. In R. J. J. Boland und R. A. Hirschheim (Eds.), *Critical Issues in Information Systems Research*, 227–251. Chichester u.a.: John Wiley and Sons.

Laudan, L. (1984). *Science and Values.* Pittsburgh Series in Philosophy and History of Science. Berkley, Los Angeles: University of California Press.

Lee, A. S. (1989). A Scientific Methodology for MIS Case Studies. *MIS Quarterly 13*(1), 33–50.

Leonard-Barton, D. und I. Deschamps (1988). Managerial Influence in the Implementation of New Technology. *Management Science 34*(10), 1252–1265.

Lucas, H. C. (1993). The Business Value of Information Technology: A Historical Perspective and Thoughts for Future Research. In R. D. Banker, R. J. Kauffman, und M. A. Mahmood (Eds.), *Strategic Information Technology Management: Perspectives on Organizational Growth and Competitive Advantage*, 359–374. Harrisburg: Idea Group Publishing.

Marakas, G. M. und S. Hornik (1996). Passive Resistance Misuse: Overt Support and Covert Recalcitrance in IS Implementation. *European Journal of Information Systems 5*, 208–219.

Markus, M. L. (1983). Power, Politics, and MIS Implementation. *Communications of the ACM 26*(6), 430–444.

Martocchio, J. J. und J. Webster (1992). Effects of Feedback and Cognitive Playfulness on Performance in Microcomputer Software Training. *Personnel Psychology 45*, 553–578.

Mathieson, K. (1991). Predicting User Intentions: Comparing the Technology Acceptance Model with the Theory of Planned Behaviour. *Information Systems Research 2*(3), 173–191.

Mathieson, K., E. Peacock und W. W. Chin (2001). Extending the Technology Acceptance Model: The Influence of Perceived User Resources. *The DATABASE for Advances in Information Systems 32*(3), 86–112.

Melville, N., K. Kraemer und V. Gurbaxani (2004). Review: Information Technology and Organizational Performance: An Integrative Model of IT Business Value. *MIS Quarterly 28*(2), 283–322.

Miles, M. B. und A. M. Huberman (1994). *Qualitative Data Analysis: An Expanded Sourcebook*. Thousand Oaks u.a.: Sage Publications.

Moore, G. C. und I. Benbasat (1991). Development of an Instrument to Measure the Perceptions of Adopting an Information Technology Innovation. *Information Systems Research 2*(3), 192–222.

Mukhopadhyay, T., S. Kekre und S. Kalathur (1995). Business Value of Information Technology: A Study of Electronic Data Interchange. *MIS Quarterly 19*(2), 137–156.

Orlikowski, W. J. und J. J. Baroudi (1991). Studying Information Technology in Organizations: Research Approaches and Assumptions. *Information Systems Research 2*(1), 1–28.

Palmer, I., B. Kabanoff und R. Dunford (1997). Managerial Accounts of Downsizing. *Journal of Organizational Behavior 18*, 623–639.

Pare, G. (2004). Investigating Information Systems with Positivist Case Study Research. *Communications of the AIS 13*, 233–264.

Park, A. (2006). Using Survey Data in Social Science Research in Developing Countries. In E. Perecman und S. R. Curran (Eds.), *A Handbook for Social Science Field Research*, 117–134. Thousand Oaks u.a.: Sage Publications.

Potthof, I. (1998). Empirische Studien zum wirtschaftlichen Erfolg der Informationsverabeitung. *Wirtschaftsinformatik 40*(1), 54–65.

Rogers, E. M. (1962). *Diffusion of Innovations*. New York: Free Press.

Rogers, E. M. (1983). *Diffusion of Innovations*. New York: Free Press.

Rogers, E. M. (2003). *Diffusion of Innovations*. New York: Free Press.

Rubin, J. (1994). *Handbook of Usability Testing - How to Plan, Design and Conduct Effective Tests*. New York u.a.: John Wiley and Sons.

Sarodnick, F. und H. Brau (2006). *Methoden der Usability Evaluation - Wissenschaftliche Grundlagen und praktische Anwendung*. Bern: Hans Huber Verlag.

Schrank, A. (2006). Case-based Research. In E. Perecman und S. R. Curran (Eds.), *A Handbook for Social Science Case Research*, 21–38. Thousand Oaks u.a.: Sage Publications.

Schwarz, A., I. A. Junglas, V. Krotov und W. W. Chin (2004). Exploring the Role of Experience and Compatibility in Using Mobile Technologies. *Information Systems and E-Business Management 2*(4), 337–356.

Seddon, P. B. (1997). A Respecification and Extension of the DeLone and McLean Model of IS Success. *Information Systems Research 8*(3), 240–253.

Skinner, W. (1986). The Productivity Paradox. *Harvard Business Review 64*(4), 55–59.

Straub, D., M.-C. Boudreau und D. Gefen (2004). Validation Guidelines for IS Positivist Research. *Communications of the AIS 13*, 380–427.

Straub, D., M. Limayem und E. Karahanna-Evaristo (1995). Measuring System Usage: Implications for IS Theory Testing. *Management Science 41*(8), 1328–1342.

Sutton, R. I. und B. M. Staw (1995). What Theory is not. *Adminstrative Science Quarterly 40*, 371–384.

Taylor, S. und P. Todd (1995a). Assessing IT Usage: The Role of Prior Experience. *MIS Quarterly 19*(4), 561–570.

Taylor, S. und P. A. Todd (1995b). Understanding Information Technology Usage: A Test of Competing Models. *Information Systems Research 6*(2), 144–176.

Thompson, R. L., C. A. Higgings und J. M. Howell (1994). Influence of Experience on Personal Computer Usage: Testing a Conceptual Model. *Journal of Management Information Systems 11*(1), 167–187.

Thompson, R. L., C. A. Higgins und J. M. Howell (1991). Personal Computing: Towards a Conceptual Model of Utilization. *MIS Quarterly 15*(1), 125–143.

Thompson, V. A. (1965). Bureaucracy and Innovation. *Administration Science Quarterly 10*(1), 1–20.

Tornatzky, L. G. und M. Fleischer (1990). *The Processes of Technological Innovation.* Lexington: Lexington Books.

Tornatzky, L. G. und K. J. Klein (1982). Innovation Characteristics and Innovation Adoption-Implementation: A Meta-Analysis of Findings. *IEEE Transactions on Engineering Management 29*(1), 28–45.

Triandis, H. C. (1979). Values, Attitudes, and Interpersonal Behavior. In *Proceedings of the Nebraska Symposium on Motivation*, Nebraska.

Vallerand, R. J. (1997). Toward a Hierarchical Model of Intrinsic and Extrinsic Motivation. *Advances in Experimental Social Psychology 29*, 271–360.

van der Heijden, H. (2004). User Acceptance of Hedonic Information Systems. *MIS Quarterly 28*(4), 695–704.

Venkatesh, V. (1999). Creation of Favorable User Perceptions: Exploring the Role of Intrinsic Motivation. *MIS Quarterly 23*(2), 239–260.

Venkatesh, V. (2000). Determinants of Perceived Ease of Use: Integrating Control, Intrinsic Motivation, and Emotion into the Technology Acceptance Model. *Information Systems Research 11*(4), 342–365.

Venkatesh, V. und S. A. Brown (2001). A Longitudinal Investigation of Personal Computers in Homes: Adoption Determinants and Emerging Challenges. *MIS Quarterly 25*(1), 71–102.

Venkatesh, V. und F. D. Davis (1996). A Model of the Antecedents of Perceived Ease of Use: Development and Test. *Decision Sciences 27*(3), 451–481.

Venkatesh, V. und F. D. Davis (2000). A Theoretical Extension of the Technology Acceptance Model: Four Longitudinal Field Studies. *Management Science 46*(2), 186–204.

Venkatesh, V., M. G. Morris, G. B. Davis und F. D. Davis (2003). User Acceptance of Information Technology: Towards a Unified View. *MIS Quarterly 27*(3), 425–478.

Webster, J. und J. S. Ahuja (2006). Enhancing the Design of Web Navigation Systems: The Influence of User Disorientation on Engagement and Performance. *MIS Quarterly 30*(3), 661–678.

Webster, J. und J. J. Martocchio (1992). Microcomputer Playfulness: Development of a Measure with Workplace Implications. *MIS Quarterly 16*(2), 201–226.

Webster, J. und J. J. Martocchio (1993). Turning Work into Play: Implications for Microcomputer Software Training. *Journal of Management 19*(1), 127–146.

Webster, J. und J. J. Martocchio (1995). The Differential Effects of Software Training Previews on Training Outcomes. *Journal of Management 21*(4), 757–787.

Wixom, B. H. und P. A. Todd (2005). A Theoretical Integration of User Satisfaction and Technology Acceptance. *Information Systems Research 16*(1), 85–102.

Yin, R. K. (2003). *Case Study Research: Design and Methods*. Thousand Oaks u.a.: Sage Publications.

Lebenslauf

Name   Birte Autzen

Geburtstag   19. März 1978

Geburtsort   Ludwigshafen am Rhein

05/2003 - 04/2008   Wissenschaftliche Mitarbeiterin und Promotionsstudentin

Lehrstuhl für ABWL und Wirtschaftsinformatik,

Universität Mannheim, Prof. Dr. Armin Heinzl

01/2005 - 03/2005   Gastwissenschaftlerin

Bentley College, Management Department,

Waltham, MA, USA, Prof. Dr. Lynne Markus

10/1997 - 04/2003   Studium der Betriebswirtschaftslehre

Universität Mannheim

Hauptfächer: Wirtschaftsinformatik, Organisation und

Informatik

06/1997   Abitur

Lessing-Gymnasium, Mannheim

Hauptfächer: Mathematik und Biologie